Helge Peters · Michael Dellwing (Hrsg.)

Langweiliges Verbrechen

Helge Peters
Michael Dellwing (Hrsg.)

Langweiliges Verbrechen

Warum KriminologInnen
den Umgang mit Kriminalität
interessanter finden
als Kriminalität

VS VERLAG

Bibliografische Information der Deutschen Nationalbibliothek
Die Deutsche Nationalbibliothek verzeichnet diese Publikation in der
Deutschen Nationalbibliografie; detaillierte bibliografische Daten sind im Internet über
<http://dnb.d-nb.de> abrufbar.

1. Auflage 2011

Alle Rechte vorbehalten
© VS Verlag für Sozialwissenschaften | Springer Fachmedien Wiesbaden GmbH 2011

Lektorat: Katrin Emmerich

VS Verlag für Sozialwissenschaften ist eine Marke von Springer Fachmedien.
Springer Fachmedien ist Teil der Fachverlagsgruppe Springer Science+Business Media.
www.vs-verlag.de

Umschlaggestaltung: KünkelLopka Medienentwicklung, Heidelberg
Gedruckt auf säurefreiem und chlorfrei gebleichtem Papier
Printed in Germany

ISBN 978-3-531-17515-7

Inhalt

Vorbemerkung

Was ein Großteil der Bevölkerung interessant und spannend findet – Kriminalität –, langweilt einen Großteil der KriminologInnen. Sie interessieren sich zwar für den Umgang mit dem Verbrechen, nicht aber für dieses selbst.

Warum ist das so?

Unsere Antworten auf diese Frage sind in diesem Band abgedruckt. Wir wollten aber vor allem wissen, wie unsere KollegInnen zu dieser Frage stehen. Deswegen sprachen wir eine Reihe von ihnen an. Die hier versammelten Aufsätze sind ihre durch unsere Ansprache angeregten Produkte.

Von einem „Großteil von KriminologInnen" war die Rede, die bei der Wahrnehmung von Kriminalität Langeweile überkommt. Es gibt auch KollegInnen, die Kriminalität spannend finden. Der damit skizzierte Unterschied zwischen den FachwissenschaftlerInnen ist nicht das Ergebnis der Wirksamkeit willkürlicher oder zufälliger Präferenzen. Er resultiert aus Differenzen, die zwischen den theoretischen Orientierungen der KriminologInnen bestehen – Differenzen, die seit Jahrzehnten die kriminologische Debatte in Gang halten und gerade in Reaktionen auf unsere Titelbehauptung deutlich werden. Dies merkt man einigen der hier abgedruckten Beiträge an. Wir wollten auch zeigen, dass KriminologInnen keine theoriehomogene Gruppe sind. Deswegen sprachen wir auch KollegInnen an, deren Arbeiten eine Distanzierung von den KriminologInnen erwarten lassen, die Kriminalität langweilig finden. Es verwundert daher nicht, dass unsere Anfrage zu unterschiedlichsten, oft einander widersprechenden Produktionen und zu geistreichen Themaverfehlungen anregte.

Kassel/Oldenburg, im Februar 2011

Michael Dellwing
Helge Peters

1. Einführung

Langweiliges Verbrechen
Versuch einer Erklärung

Helge Peters

1. Crime ist bekanntlich eines der spannendsten Themen. Zeitungen und das private Fernsehen erörtern es gern und können sich ziemlich sicher sein, dass ihren Kunden das gefällt. Das zeigt das Ergebnis einer – allerdings schon älteren – Umfrage. Ein repräsentatives Sample der deutschen Bevölkerung wurde gefragt: „Was ist Ihre Meinung, sollte man über die Kriminalität in Fernsehen, Rundfunk und Zeitungen genauso viel, mehr oder weniger berichten als bisher?"

Die Antworten verteilten sich folgendermaßen:

Antworten	absolut	prozentual
genauso viel	927	50,3
mehr als bisher	415	23,0
weniger	452	25,0
missing value	12	0,7

Quelle: Smaus 1985: 23.

Fast 75 Prozent der Befragten wollen danach genauso viel oder mehr über Kriminalität sehen, hören oder lesen.

Leute hingegen, die sich wissenschaftlich mit Kriminalität befassen – KriminologInnen und KriminalsoziologInnen –, sind großenteils an Kriminalität wenig interessiert. Viel mehr interessiert sie der *Umgang* mit Kriminalität, der Umgang, den insbesondere Instanzen sozialer Kontrolle, die Medien und Regierungen mit Kriminalität pflegen.

Ein Blick auf die Titel der Aufsätze und Diskussionsbeiträge des „Kriminologisches Journal", einer der beiden bekanntesten kriminologischen Zeitschriften Deutschlands, zeigt das. Wir wählten den gegenwärtig neuesten komplett vorliegenden Jahrgang – den Jahrgang 2009 – und den Jahrgang 1999 aus. Der zeitliche Abstand zwischen den beiden Jahrgängen schien uns geeignet, die Möglichkeit auszuschließen, die Titel gäben nur wissenschaftliche Konjunkturen wieder.

Die Titel des Jahrgangs 2009 lauten:

Heft 1: Antiterroristische Mimesis – in Zeiten grenzenloser Prävention ein Abgrund an Sicherheit (1); Sozio-neuro-wissenschaftliche Handlungstheorie und die empirische Erforschung sozialen Handelns (2); Heft 2: Wenn „Null Toleranz" und „Zerbrochene Fensterscheiben" auf Reisen gehen: Globalisierung und die Restrukturierung des historischen Zentrums in Mexiko Stadt (3); Straflust in Zeitungsmedien: Gibt es in der Presse eine „Punitivität im weiteren Sinne"? (4); Heft 3: Das Label und die Macht: Der Labeling Approach vom Pragmatismus zur Gesellschaftskritik und zurück (5); „Punitive Turn"? (6); Virtuell-fiktionale Körper im Strafrecht (7); Punitivität wegdefinieren (8); Helge Peters: „Punitive Turn"? – ein Kommentar (9); Punitivität ohne Zuschreibung? (10); Heft 4: Soziale Arbeit und die Kultur der Kontrolle (11); Volksgemeinschaftsteufel, Voodoo-Kritik und die Selbst-Delegitimierung marktförmiger Jugendkriminalitätszählung (12); Videoüberwachung als Kriminalitätsprävention? Plädoyer für einen Blickwechsel (13), „Punitive Turn"? Eine Erwiderung (14).

Die Titel des Jahrgangs 1999 lauten:

Heft 1: Die alltäglich Erfindung von Kriminalitätsgeschichten (15); Die Mafia als Power Broker. Hintergrund und Entwicklung (16); Erwiderung (17); Heft 2: Der Kampf um den Limes der Gesellschaft. Eine Kritik der Kontrolltheorie und des Desintegrationsansatzes (18); Regieren über Freiheit. Zur Analyse der Kontrollgesellschaft in foucaultscher Perspektive (19); Heft 3: Zur Wertproblematik in der Kriminologie (20); Die Soziologie und die Versuche, die Krise der Kriminologie zu überwinden (21); Neulich in Lombrosoland. Gedanken zu und Eindrücke von der Tagung „The Criminal and His Scientists: A Syposium on the History of Criminology, Florenz (European University Institute), 15./18 Oktober 1998 (22); Heft 4: Individualisierung als Abweichung. Zum veränderten Umgang mit neuen Formen von Devianz (23); Vom Nutzen der „Mafia" (24).

Von den insgesamt 24 Aufsätzen und Diskussionsbeiträgen erörtern nach unserer Einschätzung 17 (1, 3, 4, 5, 6, 7, 8, 9, 10, 11, 12, 13, 14, 15, 19, 23, 24,) nur den Umgang mit Kriminalität. Hier werden die Sicherheitspolitiken, die Straflust, die soziale Kontrolle, die Videoüberwachung usw. abgehandelt.

Nicht ganz eindeutig einzuschätzen scheinen uns unter den hier bedeutsamen Gesichtspunkten die Beiträge 2, 18, 20, 21 und 22. 2 stellt den Versuch dar, eine Handlungstheorie zu begründen oder zu skizzieren, die sozial- und neurowissenschaftliche Ansätze vereinigt. Es geht hier also nicht um eine Theorie kriminellen Handelns. Dies Handeln wird als Fall einer allgemeinen Handlungstheorie verstanden, der das Interesse der Autoren gilt. Den Autoren von 18 geht es um eine Kritik an verbreiteten sozialwissenschaftlichen Gewalttheorien (Heitmeyer, Hirschi/Gottfredson). Diese Theorien würden von der gesellschaftlichen Ordnung ausgehen und damit das von ihnen betrachtete Handeln nicht aus dessen Kontext verstehen. Sie produzierten über ihre Fremdwahrnehmung „Barbarei". Es handelt sich hier offenbar um einen Beitrag zum (wissenschaftlichen) Umgang mit Devianz oder Kriminalität. Die Autoren sagen aber nicht, dass dies ihr wesentliches Interesse ist. Gewalt und Kriminalität interessiert sie schon. Sie wollen aufmerksam machen auf die wissenschaftliche Konstruktion von Kriminalität. 20 erörtert die Wertproblematik der Kriminologie. 21 ist ein Beitrag zum Verhältnis der Soziologie zur Kriminologie. 22 ist ein Tagungsbericht.

Eindeutig an Kriminalität interessiert sind die Autoren der Beiträge 16 und 17. (Der Beitrag 16 wird dann im Beitrag 24 scharf kritisiert.)

Geht man von unseren Einschätzungen aus und lässt die nach diesen Einschätzungen nicht eindeutigen Beiträge unberücksichtigt, so lautet also das quantitative Verhältnis der Artikel, die den Umgang mit Kriminalität erörtern, zu den Artikeln, die (auch) Kriminalität behandeln, 17 zu 2.

Nun haben wir nur die Titel der Artikel *einer* der beiden bekannteren kriminologischen Zeitschriften Deutschlands betrachtet. Die andere Zeitschrift ist die „Monatsschrift für Kriminologie und Strafrechtsreform". Wie verteilen sich die Artikel dieser Zeitschrift unter den hier bedeutsamen Gesichtspunkten?

Wir betrachten dieselben Jahrgänge. Uns interessieren die Titel der Artikel aus den Jahrgängen 2009 und 1999.

Die Titel des Jahrgangs 2009 lauten:

Heft 1: Das interaktionistische Dreieck (25); Aktuarische Prognose bei Sexualstraftätern (26); Vom Dunkelfeld ins Hellfeld (27); Migranten mit deutscher Staatsangehörigkeit zwischen Integration und Kriminalisierung (28); Heft 2/3: The Inter-relationship of Temporally Distinct Risk Markers and the Transition of Childhood Physical Aggression to Adolescent Violent Delinquency (29); The Development of Deviant Behavior, its Self-regulation (30); The Event History Calendar as an Instrument for Longitudinal Criminological Research (31); The Development of Offending from Age 8 to Age 50: Recent Results from the Cambridge Study in Delinquent Development (32); Die Bedeutung psychosozialer Risikofaktoren für die Entwicklung von Delinquenz (33); Neurobiology and the Development of Violence: Common Assumptions and Controversies (34); A Life-Course Theory and Long-Term Project on Trajectories of Crime (35); The Interplay of School Disengagement and Drug Use: An Interactional Perspective (36); Crime Propensity, Criminogenic Exposure and Crime Involvement in Early to Mid Adolescence (37); Sozialstrukturelle Bedingungen und Delinquenz im Verlauf des Jugendalters: Analysen mit einem kombinierten

Markov- und Wachstumsmodell (38); Universal Prevention of Antisocial Development: Short- and Long-Term Effects of a Child- and Parent-Oriented Program (39);
Cross-national Findings About the Effect of Job Training, Gangs, and Juvenile Justice Reactions on Delinquent Behavior and Desistance (40); Justizielle Registrierun-
gen in Abhängigkeit vom Alter: Befunde aus der Freiburger Kohortenstudie (41);
Heft 4: Sicherheit und Sicherheitspolitik in Japan (42); Die Verfolgungspraxis der
Staatsanwaltschaften und Gerichte bei Vermögensstraftaten im System der gesetz-
lichen Krankenversicherung (43); Neues vom Psychopathen (44); Kriminologische
Aspekte des modernen Rechtsgüterschutzes (45); Heft 5: Die problematische Beziehung von Opfererfahrungen und Sicherheitsgefühl (46); Kontrollierte Vaterschaft
im Maßregelvollzug (47); Kausalitätsmodelle zum Zusammenhang zwischen ag-
gressivem Verhalten, Viktimisierung und versuchter Selbsttötung sowie relevante
Risikofaktoren aus Sicht forensischer Patienten (48); Heft 6: Ist Selbstkontrolle ein
ein- oder ein mehrdimensionales Konstrukt? (49); Benachteiligung wegen mangeln-
den Vertrauens? (50); Differenzierung von Gewalt- und Sexualstraftätern (51).

Die Titel des Jahrgangs 1999 lauten:

Heft 1: Die fremdenfeindlichen Brandanschläge nach der Vereinigung (52); Heft 2:
Begutachtungspraxis von Sexualstraftätern vor dem Hintergrund unterschiedlicher
gesetzlicher Grundlagen (53); Polizei und Fremdenfeindlichkeit (54); Sexualstraf-
täter in der Maßregelbehandlung (55); Heft 3: Die (mangelnde) Eignung der Mord-
merkmale zur Festlegung besonders strafwürdiger Fälle (56); Wie „gut" erinnern
Kinder im Vorschulalter Ereignisse in Abhängigkeit von unterschiedlichen Inter-
viewtechniken? (57); Heft 4: Ärgererleben und Belastungsbewältigung in einer Un-
tersuchungsgruppe gewaltdelinquenter Personen (58); Fixerräume (59); Heft 5: Zur
Erwerbsbiographie von Straftätern, die Straffälligenhilfe in Anspruch nehmen (60);
Die Territorialität der Outlaw Motorcycle Clubs (61); Heft 6: Warum betrügen so
viele Kunden ihre Versicherung? (62).

Das Ergebnis der Zählung dieser Artikel unterscheidet sich deutlich von dem der
Zählung der Artikel des „Kriminologisches Journal". 22 (26, 29, 30, 31, 32, 33,
34, 35, 36, 37, 38, 39, 40, 41, 43, 48, 49, 51, 55, 58, 61, 62) der 37 gezählten Artikel
der „Monatsschrift für Kriminologie und Strafrechtsreform" erörtern kriminelles
Handeln und nicht oder in nicht nennenswerter Weise den Umgang mit ihm. Die
Autoren interessieren sich für Kriminalprognosen, Ursachen von Aggressivität,
Gewalt, Kriminalität und sonstiger Devianz, für die so genannte Selbstkontrolle,
für Unterschiede zwischen Gewalt- und Sexualstraftätern, Belastungsbewältigun-
gen gewaltdelinquenter Personen, für Versicherungsbetrüger usw.

Unter den hier interessierenden Gesichtspunkten nicht recht einzuordnen scheinen uns die Artikel 45, 56, 57, 59 und 60 zu sein. Hier geht es zwar großenteils um den Umgang mit Kriminellen. Umgang ist hier aber normativ zu verstehen. Gefragt wird nach dem richtigen Umgang mit Kriminellen. Nicht zuzuordnen scheinen uns auch die Artikel 44, 46 (Opfererfahrungen und Sicherheitsgefühl) und 47 (Einflüsse auf die Wahrnehmung der Vaterrolle von Gefängnisinsassen).

Mehr oder weniger klar wird in den Artikeln 25 (Wechselbeziehungen zwischen Etikettierungen), 27 (Variationen von Kriminalisierungen), 28 (Variationen von Ermittlungsverfahren mit ethnischer Zugehörigkeit von Beschuldigten), 42 (Wirkungen der Variation von Verbrechensmeldungen), 50 (Benachteiligung von ehemaligen Strafgefangenen auf dem Arbeitsmarkt), 52 (Verurteilungstendenzen) und 54 (Frage nach der Fremdenfeindlichkeit der Polizei) der Umgang mit Kriminalität behandelt.

Geht man von unseren Einschätzungen aus und lässt die nach diesen Einschätzungen nicht eindeutigen Beiträge unberücksichtigt, so lautet das quantitative Verhältnis der Artikel, die den Umgang mit Kriminalität erörtern, zu den Artikeln, die Kriminalität behandeln, 8 zu 22.

Sicherlich wird man über die eine oder andere unserer Einschätzungen streiten können. Keinen Streit lassen die Befunde aber über die Behauptung zu, dass sich. im „Kriminologisches Journal" wenig Interesse an Kriminalität, dafür aber ein starkes Interesse am Umgang mit Kriminalität und in der „Monatsschrift für Kriminologie und Strafrechtsreform" ein starkes Interesse an Kriminalität und ein geringes Interesse am Umgang mit Kriminalität niederschlägt.

2. Dieser Unterschied reflektiert die Differenz der wissenschaftspolitischen und -theoretischen Orientierungen dieser Zeitschriften. Und die Darstellung dieses Unterschieds ermöglicht es, unsere Ausgangsbehauptung, nach der Leute, die sich wissenschaftlich mit Kriminalität befassen, großenteils nicht an Kriminalität, wohl aber am Umgang mit ihr interessiert sind, genauer zu fassen. Wer sind diese Leute?

Die „Monatsschrift für Kriminologie und Strafrechtsreform" ist ein Organ der herkömmlichen Kriminologie mit einer langen – auch kriminalbiologischen – Tradition. Sie repräsentiert gewissermaßen den kriminologischen mainstream in Deutschland, was nicht ausschließt, dass hin und wieder auch Autoren in dieser Zeitschrift veröffentlichen, die sich dem mainstream widersetzen. Das „Kriminologisches Journal" dagegen ist eine Zeitschrift, die seit ihrer Gründung 1969 in kritischer Distanz zum kriminologischen mainstream steht, ja, deren Entstehungsgrund sich aus der Kritik ihrer Gründer am kriminologischen mainstream ergab.

Die Kritik war vor allem wissenschaftstheoretisch und von einer Präferenz für sozialwissenschaftliche Ansätze geprägt. Die damals dominierende Kriminologie genüge sozialwissenschaftlichen Standards nicht, fanden die Gründer des „Kriminologisches Journal". Differenzen politischer Orientierung spielten keine manifeste, das wissenschaftliche Handeln begründende Rolle. Trotzdem gab es diese Differenzen. Keiner der Gründer dürfte die CDU gewählt haben. Hier spiegelte sich wahrscheinlich auch die Affinität zwischen Sozialwissenschaften und eher linken politischen Orientierungen wider. Und so ist es bis heute geblieben. Man wird die politische Orientierung des „Kriminologisches Journal" und die ihrer Autoren alles in allem als links-liberal bis links bezeichnen dürfen.

Wenn man das Ergebnis unserer Auszählung der Titel der Artikel und unsere Einschätzung der wissenschaftspolitischen und -theoretischen Orientierungen der beiden Zeitschriften in Betracht zieht, kann man unsere Ausgangsbehauptung genauer formulieren: Es interessieren sich vor allem die KriminologInnen im Wesentlichen für den Umgang mit Kriminalität und nicht für diese selbst, denen man eine linksliberale oder linke politische Orientierung zuschreibt. Ihre wissenschaftlichen Präferenzen gelten vor allem der Soziologie. Von der Biologie wollen sie nicht viel wissen. Warum, so lautet also die Frage, finden diese KriminologInnen großenteils den Umgang mit dem Verbrechen interessant, nicht aber das Verbrechen selbst?

2.1 Sozialwissenschaftler, die Kriminalität zum Thema machten, sich aber vor allem für den Umgang mit Kriminalität interessierten, hatte es schon seit den 1930er Jahren gegeben (vgl. etwa Tannenbaum 1938). Sie aber spielten in der kriminologischen Diskussion keine nennenswerte Rolle. Dieses Interesse verbreitete sich in der Kriminologie erst mit dem Bekanntwerden der phänomenologisch inspirierten Soziologie, in Deutschland vor allem mit der Etablierung des so genannten Symbolischen Interaktionismus Ende der 1960er, Anfang der 1970er Jahre.

Nach dessen Annahmen handeln Menschen „Dingen" gegenüber auf der Grundlage der Bedeutungen, die diese Dinge für sie besitzen (vgl. Blumer 1973: 81). Dinge an sich gibt es nicht, sind qualitätslos. Alles, was Menschen in ihrer Umwelt wahrnehmen und womit sie umgehen, erhält seine Qualitäten dadurch, dass sie es wahrnehmen und damit umgehen. Nicht gemeint ist damit, dass der Umgang mit den Dingen deren Qualitäten erfahrbar mache. Der Mensch ist interaktionistischen Annahmen zufolge nicht der Registrator der Qualitäten der Dinge. Angenommen wird vielmehr, dass der Umgang mit den Dingen deren Qualitäten erst schaffe. Der Umgang mit den Dingen definiere deren Wirklichkeit, definiere Sachverhalte. Es ist in dieser Sicht deswegen auch nicht möglich, das sozusagen objektiv Geschehene von dessen Definition zu trennen oder gar beides einander gegenüberzustellen. Das undefinierte Geschehene gibt es nicht (vgl. dazu Hess/Scheerer in diesem Band: S. 40).

Die von dieser Annahme ausgehende Kriminologie begründet Wahrnehmungen, die sich von denen der herkömmlichen Kriminologie deutlich unterscheiden. Denn wenn Dinge – also auch die Handlungen anderer – ihre Bedeutungen nicht in sich tragen, sondern diese durch den Umgang mit ihnen erhalten, stellt sich ja für den, der diese Dinge oder Handlungen „erklären" will, nicht die Frage nach den Ursachen der definierten Dinge oder Handlungen. Die Ursachen mag es geben, sie müssen aber mit der durch den Umgang entstandenen Definition der Dinge oder Handlungen nichts zu tun haben. Im Blick auf Kriminalität besagt das: Wer ermitteln will, wie die kriminell genannte und als solche mit Geltung definierte Handlung entstanden ist – und das ist wohl eine der zentralen Fragen der Kriminologie –, hat sich nicht für den zu interessieren, der diese Handlung ausgeübt hat oder haben soll, sondern für die, die mit ihm wegen dieser Handlung umgehen und dadurch dieser Handlung die Definition „kriminell" geben. Hier irren Henner Hess und Sebastian Scheerer in ihrem in diesem Band abgedruckten Beitrag. Die Handlung des als kriminell Definierten kann nur insofern eine Rolle spielen, als der Richter sie wahrnimmt und dies in seine sozial geltende Definition dieser Handlung eingeht. Darüber hinaus ergibt sich: Keineswegs ist – wie Hess und Scheerer schreiben (vgl. etwa S. 34) – die Frage nach den Handlungen und deren Ursachen nicht mehr zu stellen. KriminologInnen, die sich an den Annahmen des skizzierten Ansatzes orientieren, interessieren sich sehr wohl für Handlungen. Aber nicht für die des kriminell genannten Handelnden. Sie interessieren z.B. die Handlungen der Richter, der Polizisten, der Sozialarbeiter, Vollzugsbeamten, der Strafgesetzgeber usw. Sie interessieren sich auch für so etwas wie Ursachen von Handlungen. Zwar verwerfen Vertreter des skizzierten Ansatzes gern die Frage nach den Ursachen von Handlungen. Dies sei ein Rückfall in die Vorstellung, dass die Handlungen anderer dinghaft einfach vorhanden sei – eine Vorstellung, die ja gerade zurückgewiesen werden soll. Aber sehr oft werden doch die Handlungen der Angehörigen der eben genannten Berufsgruppen als Quasi-Ursachen der Kriminalität vorgestellt. Was wir „Umgang" genannt haben, konkretisiert sich in Untersuchungen als Zuschreibung. Richter z.B. schreiben – dem skizzierten Ansatz zufolge – einem Angeklagten das Etikett und damit die Qualität „kriminell" zu. Wie geschieht das? Qualität erhalten die in Frage stehenden Handlungen durch die Kontexte, in die die Richter diese Handlung eingebettet sehen. Element von Kontexten kann vieles sein. Klassisch ist mittlerweile die Annahme, dass der Schichtenstatus des Angeklagten zuschreibungsrelevant ist. Als zuschreibungsrelevant gelten aber auch das Geschlecht, der Wohnort, das Arbeitsverhalten, die Vorverurteilung usw. Die Aufgabe des Forschers besteht etwa darin, die Wahrnehmung des Richters nach der Struktur der von ihm für zuschreibungsrelevant gehaltenen Kontexte zu untersuchen. Das erwünschte Forschungsergebnis besteht darin, diese Struktur ermittelt zu haben und sagen zu können, die Urteile der Richter orientieren sich an den und den Kontexten. Liegen die und die Kontexte vor, urteilt der Richter in folgender Weise.[*]

Befunde dieser Art entziehen sich keineswegs einer kritischen Analyse, wie Hess und Scheerer in ihrem in diesem Band abgedruckten Beitrag schreiben (vgl. S. 35). KriminalsoziologInnen knüpfen an solche Befunde gern funktionalistische Überlegungen. Ergebnisse von Untersuchungen etwa, die besagen, dass Richter schichtenselektiv urteilen, werden in gesellschaftskritischer Manier als Beitrag der Strafjustiz zur Stabilisierung gesellschaftlicher Ungleichheit gedeutet (vgl. D. Peters 1973; vgl. auch Schumann 2002).

Der kriminologische Ansatz, der sich an dieser – wie wir sagen wollen – Definitionsannahme orientiert, wird gemeinhin als *labeling approach* bezeichnet.

Der Symbolische Interaktionismus besteht natürlich nicht nur aus dieser Definitionsannahme. Und die Kriminologie, die den Symbolischen Interaktionismus rezipiert hatte, hat selbstverständlich auch die weiteren, dem Symbolischen Interaktionismus nahen, ihm folgenden oder ihn fortentwickelnden theoretischen Orientierungen – zu nennen ist etwa die Diskursanalyse – verarbeitet. Die Definitionsannahme wurde dabei aber nicht dementiert. Sie war und blieb eine der zentralen Annahmen, an der sich die linke kriminologische Forschung und Diskussion orientierten. Und sie ist die Annahme, deren Logik unsere Frage beantworten hilft

Das Revolutionäre der Definitionsannahme und des labeling approach, dem diese Annahme zugrunde liegt, wurde lange Zeit, von einigen Autoren bis in die Gegenwart, verkannt (vgl. etwa Bernsberg 2006: 67 ff.). Er wird in die Nähe des so genannten Karriere-Ansatzes gerückt, nach dem die Intervention der Strafjustiz, die Strafe also, den Bestraften so stigmatisiert, dass dies dessen soziale Teilnahmechancen schmälert, der Bestrafte abgedrängt wird in kriminelle Subkulturen, wo er kriminelles Handeln lernt Nach diesem Ansatz ist der labeling approach eine Art Spezialansatz, der sich von klassischen Ansätzen nur durch eine bestimmte – eben wiedergegebene – Hypothese unterscheidet. In dem in diesem Band abgedruckten Beitrag von Hess und Scheerer wird der labeling approach auch in dieser Weise verstanden. Verkannt werde so, wenden die Verfechter des labeling approach ein, dass es sich hier um einen theoretischen Ansatz handelt,

---

[*] Folgt man diesen Annahmen und Argumentationen wird übrigens klar, dass so genannte Dunkelfelduntersuchungen und self-report-studies nicht zur Erklärung von Kriminalität beitragen. Man weiß ja nicht, ob das, was „im Dunkelfeld" geschieht, in Kontexte eingebettet ist, die Richter für zuschreibungsrelevant halten (vgl. auch Dellwing 2010).

der für sich beansprucht, die gesamte Devianz und Kriminalität alternativ erklären zu können und keineswegs eine „notwendige Ergänzung" herkömmlicher kriminalsoziologischer Überlegungen ist (vgl. Hess/Scheerer in diesem Band: S. 30). Der labeling approach ist natürlich nicht von Kritik verschont worden. Er sei idealistisch, empirisch schwach fundiert, folge einem falschen Relativismus, sei sektiererisch und dogmatisch (vgl. Peters 2009: 113 ff.). Vorgeworfen wird Vertretern des labeling approach auch immer wieder, sie betrieben „ontological gerrymandering" (vgl. etwa Albrecht 1990: 15, vgl. auch Hess/Scheerer in diesem Band: S. 41 f.). Man muss einräumen, dass viele Arbeiten, die sich am labeling approach orientieren, diese Kritik rechtfertigen. Sie springen oft zwischen konstruktivistischen und objektivistischen Annahmen hin und her. Uns scheint aber, dass die konstruktivistische Methodologie der Soziologie sozialer Probleme, die in Deutschland vor allem Michael Schetsche vorangetrieben hat, geeignet ist, das „gerrymandering"-Problem kleinzuarbeiten. Für diese Methodologie sind, wie Schetsche schreibt, „die gesellschaftlich wie wissenschaftlich anerkannten Sachverhalte letzter, nicht zu hinterfragender Referent in der sozialen Ordnung" (1996: 16). „Gesellschaftlich anerkannt" bedeutet nach Schetsche, „dass ein Sachverhalt als real auch von den kollektiven Akteuren angesehen wird, die seine Deutung als soziales Problem *nicht* teilen" (1996: 14). Die Soziologie sozialer Probleme nimmt an, dass diese Sachverhalte konstruiert und definiert sind. Nur dies interessiert diese Soziologie nicht. Es interessieren sie diese Sachverhalte insoweit, als sie als soziale Probleme, z. B. als Kriminalität, gelten. „Gefragt wird also nur", schreibt Schetsche, „woher es kommt, dass Sachverhalte, deren ‚Wesen' ... von verschiedenen Akteuren ... gleich definiert wird, sich für die einen Akteure als soziales Problem darstellen, für die anderen aber nicht" (1996: 16).

2.2 Wer sich an der Definitionsannahme orientiert und Kriminalität zum Thema macht, muss die kriminell genannte Handlung uninteressant, vor allem: er muss die Suche nach deren Ursachen uninteressant finden.

Die Frage ist: Warum orientieren sich linke KriminologInnen großenteils an der Definitionsannahme?

Gewiss haben die von uns angesprochenen Bemängelungen der in den 1960er Jahren verbreiteten kriminologischen Vorgehensweisen und Verfahren eine Rolle gespielt. Wissenschaftliche Konjunkturen aber haben selten nur etwas mit der Antwort auf die Frage zu tun, ob das, was Konjunktur hat, wahr ist und geltenden wissenschaftlichen Standards folgt. Abhängig sind solche wissenschaftliche Konjunkturen auch von außerwissenschaftlichen Faktoren, insbesondere davon, ob die jeweilige Wissenschaft oder der jeweilige Ansatz politischen Präferenzen meinungsbildender Gruppen entsprechen und zu den dominierenden politischen Orientierungen passen.

Ende der 1960er, Anfang der 1970er begannen in der Bundesrepublik Deutschland sozialdemokratische Orientierungen zu dominieren. Es verbreitete sich eine kulturpolitische Atmosphäre, in der Wissenschaften, die als „milieutheoretisch" galten, geschätzt wurden – allen voran die Soziologie – und wenn es um Kriminalität ging – die Kriminalsoziologie. Zunächst wurden die us-amerikanischen, ätiologisch orientierten Kriminalsoziologen – Merton (1968), Cloward/Ohlin (1960), Cressey (1964) und Cohen (1961) vor allem – rezipiert. Sie bestätigten bei allen zwischen ihnen bestehenden Unterschieden implizit zwei sozialdemokratische Grundsätze: 1. Das soziale Elend ist eine Ungerechtigkeit, die sich aus sozialer Ungleichheit ergibt. 2. Die Bosheit ist nicht der Natur des Menschen zuzurechnen. Sie ist auf Grund der Umstände entstanden, in denen Menschen zu leben haben. Vor allem: Es muss keine Situation geben, in denen Bosheit entsteht.

Aber auch die Definitionsannahme entsprach diesen Grundsätzen. Definitionen erlangen Geltung, wenn sie „von oben" kommen – von der Polizei, der Justiz, von Instanzen also, die mit Sanktionsmacht ausgestattet sind. Die Zuschreibung von Kriminalität war danach ein Vorgang, der soziale Ungleichheit voraussetzte und im Ergebnis verfestigte. Die Beschreibungen des Zugriffs der Instanzen sozialer Kontrolle konkretisierten darüber hinaus die Kritik an der Annahme sozial unbedingter Bosheit. Dieser Zugriff widersprach milieutheoretischem Denken. Dem widersetzte man sich mit der These, dass es sich bei „Verbrechen" um eine Zuschreibung, um eine Definition der Instanzen sozialer Kontrolle handele.

Eine erste Antwort auf die Frage, warum sich linke KriminologInnen an der Definitionsannahme orientieren, können wir danach schon geben: Die Annahme erlaubte nicht nur eine milieutheoretische Analyse der Kriminalität. Das ermöglichten herkömmliche kriminalsoziologische Ansätze auch. Attraktiv war die Definitionsannahme für linke KriminologInnen vor allem, weil sie instanzen- und justizkritische, soziale Gleichheit einfordernde Analysen nahelegte.

Sie kam im Übrigen linken Dispositionen entgegen, alles nach seinen Bedingungen zu „hinterfragen". Bis zu einem gewissen Grad ist das natürlich die Praxis jeder Wissenschaft, auch der ätiologisch orientierten Soziologie, die kriminelle Handlungen mit Variablen genannten sozialen Bedingungen zu erklären trachtet. Die an der Definitionsannahme orientierte Soziologie ging weiter. Sie löste die Vorstellung, die Handlung anderer sei der zu erklärende Sachverhalt, zugunsten der Annahme auf, die Handlung anderer sei ein umgangsabhängiges, be-deutetes Konstrukt. Die an der Definitionsannahme orientierte Soziologie meint, erklären oder doch beschreiben zu können, wie etwas zum Sachverhalt wird, dessen vorgängige Existenz die ätiologisch orientierte Soziologie unterstellt. Die an der Definitionsannahme orientierte Soziologie reklamiert damit für sich eine größere Entdinglichungsleistung.

2.3 Nun haben wir bisher im Wesentlichen nur von *einer* Variante der Definitionsannahme gesprochen – von der gewissermaßen mikrosoziologischen Annahme, dass Kriminalität von Personen und Instanzen zugeschrieben wird.

Zu unterscheiden ist von dieser Variante der Definitionsannahme die Thematisierungsvariante. Wirklichkeit wird der Definitionsannahme zufolge nicht nur in mikrosozialen Interaktionen – wie Gerichtsverhandlungen, polizeilichen Festnahmen usw. – hergestellt, sondern auch durch Versuche, Themen wie Kriminalität durch das öffentliche Formulieren von Ansprüchen, Klagen und Forderungen zur Geltung zu bringen (vgl. Spector/Kitsuse 1977: 78). Auch der Thematisierungsvariante der Definitionsannahme liegt die Vorstellung zugrunde, dass Dinge ihre Qualität durch den Umgang mit ihnen erhalten. Dies kann aber auch dadurch geschehen, dass man sie öffentlich erörtert, eben thematisiert.

SozialwissenschaftlerInnen, die sich an dieser Variante der Definitionsannahme orientieren, sind „kriminologisch" desinteressiert. Sie richten den Blick auf die Thematisierer. Diese Variante ermöglicht die Verbindung zu ideologie-, staats-, gesellschafts-, herrschafts- und kapitalismuskritischen Positionen. Häufiger noch: Die Thematisierung von Kriminalität ist für sie als Inhaber dieser Positionen interessant. Die Reaktion auf oder der Umgang mit Kriminalität werden auf ihre Wirkungen für die gesellschaftliche Integration, die Normstabilität, die Bildung von Moral, vor allem aber auf ihre Macht- und Herrschaftsfunktionalität hin untersucht. Kriminalität gilt ja als gefährlich und böse. Es stellt sich für diese SozialwissenschaftlerInnen deswegen die Frage, wer ein Interesse an der Verbreitung der Vorstellung hat, Kriminalität nähme zu, bedrohe uns usw. Antworten werden meist in Interessen zum Erhalt politischer Macht gesucht. Es gehe den Thematisierern gar nicht um die Beschränkung der von der Kriminalität ausgehenden Gefahren. Die öffentliche Thematisierung von Kriminalität rechtfertige die innenpolitische Aufrüstung, lasse also einen Herrschaftssicherungsgewinn erhoffen.

Diese SozialwissenschaftlerInnen nehmen also an, dass die öffentliche Thematisierung von Kriminalität von themafremden Interessen inspiriert und gesteuert wird. Der us-amerikanische Soziologe Murray Edelman hat das Motto dieser Art von Soziologie formuliert. Ihm zufolge schaffen „bedauerliche Verhältnisse günstige Gelegenheiten" (1988: 177). Kriminalität ist für sie eine solches bedauerliches Verhältnis.

Der Blick in die Titel der ausgewählten Jahrgänge des „Kriminologisches Journal" deutet das Ausmaß dieses Interesses an der Erörterung von Kriminalität an. Nach unserer Einschätzung – über die man wohl im Einzelfall streiten kann – sind zumindest zehn (1, 3, 4, 6, 8, 10, 13, 15, 19, 24) der 24 Artikel des „Kriminologisches Journal" im Sinne dieses Interesses geschrieben worden. Von

37 Artikeln der „Monatsschrift für Kriminologie und Strafrechtsreform" scheinen uns dagegen allenfalls zwei (42, 54) diesem Interesse zu entsprechen.

3. Die Arbeiten von KriminologInnen und SozialwissenschaftlerInnen, die sich an der Definitionsannahme orientieren, verweisen aber auf unterschiedliche Gründe und Grade des Desinteresses an Kriminalität. In Arbeiten, in denen die erste Variante der Definitionsannahme dominiert, wird – oft implizit – die herkömmliche Kriminologie kritisiert, die davon ausgehe, dass Kriminalität vorliege, und die es deswegen rechtfertige, nach deren Ursachen zu fragen. Verkannt werde, dass Kriminalität zugeschrieben werde. Wer also Kriminalität erforschen wolle, müsse sich den Umständen zuwenden, unter denen Kriminalität zugeschrieben werde. Genau genommen finden Autoren dieser Arbeiten Kriminalität also nicht langweilig. Sie interessieren sich nur nicht für die als kriminell definierte Handlung. Sie finden die Vorgänge, auf Grund derer Handlungen als Kriminalität definiert werden, interessant, finden aber Untersuchungen langweilig, die uns sagen, warum ein Krimineller, aus ihrer Sicht also ein als kriminell Definierter, so gehandelt hat, wie er gehandelt hat. Untersuchungen etwa der Schichtungs- oder Sozialisationsbedingungen, unter denen der so Definierte aufgewachsen ist, finden sie überflüssig und damit langweilig.

Immerhin: Diese Gruppe von KriminologInnen interessiert sich noch im skizzierten Sinn für Kriminalität. Das tut die Gruppe von AutorInnen, die sich an der zweiten Variante der Definitionsannahme orientieren, nicht. Sie folgen ihren gesellschafts-, herrschafts-, staatstheoretischen und polit-ökonomischen Interessen. Sie interessieren die Vorgänge politischen und ökonomischen Machterhalts. Und indem sie diesem Interesse folgen, stoßen sie auf Kriminalität – für sie eines der Ergebnisse politischer oder ökonomisch begründeter Aktivitäten, von denen es viele gibt. Kriminalität „an sich" ist für sie rundum langweilig.

4. Sozialdemokratisierung der Kulturpolitik? Das ist in Deutschland nun wirklich längst vorbei. Warum also gibt es in Deutschland immer noch KriminologInnen und SozialwissenschaftlerInnen, die den Umgang mit Kriminalität interessanter finden als Kriminalität?

Sozialwissenschaftliche Ansätze überdauern oft ihre politischen und ökonomischen Stützen. Wissenschaftliche Überzeugungen sind ja meist das Ergebnis langwährender Auseinandersetzungen, die intensiven, für richtig gehaltenen Gedanken, aber auch dem Wunsch nach Etablierung, Ehre und wissenschaftlichem Ruhm folgen. Das macht diese Überzeugungen stabil. Und die Demontage der politischen und ökonomischen Stützen, vor allem die damit verbundenen Begünstigungen konkurrierender Ansätze inspirieren zu immer neuen Verteidigungen und Selbstbehauptungen.

Überzeugte überzeugen zudem. Es gab und gibt viele, insbesondere so genannte Schüler, die die Thesen der Überzeugten plausibel finden und ihrerseits verfechten. Deswegen können sich wissenschaftliche Positionen, wie die hier beschriebenen, über – sagen wir zwei – Generationen trotz Wegfalls besagter Stützen verbreiten. Werden sie nicht wieder aufgerichtet, werden diese Positionen jedoch langfristig verschwinden. Begünstigt die Kulturpolitik eine andere Soziologie, vor allem aber eine andere Kriminologie, können Verfechter der hier skizzierten Positionen als Verfechter dieser Positionen kaum überleben. Wenige Überzeugungstäter würden übrig bleiben.

Literatur

Albrecht, Günter (1990): Theorie sozialer Probleme im Widerstreit zwischen „objektivistischen" und „rekonstruktionistischen" Ansätzen, in: Soziale Probleme, Heft 1.

Blumer, Herbert (1973): Der methodologische Standort des Symbolischen Interaktionismus, in: Arbeitsgruppe Bielefelder Soziologen (Hg.): Alltagswissen, Interaktionen und gesellschaftliche Wirklichkeit 1, Symbolischer Ineraktionismus und Ethnomethodologie, Reinbek.

Bernburg, Jón Gunnar (2006): Official Labeling, Criminal Embeddedness, and Subsequent Delinquency. A Longitudinal Test of Labeling Theory, in: Journal of Research in Crime and Delinquency, No 1.

Cloward, Richard A./Ohlin, Lloyd D. (1960): Delinquency and Opportunity. A Theory of Delinquent Gangs, New York.

Cohen, Albert K. (1961): Kriminelle Jugend. Zur Soziologie des Bandenwesens, Reinbek.

Cressey, Donald R. (1964): Delinquency, Crime, and Differential Association, The Hague.

Dellwing, Michael (2010): Dunkelfeldforschung als Definitionsaktivität. Über die Verwendung der Dunkelfeldfigur zur Definition sozialer Probleme, in: Monatsschrift für Kriminologie und Strafrechtsreform 93: 180–197.

Edelman, Murray (1988): Die Erzeugung und Verwendung sozialer Probleme, in: Journal für Sozialforschung 28 J., Heft 2.

Merton, Robert K. (1968): Sozialstruktur und Anomie, in: Sack, Fritz/König, René (Hg:): Kriminalsoziologie, Frankfurt a. M.

Peters, Dorothee (1973): Richter im Dienst der Macht, Stuttgart.

Peters, Helge (2009): Devianz und soziale Kontrolle. Eine Einführung in die Soziologie abweichenden Verhaltens, Weinheim/München.

Schetsche, Michael (1996): Die Karriere sozialer Probleme. Eine soziologische Einführung, München/Wien.

Schumann, Karl F.(2002): Ausbildung, Arbeit und kriminalisierbares Verhalten, in: Anhorn, Roland/Bettinger, Frank (Hg.): Kritische Kriminologie und soziale Arbeit. Impulse für professionelles Selbstverständnis und kritisch-reflexive Handlungskompetenz, Weinheim/München.

Spector, Malcolm/Kitsuse, John I (1977): Constructing Social Problems, Menlo Park, California:
Tannenbaum, Frank (1938): Crime and the Community, New York.

2. Opposition

Radikale Langeweile

Henner Hess/Sebastian Scheerer

Langeweile ist die einzige Sünde, für die es keine Vergebung gibt.

Oscar Wilde

In seiner Einleitung zu diesem Sammelwerk stellt Helge Peters mehrere Thesen auf, denen wir voll zustimmen können. So gehen sie davon aus, dass es in der deutschsprachigen Kriminologie im Grunde genommen zwei Teildiskurse gibt: den des um die „Monatsschrift" kreisenden kriminologischen Mainstreams einerseits und den der eher linken Kriminologie im „Kriminologischen Journal". Die eher „linken" KriminologInnen interessieren sich mehr für den Umgang mit Kriminalität als für Kriminalität selbst und haben eine Vorliebe für symbolisch-interaktionistische und definitionstheoretische Ansätze. Der Grund für diese Vorliebe liegt wohl tatsächlich in der Kompatibilität dieser Ansätze mit gesellschaftskritischen Intentionen in Richtung auf Instanzen- und Justizkritik („Ungleichheit") und auf „Vorgänge politischen und ökonomischen Machterhalts". Beide Arten der Kritik lassen sich damit gedanklich gut organisieren. Schließlich ist auch den Befürchtungen Helge Peters' zuzustimmen, dass eine Demontage der außerkriminologischen „politischen und ökonomischen Stützen" – also sozusagen ein dauerhaftes Verschwinden dessen, was er als „sozialdemokratische Kulturpolitik" bezeichnet – langfristig die Überlebenschancen definitionstheoretischer Ansätze schmälern dürfte.

Dennoch fehlt etwas in dieser ansonsten so stimmigen und nachvollziehbaren Übersicht über die kriminologische Landschaft. Es fehlt jeglicher Gedanke an mögliche innerkriminologische Mängel und an jede Mitverantwortung der kritischen Kriminologie für ihren ja sicherlich *auch*, aber eben vielleicht doch *nicht nur* extern bedingten Niedergang. Gewiss ist es auch so, wie Helge Peters schreibt: Wenn die allgemeinen Umstände – und darunter eben auch die Politik – keine kritische Soziologie, vor allem aber Kriminologie, mehr begünstigen, dann können auf längere Sicht die Verfechter gesellschaftskritischer Positionen „als Verfechter dieser Positionen kaum überleben." Und: „Wenige Überzeugungstäter würden übrig bleiben."

Aber es fehlt eben ein wenig Selbstreflexion. Denn könnte es nicht sein, dass die definitionstheoretische Kriminologie selbst ihren einstigen Freunden und

Förderern heutzutage nicht mehr attraktiv genug ist, um sie weiter institutionell und finanziell zu „begünstigen"? Vielleicht hat sich die kritische Kriminologie ja nicht weiter entwickelt. Vielleicht ist sie auf dem Stand der siebziger Jahre stehengeblieben. Oder sie hat sich weiter entwickelt, aber auf eine Weise, die ihre Brauchbarkeit für Gesellschaftskritik nicht erhöht, sondern vermindert hat. Und warum sollte man nicht über diese Fragen eines möglichen Eigenanteils der kritischen Kriminologie an ihrem Schicksal auch einmal ehrlich und selbstkritisch nachdenken?

Die Neue Kriminologie – und das Ende der traditionellen Langeweile

Die Kriminologie, wie sie bis in die sechziger Jahre betrieben wurde, war tatsächlich ziemlich langweilig. Lombroso und Kretschmer, die Biologie und die Psychiatrie, herrschten an den kriminologischen Instituten der juristischen Fakultäten. Für die dortigen Kriminologen ging es hauptsächlich um die Begutachtung von Tätern, um die Frage, ob sie schuldfähig, minder schuldfähig oder schuldunfähig waren. Daneben gab es noch die Tradition der sogenannten Sozialistischen Schule, die den Täter als determiniert durch seine soziale Lage ansah – auch nicht viel spannender, zudem in den Hintergrund gedrängt. Der aus dem Exil zurückgekehrte Theodor W. Adorno (1970: 25) war geradezu entsetzt darüber, „daß das, was in Amerika *behavioural sciences* genannt wird, in Deutschland einstweilen gar nicht oder nur äußerst dürftig vertreten ist" und fand es dringend notwendig, neben einer zeitgemäßen Psychoanalyse und Pädagogik (die aber bitte sofort aufhören sollte, „mit Tiefsinn aus zweiter Hand übers Sein des Menschen zu schwafeln") ausdrücklich auch die Kriminologie zu erneuern, denn: „Kriminologie hat in Deutschland den modernen Standard überhaupt noch nicht erreicht." Es fehlte eben alles, was unter dem Gesichtspunkt soziologischer Aufklärung und kriminalpolitischen Reformen interessant gewesen wäre, etwa die Untersuchung von Zusammenhängen zwischen dem Komplex „Kriminalität und Strafe" auf der einen Seite und politischer Herrschaft, ökonomischen Interessen, Kultur und Gesellschaftsstruktur auf der anderen. Auch Foucaults vernichtendem Urteil über diese Kriminologie war nicht zu widersprechen: „Haben Sie schon Texte von Kriminologen gelesen? Da haut es Sie um (c'est à vous couper bras et jambes)!" Foucault fand es einfach verblüffend, „wie dieser Diskurs der Kriminologen auf diesem Niveau bleiben konnte", und äußerte die Vermutung: „Er scheint für das System so nützlich und notwendig zu sein, dass er auf theoretische Rechtfertigung oder methodische Konsistenz verzichten zu können glaubt" (Foucault 1976: 34). Allerdings war Foucault offenbar entgangen, dass schon zur Zeit seines Ausspruchs ein entscheidender Wandel im Gange war hin zu einer Neuen Kriminologie. Oder er hat das, was er davon wusste, verschwiegen, nichts zitiert, was es schon gab, um seine eigene Originalität zu betonen. Das letzte Kapitel von „Überwachen und Strafen" steht ganz im Zeichen der Labeling-Theorie – aber ohne Hinweise auf Becker, Lemert usw. (wie es in seinem Buch auch keine eigentlich nahe liegenden Hinweise auf Max Webers Herrschaftssoziologie und seine Foucault vorwegnehmenden Ausführungen über Disziplin gibt!).

Was war das Neue an der Neuen Kriminologie? Zunächst einmal wohl, dass Kriminalität als eine Form von abweichendem Verhalten gesehen wurde und abweichendes Verhalten nicht als Ausdruck physischer oder psychischer Abartigkeit, sondern als normal angesichts besonderer subkultureller Wertsysteme und handlungsleitender Interessen. Statt psychologisch-psychiatrisch oder gar biologisch nach Ursachen des Verhaltens zu suchen, wurde es erklärt als rationales, zielgerichtetes, Befriedigung suchendes Handeln mit subjektiv gemeintem Sinn. Es kam nun einerseits darauf an, den Sinn des Handelns zu verstehen, andererseits darauf, die strukturellen Hintergründe zu analysieren, ohne aber dabei den Handelnden als davon völlig determiniert zu entmündigen. Statt der Psychiatrie wurde die Soziologie zur Leitwissenschaft, statt Lombroso und Kretschmer wurden Sutherland und Merton wie in den USA seit langem nun auch in Deutschland zu Stammvätern.

Abweichendes Verhalten einschließlich der Kriminalität war – gerade auch durch den neuen Blick auf den Täter – alles andere als langweilig, vielmehr ein faszinierendes Sujet. War und ist. Einige der interessantesten und spannendsten Arbeiten in der Kriminologie beschäftigen sich mit dem Handeln von Tätern. So etwa, um nur ein paar Beispiele zu nennen, Sykes' und Matzas „Techniken der Neutralisierung" (übrigens der meistzitierte kriminologische Aufsatz überhaupt), Matzas „Delinquency and Drift", Jägers „Verbrechen unter totalitärer Herrschaft", Loflands „Deviance and Identity", Youngs „Drugtakers", Peeles „The Meaning of Addiction", Reuters „Disorganized Crime", Katz' „Seductions of Crime", Adlers „Wheeling and Dealing", Bufords „Among the Thugs", Felsons „Crime and Everyday Life" usw.

Ein faszinierendes Sujet war die Kriminalität in der Theorie wie auch in der Praxis. Nicht umsonst waren Drogenkonsum und die vielfältigen Formen von Sexualität die wichtigsten Forschungsbereiche der neuen Generation von Wissenschaftlern, deren Praxis häufig der Praxis der übrigen jungen Bevölkerung recht nahe war und denen es deshalb nicht schwer fiel, diese offiziell als abweichend oder kriminell definierte Praxis als eigentlich durchaus normal zu empfinden. Von da aus war es ein kleiner Schritt, die offizielle Definition als differentia specifica zu betrachten. Und zwar sowohl die Definition bestimmter Handlungskategorien als abweichend oder kriminell wie auch die selektive Etikettierung bestimmter Handelnder als Deviante oder Kriminelle.

Auf diesen Erkenntnissen baute das zweite Novum der Neuen Kriminologie auf: der Blick auf den Definitionsprozess.[1] Entwickelt worden war der *labeling approach* in den USA von Tannenbaum, Becker, Lemert, Schur und anderen (vgl. zusammenfassend Schur 1971, Hawkins/Tiedeman 1975). Fritz Sack importierte ihn in die deutsche Kriminologie und regte damit eine Reihe von bemerkenswerten Arbeiten an – wie etwa Dorothee Peters' „Richter im Dienst der Macht" (1973), Helge Peters' und Cremer-Schäfers „Sanfte Kontrolleure" (1975), Feests und Blankenburgs „Definitionsmacht der Polizei"(1972) Kerners „Verbrechenswirklichkeit und Strafverfolgung" (1973), Kürzingers „Private Strafanzeige und polizeiliche Reaktion" (1976) oder Rafael Behrs „Cop Culture" (2000).

Meist trat die Labeling-Perspektive als Bereicherung und notwendige Ergänzung zur Analyse des Täterhandelns hinzu und zeigte als Strafrechtssoziologie, warum und wie eine Handlungskategorie kriminalisiert wurde, wie die instanzliche Selektion zur Statistik vor sich ging und schließlich vor allem, in interaktionistischer Perspektive, wie Verfolgung und Stigmatisierung das Handeln von Tätern zu „sekundärer Devianz" (Lemert) veränderte. Diese Integration findet man schon in Beckers „Outsiders", in Matzas „Becoming Deviant", in Schurs Büchern und später in Deutschland etwa in Rüthers Buch „Abweichendes Verhalten und labeling approach", in Quensels und Hess' Karriere-Modellen und in den Terrorismus-Untersuchungen „Angriff auf das Herz des Staates".

Seit den siebziger Jahren wurden dann die Früchte der kritisch-kriminologischen Revolte auch von ihren alten Gegnern und deren Nachfolgern geerntet, die es verstanden, die Kritik aufzunehmen und den kriminologischen Mainstream auf diese Weise zu öffnen und zu revitalisieren, so dass er heute ein sehr viel differenzierteres und interessanteres Bild bietet. Er hat sich den Sozialwissenschaften gegenüber geöffnet und vom Interaktionismus bis zur kapitalismuskritischen Theorie der institutionellen Anomie so gut wie alles in seinen Diskurs aufgenommen, was einst als Besonderheit der anti-traditionellen Kriminologie gegolten hatte. All dies findet sich mittlerweile als selbstverständlicher Bestandteil auch

---

[1] Ein Novum war der Definitionsaspekt allerdings nur für die Kriminologie. In den Sozialwissenschaften gab es die Unterscheidung zwischen Sein und Gelten seit langem. Kein Soziologe konnte eigentlich die Labeling-Theorie als etwas Neues bestaunen, der Max Webers Ausführungen über charismatische Herrschaft gelesen hatte oder seine Ausführungen über die Juden als Paria-Volk. Oder ethnologische Schriften über das Tabu oder gar Lange-Eichbaums Hauptwerk „Genie – Irrsinn und Ruhm" (vgl. dazu auch Mühlmann 1962). Aus der Philosophie wäre die Strömung des Nominalismus zu nennen, aus der Psychologie die Attributionstheorie (vgl. Myers 1996, 73–121). Es ist also keineswegs so, dass nur Kriminalität sozial definiert wird, sondern z. B. auch Charisma, Paria und Genie. Immerhin könnte man sagen, dass das noch abweichendes Verhalten ist. Aber es gilt in viel stärkerem Maße als für die Kriminalität z. B. auch für die Kunst (siehe das wunderbare Pamphlet Wolfe 1975, außerdem Pinker 2002, 400–420, und – jawohl! – Howard S. Becker 1982). Es gilt auch für Arbeit, Spiel, Terrorismus, Krieg usw. usf.

im kriminologischen Normaldiskurs wieder (vgl. Baumann 2006: 335). Damit ist aber auch die Perspektive auf die Entstehung, die Erscheinungsformen und den Wandel der Kriminalität ausgesprochen facettenreich und spannend geworden (vgl. Katz 1988; vgl. zur Verbindung von Handlungstheorie und Sozialkonstruktivismus auch Greenberg 1988: 3 f.).

Die Radikalisierung der kritischen Kriminologie

> *How many legs does a dog have if you call the tail a leg? Four. Calling a tail a leg doesn't make it a leg.*
>
> Abraham Lincoln

Damit hatte sich aber auch die Funktion der kritischen Kriminologie weitgehend erschöpft – sie sah sich des Monopols auf ihre Themen (Interaktionismus, Labeling, soziale Konstruktion von Abweichung und Kriminalität, Kritik der sozialen Kontrolle) beraubt und damit als relativ eigenständiges soziales Subsystem innerhalb der Kriminologie in ihrer Identität existentiell bedroht.

Mitte der siebziger Jahre begann dann seitens der kritischen Kriminologie eine Zeit der Lagerbildung. Man insistierte auf einer prinzipiellen Andersartigkeit und machte die Haltung zur Ätiologie zum ersten und wichtigsten Prüfstein der Zugehörigkeit zur Kritischen Kriminologie, gefolgt von Ideologiekritik, einer linken politischen Einstellung und dem Postulat der Praxisorientierung (vgl. Baumann 2006: 330 ff.). Das führte zur Verdrängung von Ansätzen, die entweder eine Erneuerung der Kriminologie auf der Grundlage aktueller soziologischer, psychologischer und psychoanalytischer Theorien anstrebten (Moser 1970) oder den *labeling approach* als Perspektivenerweiterung und willkommene Ergänzung in den bestehenden Theorierahmen zu integrieren versuchten (Rüther 1975). Übrig blieb dann in den achtziger Jahren eine radikale Kriminologie, die sich vom gesamten Komplex der Ursachenforschung, aber auch von den Begriffen der Tat, des Täters und des Opfers verabschiedet hatte und sich als fundamental (erkenntnistheoretisch) inkompatibel mit dem Mainstream begriff.

Ursache für diese Entwicklung war wohl – neben Konkurrenz- und Lagerdenken – vor allem eine Lust an provokanter Herrschaftskritik. Statt als Reaktion auf Kriminalität konnte man das Instanzenhandeln als Erfindung von Vorwänden zur Unterdrückung unterprivilegierter Schichten darstellen. In der radikalen Etikettierungstheorie, einer Art radikalem Kontruktivismus, war „Kriminalität" nur noch Definition durch die Instanzen der Strafverfolgung (Polizei, Staatsanwaltschaft, Gericht), die aus ubiquitär verbreitetem normalem Verhalten nach bestimmten Kriterien einiges zur Sanktion auswählten. Das betroffene Verhalten als solches musste nicht erklärt werden, Motivation der Handelnden und subjektiv gemeinter Sinn waren uninteressant, das Subjekt des etikettierten Handelns verschwand. Das als Kriminalität definierte Verhalten wurde auf diese Weise gleichsam artifiziell langweilig gemacht – und es musste uninteressant sein, um die Bedeutung der Definition zu verabsolutieren und die Beschäftigung der Medien mit Kriminalität sozusagen per definitionem als Dramatisierung kritisieren zu können.

Die von der (offenbar als Behinderung, wenn nicht gar Fessel begriffenen) Rückbindung an die Empirie weitgehend befreite „radikale Kriminologie" schuf sich allmählich eine Welt, wie sie ihrer Meinung nach sein musste. Das führte zu erstaunlichen Aussagen. Etwa im Bereich der Kritik sozialer Kontrolle. Dieser wurde eine wachsende Punitivität bescheinigt, gemessen an der Zahl der Gefangenen pro 100 000 Einwohner eines Landes, wobei man absah von der wachsenden oder sinkenden Anzahl der kriminalisierbaren Handlungen, die ihrerseits doch unter Umständen die Unterschiede in den Gefangenenzahlen hätten erklären können.[2] Die sogenannte Null-Toleranz-Strategie der New Yorker Polizei wurde polemisch zur „Null-Lösung" – und es wurde schlicht nicht zur Kenntnis genommen, dass sie sowohl zu einer Verminderung von Gewaltdelikten als auch zu einer Senkung der Gefangenenzahlen in New York City und im Staate New York geführt hatte.[3] Der Strafverfolgung wurde jede generalpräventive Wirkung abgesprochen. Dabei berief man sich vor allem auf Untersuchungen zur Todesstrafe, ohne zu berücksichtigen, dass die davon bedrohten Taten eher Ausnahmen mit besonderen Umständen sind – während bei Raub, Einbruch, Ladendiebstahl, Verkehrstaten usw. dagegen oft rationale Überlegungen eher eine Rolle spielen.[4] Die – offenbar ziemlich erfolgreiche – Videoüberwachung öffentlicher Räume

---

[2] Die Messzahl „Gefangene auf 100 000 Einwohner" wird allgemein verwendet; wir sind aber im Zweifel, ob sie viel über die Punitivität (als Bereitschaft zur Kriminalisierung von Handlungskategorien und Bereitschaft zur Verhängung von Freiheitsstrafen) aussagt, zumal historische und internationale Vergleiche ja eigentlich eine ceteris-paribus-Situation voraussetzen, die selten genug anzunehmen sein wird. Die gegenwärtige Praxis scheint uns ein bisschen so, als vergliche man die Zahl der Schirmträger pro 100 000 Einwohner von London und Rom und käme zu dem Schluss, dass die Londoner wetterempfindlicher und regenscheuer seien. Besser geeignet, um Punitivität darzustellen wäre wohl eine Messzahl „Gefangene pro 100 000 polizeibekannte oder durch Dunkelzifferuntersuchungen festgestellte Straftaten" – aber eine solche Messzahl kann es natürlich für Anhänger der radikalen Etikettierungstheorie nicht geben.
[3] Vgl. Hess 2004. Die Herausgeber des Buches „Die Null-Lösung" (1998) hatten bei der Aufforderung zu Beiträgen objektive oder gar positive Darstellungen ausdrücklich ausgeschlossen, weil sie keine „Fernsehpodiumsdiskussion", sondern von vorneherein die vernichtende Kritik anvisierten!
[4] Die eben erwähnten New Yorker Entwicklungen sind übrigens ein schlagendes Beispiel für die generalpräventive Wirkung der Straferwartung (zum Begriff der Straferwartung vgl. Reynolds 1998). In diese gehen neben der Strafhöhe die Festnahmewahrscheinlichkeit sowie die Anklage-, Verurteilungs- und Einsperrungswahrscheinlichkeit ein. Die Festnahmewahrscheinlichkeit, d. h. die Kontrolldichte auf der Straße, ist bei der Berechnung der Straferwartung derjenige Faktor, der am

wurde abqualifiziert.[5] Die Thematisierung von Opfern krimineller Handlungen wurde als Dramatisierung verurteilt; wer Opfer thematisierte, stand unter Law-&-Order-Verdacht.

Aber kommen wir zurück zur theoretischen Diskussion. In der attributionstheoretischen Version der Kritischen Kriminologie ist Kriminalität bekanntlich „keine Eigenschaft oder ein Merkmal, das dem Verhalten als solchem zukommt, sondern das an das jeweilige Verhalten herangetragen wird" (Sack 1968: 470). Sack hatte damit zwar Gedanken aufgenommen, die in ähnlicher Weise z. B. von Edwin Lemert und Howard S. Becker schon früher geäußert worden waren, sie aber in der Tendenz dadurch radikalisiert, dass er (zuerst tentativ, in späteren Schriften dann entschlossener) „Kriminalität nicht als ein Verhalten" verstand, „wie es bisher eigentlich immer geschehen ist, sondern als ein ‚negatives Gut' analog zu positiven Gütern wie Vermögen, Einkommen, Privilegien. Kriminalität ist das genaue Gegenstück zum Privileg. Es vorenthält Rechte, beschneidet Chancen, es verteilt die in einer Gesellschaft vorhandenen Ressourcen" (Sack 1968: 469). Wenn man nun noch hinzudenkt, dass die Verteilung gerade nicht in nennenswerter Weise durch die Handlungen oder Nicht-Handlungen der Individuen beeinflusst wird, denen das Etikett „kriminell" zugewiesen wird, hat man bereits den Grundgedanken der „Labelingtheorie ohne objektivistischen Rest" (Sack 1988: 17) bzw. einer „Position ohne ätiologischen und ‚Warum'-Rest" (Sack 1998: 54), ohne Untersuchung sozialstruktureller Bedingungen von Devianz, ohne die Kategorien des kriminellen Handelns und der Tätermotivation. So gelangt man schließlich zu einer lupenreinen „Kriminologie ohne Täter" (Sack 1998: 57), die unter theoretischer Suspendierung des Subjekts und seiner Lebensbedingungen nur noch „das Verhalten derjenigen Leute" untersucht, „zu deren Disposition die Eigenschaft Kriminalität gestellt ist" (Sack 1972: 25), und die es nahe legt zu sagen: „Wenn man so will: Der Richter ist der Täter. Wir müssen also dessen Handeln erklären, wenn wir Kriminalität erklären wollen. … Das Handeln der Täter (im herkömmlichen Sinne des Wortes) ist im übrigen bei dem Ziel, Kriminalität erforschen zu wollen, unwichtig" (Peters 1997: 270). Der Täter kann deshalb als theoretische Analyseeinheit ohne weiteres suspendiert werden. Auf

---

meisten ins Gewicht fällt: Ist er niedrig, nützen die höchsten Strafen nichts, und ist er hoch, können die Strafen entsprechend niedriger sein – hier liegt das Geheimnis des New Yorker Erfolgs.

[5] Am 22./23. August 2009, Seite 9, berichtete *Le Figaro* ausführlich über eine Studie, die von 2000 bis 2008 die Video-Überwachung in verschiedenen französischen Städten evaluierte und zu ausgesprochen positiven Ergebnissen gekommen war. Die noch unveröffentlichte Studie wurde erstellt von der Inspection générale de l'administration (IGA), der Inspection générale de la police nationale (ITPN) und der Inspection technique de la gendarmerie nationale (ITGN). Die Erfolge in London, der neben Madrid am meisten video-überwachten Stadt, sollen allerdings wesentlich geringer sein. In Deutschland ist die Angelegenheit Ländersache, und man steht der Kontrollmethode skeptischer gegenüber.

jeden Fall wird es nicht mehr als interessant angesehen herauszufinden, „warum die Menschen bestimmte Handlungen durchführen, sondern wie sie sie durchführen. Die Frage nach den Ursachen des Handelns wird nicht nur ignoriert, sondern gleichsam aufgelöst" (Weingarten/Sack 1976: 13). Richtiggehend aufgelöst und nicht nur ignoriert werden aber kann diese Frage nur unter der Voraussetzung, dass es gar keine Ursachen gibt, die erforscht werden könnten. Deshalb fordert Sack gelegentlich auch eine Kriminologie, die sich von der Idee einer objektiven Existenz von „something out there", das mit wissenschaftlichen Methoden entdeckt und beschrieben werden könnte, insgesamt verabschiedet – und damit letztlich beim Antirealismus endet. Für diese Lesart der Kritischen Kriminologie ist es dann auch eine ausgemachte Tatsache, dass die traditionelle und die Kritische Kriminologie zu verschiedenen, sich gegenseitig prinzipiell ausschließenden wissenschaftlichen Paradigmen gehören, woraus eine Begründung für die These von der prinzipiellen Unmöglichkeit der Integration etwa des Labeling-Ansatzes mit anderen Ansätzen strukturfunktionalistischer, sozialpsychologischer oder sonstwie „objektivistischer" oder „ätiologischer" Art gewonnen wird.

Zur Kritik der radikalen Etikettierungstheorie – und ihrer neuen Langeweile

> *Cloquet hasste die Wirklichkeit, war sich aber klar darüber, dass sie*
> *noch immer der einzige Ort war, wo man ein anständiges Steak bekam.*
>
> Woody Allen

Diese Vorstellung einer Kriminologie ohne Täter und ohne „objektivistischen Rest" hat bislang merkwürdig wenig Kritik erfahren, obwohl sie unserer Meinung nach doch ganz erhebliche Schwächen aufweist. Auf einige dieser Schwächen wollen wir im Folgenden hinweisen:

1. hat die radikale Labeling-Theorie einen *zu engen Begriff von Kriminalität*: Nur das von offiziellen Instanzen der Strafverfolgung formell etikettierte Handeln soll Kriminalität sein. Das ist nicht nur ziemlich willkürlich und widerspricht dem Alltagsverständnis, sondern auch dem international in der Wissenschaft üblichen Gebrauch. Die radikale Labeling-Theorie übernimmt damit den ganz engen strafrechtlichen Begriff, was übrigens auch politisch gesehen fatal ist, weil sie damit – wie Adorno sagt – „unterstützt was ist, im Übereifer zu sagen was ist" (Adorno 1972: 205). Von Kriminalität der Mächtigen zu reden (oder von Elitekriminalität, von Regierungskriminalität, von Herbert Jägers Makrokriminali-

tät oder von repressivem Verbrechen), das ist dann nur in den seltenen Fällen möglich, in denen solche Fälle tatsächlich vor Gericht kommen und offiziell als Kriminalität etikettiert werden. Will man nicht doch implizit mit einer Vorstellung/einem Begriff von „potentiell kriminalisierbarem Verhalten" arbeiten, sind Aussagen zur Klassenjustiz für die radikale Labeling-Theorie nicht möglich. Den Selektionsprozess kann man nicht kritisch analysieren. Dunkelfelduntersuchungen sind nicht möglich.

Es ist aber auch überhaupt nicht nötig, mit einem so engen Begriff zu arbeiten. Denn was die Instanzen tun (eine Handlung mit einem Motiv verbinden und unter eine Rechtsnorm subsumieren), das tun auch andere (Täter, Opfer und informelle Beobachter aller Art, vom Nachbarn bis zum Journalisten und vom Wissenschaftler bis zu Amnesty International), und deren Etikettierungen sind sowohl im Alltagsleben wie auch im Hinblick auf Veränderungen bei den offiziellen Kriminalisierungen keineswegs irrelevant. Die offiziellen Kriminalisierungen sind ja keine statische Sache und werden in ihren Veränderungen – zu mehr Toleranz oder zu mehr Punitivität – von den Kriminalitätsvorstellungen anderer Handelnder beeinflusst.

Als Lösung haben wir 1997 vorgeschlagen, in der Kriminologie mit vier verschiedenen Kriminalitätsbegriffen zu arbeiten (die übrigens auch alle in der sozialen Wirklichkeit bereits in Gebrauch sind):

Als *Kriminalität* wird in der sozialen Wirklichkeit einmal das bezeichnet, was im Gesetz als strafbare Handlung definiert ist. Kriminalität als Summe der strafbedrohten Handlungen. Das ist sozusagen die *strafrechtlich definierte bzw. theoretische Kriminalität*. Daneben gibt es aber auch das, was nach Ansicht des jeweiligen Sprechers sehr anstößig ist – im Sinne des empörten Ausrufs ‚Das ist ja kriminell!' – oder was nach anderen Kriterien und im Gegensatz zum positiven Recht ‚wirkliche Kriminalität' sein sollte oder aufgrund von Ableitungen aus überpositivem Recht bereits ist. Das lässt sich vielleicht ganz gut als *moralunternehmerisch definierte Kriminalität* bezeichnen. Indem die Kriminologie beide Begriffsbildungen registriert und vergleicht, gewinnt sie einen unabhängigen Blick auf die Differenz zwischen positivem Recht und anderen Normen (z. B. dem Naturrecht oder dem Rechtsempfinden von Teilgruppen bzw. Subkulturen in der Gesellschaft) und kann vieles über die sozialen Konflikte lernen, aus denen dann Veränderungen im geschriebenen Recht erwachsen können.

Als *informell definierte Kriminalität* wäre die Masse jener Handlungen zu registrieren, die unter die Kategorien der theoretischen Kriminalität subsumiert werden könnten, die aber (noch) nicht von den dazu autorisierten Instanzen, sondern vorerst nur von den Tätern selber, von Opfern, Beobachtern, Kriminologen usw. so klassifiziert werden, also Howard S. Beckers *rule-breaking behavior* oder

Michel Foucaults *illégalismes*. *Formell definierte Kriminalität* soll schließlich
jene Masse von Handlungen heißen, die tatsächlich von den Kontrollinstanzen
verarbeitet wird und in die Kriminalstatistik eingeht.[6]
Damit ist explizit auf den Begriff gebracht, was im Alltag und auch international in der Kriminologie implizit üblich ist (und was auch radikale Labeling-
Theoretiker machen, sobald sie sich mit konkreten Phänomenen beschäftigen,
siehe unten Punkt 5).

2. scheint uns, dass *die radikale Labeling-Theorie, zumindest wie sie in der deut-*
schen Kriminologie vertreten wird, soziologisch gesehen falsch ist.
Eine menschliche Handlung ist kein bloßes Verhalten, kein physikalisches
Ereignis, das erst durch Fremdzuschreibung einen sozialen Sinn bekommt. Handlungen sind Verbindungen von Bewusstseinsleistungen vom Typ subjektiv vorent-
worfener Erfahrungsabläufe mit physikalischen Prozessen, mittels derer Akteure
in die Welt hineinwirken – wenn auch oft mit anderen Folgen als den beabsichtig-
ten. Ob gehandelt wird oder nicht, ist – anders als bloßes Verhalten – Beobachtern
nicht unmittelbar zugänglich. Oft kann man aber vom beobachtbaren Verhalten
eines Menschen auf seine Handlungen schließen bzw. per Befragung und Interpretation den subjektiv gemeinten Sinn erschließen. Wenn der vom Akteur
subjektiv gemeinte Sinn ein Bewusstsein von der sozialen Kategorisierung eines
Verhaltens als „kriminell" enthält, dann können Handlungen, anders als das bloße
Verhalten, sehr wohl die Eigenschaft „kriminell" aufweisen, auch wenn sie un-
entdeckt bleiben und ansonsten weder informell noch formell so definiert werden.
Wenn es erstmal die konstitutiven Regeln für „Kriminalität" gibt, dann gibt es
auch den Typus „Kriminalität" und einzelne Fälle kriminellen Handelns. Kriminalität ist also eine vom Akteur und von signifikanten anderen definiertes Phänomen, aber dann doch objektiv im Sinne einer *institutionellen* oder *Kulturtatsache*
(Searle 1997). Und so wie ein Eröffnungszug im Schachspiel existiert und als
soziales Handeln von vorneherein die Eigenschaft „Eröffnungszug" besitzt (vorausgesetzt, der Spieler bewegt seine Hand nicht unabsichtlich in Trance), so ist
auch „kriminell" eine mögliche Eigenschaft der Handlung – und es ist durchaus
denkbar, dass man objektiv richtige Tatsachenaussagen über sie trifft.
    Interessant für die kriminologische Theorie und Forschungspraxis ist eine
von Alessandro Baratta (Manuskript von 1998) in einer differenzierten Diskussion
unserer Theorie-Skizze (Hess/Scheerer 1997) vorgeschlagene Methode. Ohne die
Handlungsebene auszublenden, wie es manche andere Kritiker postulierten, in-

---

[6] Vgl. Hess/Scheerer 1997: 89 f. Alle hier aufgeführten Begriff von Kriminalität gehen aber natürlich
auch davon aus, dass diese *mala* immer *mere prohibita* sind; einen materialen Kriminalitätsbegriff
gibt es auch für eine sozialkonstruktivistische Theorie nicht.

sistiert er auf der Trennung zweier Dimensionen: jener des Verhaltens bzw. Handelns und jener der sozialen Reaktion bzw. der Definition. Für Baratta sind beide wichtig, doch müssen sie seiner Meinung nach bei der Untersuchung auseinander gehalten werden. Die zweite wird mit Hilfe einer Kommunikationswissenschaft oder Diskursanalyse, möglicherweise Kriminologie genannt, erforscht. Die erste mit Hilfe einer interdisziplinären Annäherung, mit Hilfe vieler Wissenschaften von der Ökonomie bis zur Psychologie, wobei jeweils eine davon – je nach dem Charakter des zu erklärenden Phänomens – die Hauptrolle spielt. Die Kriminologie bleibt bei der Erforschung der Verhaltensebene *(dimensione comportamentale, referente materiale)* völlig außen vor, denn die Tatsache einer (späteren) Definition als Kriminalität trägt nichts zur Erklärung der Handlung bei.

Dagegen halten wir eine Integration der beiden Perspektiven nicht nur für möglich, sondern sogar für nötig, weil man sonst auf beiden Seiten unvollständig bleiben muss. Wir haben deshalb eine Kriminalitätstheorie vorgeschlagen, die genau wie eine Theorie der Arbeit, der Kunst, der Männlichkeit usw. sich befasst mit den Diskursen, die ihren Gegenstand konstituieren, und zugleich mit den Handlungen, die in den Sog dieser Diskurse gezogen oder von ihnen hervorgebracht werden. Wir bestehen also darauf, dass

- eine kriminologische Theorie nicht nur Definitionsvorgänge, sondern auch die von diesen Definitionsvorgängen betroffenen Handlungen erfassen muss
- Handlungen nicht nur von Reaktionen, sondern auch schon durch den vom Akteur subjektiv gemeinten Sinn definiert werden (auch wenn der Akteur dabei Angebote aus einem sozial vorhandenen Arsenal von Definitionen auswählt)
- Definitionen ausgehandelt werden und der Akteur daran meist beteiligt ist (indem er mit seinem Handeln von vorneherein die Richtung des Definitionsvorgangs stark beeinflusst, indem er Etiketten zurückweist usw.)
- man also von einem bestimmten Moment an durchaus von Kriminalität reden kann; denn wie konstruiert auch immer das Phänomen ist, es ist letztlich als solches wirkungsmächtig.

Es scheint uns nützlich, den Vergleich der Kriminalitätstheorie mit einer Theorie der Arbeit oder einer Theorie der Kunst zu durchdenken. Beide Phänomene entstehen als solche auch nur durch soziale Definition, aber es schiene doch wohl jedermann absurd, nur die Definitionsvorgänge zu behandeln. In der Kunsttheorie läge das noch viel näher als in der Kriminalitätstheorie, und doch scheint es dort durchaus legitim, sich *auch* mit der künstlerischen Produktion und mit dem Kunstwerk zu beschäftigen.

Wahrscheinlich hat es gewisse Vorteile, die Analyse des Handelns früher zu beginnen, in einer offenen Situation und mit anderen Begriffen als dem der Kriminalität (wie man beim Studium der künstlerischen Produktion auch schon mit Kinderzeichnungen, Seidenmalerei, Design *und* Ölmalerei beginnen sollte, um sich dann die Definitionsvorgänge, ihre wirtschaftlichen Folgen oder den Habitus des „wahren" Künstlers klarer vor Augen zu bringen). Dann wird besser deutlich, dass auch in unserem Bereich die Definitionsmöglichkeiten zwar keineswegs unabhängig von den Handlungen der Definierten sind, aber doch sehr vielfältig und dass problematische Situationen bzw. problematische Handlungen nicht von vorneherein Kriminalität sind, sondern – zumindest im Sinne eines unserer Kriminalitätsbegriffe – erst dann, wenn die Akteure sie als solche meinen – sowenig wie sich entäußerndes Produzieren Produktion von Kunstwerken ist, wohl aber, in einem Sinne, wenn der Produzent das als solches meint. In beiden Fällen kann die Definition später und von anderen bestätigt oder verworfen werden (und im Falle der Kriminalität dann unseren anderen Kriminalitätsbegriffen entsprechen oder nicht). Ein solches Vorgehen ist allerdings keineswegs einfach, weil man dann doch oft bei der Auswahl problematischer Handlungen, die man in die Analyse einbezieht, eine Vorstellung von *potentieller Devianz* (Howard S. Becker) bzw. eine Vorstellung von durch uns als wissenschaftliche Beobachter *informell definierter Kriminalität* bzw. *kriminalisierbarer Handlungen* einbringt[7].

Wie auch immer: Unserer Meinung nach wäre es auf jeden Fall ein Fehler, die Definition von Kriminalität ausschließlich für eine Sache von Experten in Instanzen zu halten. An der alltäglichen Strafrechtsanwendung sind ja keineswegs nur die Spezialisten beteiligt. Auch die nichtjuristischen Laien haben eine Vorstellung vom Strafrecht (vom strafrechtlich Verbotenen), die grob sein mag, aber dennoch handlungsrelevant ist. Der Täter weiß, dass er im Kaufhaus „stiehlt" (wie immer das in Feinheiten dann von Experten letztlich definiert werden mag)[8]; der Kaufhausdetektiv und/oder sonstige Beobachter gehen von dieser Hypothese aus; die Anzeigende wartet ebenfalls nicht auf die Expertin; und auch der Dunkelfeldforscher hat seine Meinung. Jede Situation muss definiert werden, jede Handlung hat nur in ihrem Kontext Sinn, das ist alles richtig und wichtig. Aber man soll doch nicht so tun, als wären die Leute alle Vollidioten. Meist ist doch die Definition der Situation relativ unproblematisch. Wenn ein kleiner Schwarzer vor einem großen Weißen herrennt, wird wohl kaum jemand die Situation „Kenianer vor Baumann Weltmeisterschaft Athen" verwechseln mit „Angolaner vor Skinhead Fürstenwalde". Die meisten *cases* sind keine *hard cases*, und so interpretationsoffen, wie

---

[7] Wie es etwa auch Hanak/Stehr/Steinert 1989 nicht vermeiden können.

[8] „Der Dieb orientiert an der ‚Geltung' des Strafgesetzes sein Handeln: indem er es verhehlt." (Weber 1976: 16)

immer wieder implizit von manchen deutschen Labeling-Theoretikern behauptet, sind die wenigsten Situationen. Und zudem ist den Leuten meistens klar, wann und wie und mit welchen Folgen eine Situation von wem definiert wird. Die ganze Problematik ist zudem unter einer Zeitperspektive zu betrachten. *Referente materiale* und *discorso* entstehen oft historisch aus der gleichen Quelle. Eine bestimmte Entwicklung führt zu bestimmten Handlungen, die als Risiko wahrgenommen und als Kriminalität definiert werden, sie führt also zu Handlungen und gleichzeitig zu Definitionen. Dass eine Handlung kriminalisiert wird, liegt manchmal bzw. meistens in der Natur der Handlung: Diese verletzt Interessen, deren Träger fähig sind, eine offizielle kriminalisierende Definition durchzusetzen (während andere, womöglich behavioristisch gesehen ähnliche Handlungen, solche Interessen nicht verletzen). Mag man zu Beginn dieses historischen Prozesses Verhaltensebene und Diskursebene möglicherweise noch getrennt analysieren und erklären können, später wird das unmöglich. Denn dem diachronischen Blick zeigt sich deutlich, dass frühere Definitionsvorgänge abgelagert werden und schließlich einen diskursiven Rahmen bilden, innerhalb dessen dann auch schon von den Akteuren Kriminalität (oder Kunst oder Arbeit) hervorgebracht wird. Die Kunsttheorie thematisiert das Besondere, das gewissen Hervorbringungen durch die Definition „Kunst" hinzugefügt wird *(und was durchaus auch schon vor dem Akt der Produktion einen modifizierenden oder sogar ganz und gar prägenden Einfluss ausüben kann und in der Regel ausübt)*. Die Kriminologie thematisiert die Modifikationen, die Handlungen durch die Definition „Kriminalität" erfahren *(und auch hier wird diese Wirkung meist schon bedeutsam, bevor die Handlung überhaupt ausgeführt wird)*. Es ist also unmöglich, die Definition ohne das materielle Substrat oder das materielle Substrat ohne die Definition sinnvoll zu erfassen und zu erklären.[9]

Schließlich möchten wir noch auf drei Gefahren hinweisen, die eine radikale Etikettierungstheorie in der Praxis mit sich bringt: Entreferenzialisierung, Relevanzverlust und ontologisches „Gerrymandering".

3. *Entreferenzialisierung*. In einem denkwürdigen Aufsatz hat Karl Schumann (1994: 242) einmal die Befürchtung geäußert, die Kritische Kriminologie beschäftige sich, was die Gewalt angehe, nicht „mit dem Geschehen selbst", son-

---

[9] Baratta hat sein Argument am Beispiel der sizilianischen Mafia dargestellt. Aber gerade an diesem Beispiel lässt sich schön zeigen, dass eine Trennung zweier Ebenen nicht möglich ist: Mafia als Para-Staat, Abenteuerkapitalismus, private Sicherheitsindustrie oder was immer kann auf keinen Fall allein mit Hilfe politischer, ökonomischer oder sozialpsychologischer Theorie erklärt werden. Erst die Tatsache, dass wir es hier mit einem illegalen Phänomen zu tun haben, erklärt alle Besonderheiten gegenüber legalen Vergleichsfällen – und mit dieser Modifizierung beschäftigt sich die Kriminologie (vgl. Hess 1988).

dern nur noch „mit dem Diskurs darüber". Darauf antwortet ihm Helge Peters (1997: 269 f.), „daß eine Gegenüberstellung von Geschehen und Diskurs, von Ereignis und Abbild nicht haltbar ist" – immerhin sei es doch „eine basale These des labeling approach, nach der es das blanke, undefinierte Ereignis und die von ihm getrennte Rede über dieses Ereignis nicht gibt". Das ist nun, wie wir bereits ausgeführt haben, genau unser Standpunkt. Doch Peters selbst befolgt sein Postulat nicht. In seiner eigenen, gegen Schumann angeführten Untersuchung hat er sich nur mit einer vom Geschehen getrennten Rede beschäftigt. Er ist damit nicht seiner eigenen These gefolgt, sondern Sacks Diktum, dass Kriminalität erst dadurch zustande komme, dass ein zunächst uninterpretiertes physikalisches Geschehen durch das Dazwischentreten der Instanzen in einen subjektiv konstituierten sozialen Sachverhalt transformiert werde (vgl. Sack 1972: 22). Das wird heute nun so verstanden, dass das Geschehen womöglich unerkennbar, zumindest aber uninteressant bzw. langweilig und nur der Diskurs für die Kriminologie relevant sei. Für eine Kritische Kriminologie „ohne objektivistischen Rest", „ohne ätiologischen und Warum-Rest" kann es eben so etwas wie eine objektive Realität, die sich erforschen ließe und über deren Zusammenhänge Warum-Fragen gestellt werden könnten (und sollten), nicht geben (wenn man einmal den Widerspruch übersieht, dass die Vertreter dieser Ansicht ja immerhin glauben müssen, dass sich zumindest Medieninhalte und Diskurse als objektiv vorhandene Realität „out there" erforschen lassen).

Das Problem, dass Wissenschaften ihren externen Gegenstandsbezug verlieren, wenn sie sich erst einmal von der Vorstellung des handelnden Menschen verabschiedet haben, ist nicht nur ein Problem der Kriminologie, sondern aller Human- und Gesellschaftswissenschaften, die im Gefolge des Strukturalismus und des *linguistic turn* eine bestimmte epistemologische Radikalisierung in Richtung eines epistemologischen Anti-Realismus vorgenommen haben. Insofern ist es kein Zufall, dass nicht nur Sack im Jahre 1968 unter Bezug auf den „Cours de linguistique générale" des Begründers des modernen Strukturalismus, Ferdinand de Saussure, und unter Bezug auf den *linguistic turn* sowie auf Kuhn die Grundlagen einer Perspektive entwickelte, derzufolge der Täter aus der Kriminologie ebenso verschwinden sollte wie der Autor aus der Literaturwissenschaft, wie es vom Strukturalisten Roland Barthes in demselben Jahr mit seiner Schrift „La mort de l'auteur" programmatisch vorgestellt wurde (vgl. Sack 1968: 458 ff., 466 ff., 471 ff.). Und so wie die literaturwissenschaftliche Rezeptionsästhetik (H. R. Jauß, R. Iser) die These, dass der Sinn eines Werkes nicht vom Autor produziert werde, sondern dass das (zum Text degradierte) Werk in Wirklichkeit erst durch die Rezeption konstituiert werde und mit beliebig vielen Sinnen gefüllt werden könne, bis zur „Literatur ohne Autor" weiterentwickelte („Der wirkliche Autor ist der Leser."), so verschwand um dieselbe Zeit und aufgrund desselben *cultural stream* bei einigen Autoren auch das Subjekt aus der sozialwissenschaftlichen Devianzforschung. Gegen das Programm einer restlosen Semantisierung des Sozialen spricht aber, dass es nach allem, was wir wissen und fühlen und was nicht zuletzt die von sozialen Prozessen wie denen der Kriminalität und der Kriminalisierung Betroffenen wissen und fühlen, nicht nur Zeitungsartikel und Fernsehbilder, sondern auch noch außertextliche Realien gibt.

4. *Relevanzverlust.* Wenn man auf der Verhaltensebene eine so weitgehende Homogenität der Gesellschaftsmitglieder unterstellt, dass die Verhaltensvarianz zwischen Kriminellen und Konformen als eine Frage „des Grades, um nicht zu sagen des Zufalls" erscheint (Sack 1968: 443), dann sind die Akte der instanzlichen Konstituierung von Kriminalität epistemologisch insofern verselbständigt, als sie ohne einen regelgeleiteten reaktiven Bezug auf Täterhandlungen erklärt werden können. Mit anderen Worten: Ob jemand, der wegen Gewalt gegen Frauen als Straftäter definiert wird, wirklich Gewalt gegen Frauen ausgeübt hatte, ist nicht von Bedeutung. Die Untersuchung des Kriminalisierungsprozesses ist von der Faktizität dessen, was zugeschrieben wird (im Sinne einer Korrespondenz mit der objektiven Realität) unabhängig. Für eine kriminologische Theorie „ohne objektivistischen Rest" (Sack 1988: 11) ist es genug, sich mit dem Instanzenhandeln zu befassen. Alles andere wird – so Peters ausdrücklich – irrelevant. Das Handeln der „Täter (im herkömmlichen Sinne des Wortes)"? Es ist „unwichtig". Und welche Bedeutung hat das Opfer? Es dürfte doch wohl „bei dem genannten Forschungsinteresse" der wirklich kritischen Kriminologie „klar" sein, dass „das Opfer nicht interessiert – ganz undogmatisch gesprochen" (Peters 1997: 270 f.). In der radikalen Lesart der Kritischen Kriminologie steigt die Vernachlässigung des Opfers in den Rang eines epistemologisch untermauerten Glaubensbekenntnisses auf. Uns will es scheinen, als ob die Kritische Kriminologie sich damit aus einem wichtigen theoretischen und einem wichtigen Realitätsbereich ohne Not verabschiedet. Die Kritische Kriminologie hat in den letzten Jahren an Ansehen eingebüßt. Das mag viele Gründe haben. Einer davon könnte sein, dass sich die akademische wie die allgemeine Öffentlichkeit für eine Wissenschaft vom Verbrechen, die nach langen epistemologischen Erörterungen zu der Überzeugung gelangt ist, sowohl das Handeln der Täter als auch das Erleben der Opfer sei „unwichtig", irgendwann einfach nicht mehr interessiert.

5. *Ontologisches Gerrymandering.* Als *gerrymandering* wird in den USA die manipulative Änderung von Wahlkreisgrenzen zu Zwecken des Machtgewinns bezeichnet. Kurz vor der Wahl lässt der einflussreiche Kandidat die Grenzen seines Wahlbezirks so verändern, dass er auf jeden Fall gewinnt. Ändern sich die Verhältnisse, ändert man die Grenzen wieder. Mit dem Begriff des *ontological*

gerrymandering bezeichnen Steve Woolgar und Dorothy Pawluch (1985) das Hin- und Herspringen der Vertreter einer „radikalen" Epistemologie zwischen epistemologischem Realismus und epistemologischem Anti-Realismus je nach Konvenienz. Mal bekennt man sich emphatisch zu dieser Erkenntnistheorie, mal praktiziert man stillschweigend jene.

Wir glauben, dass selbst die eifrigsten Verfechter einer kritisch-kriminologischen Theorie „ohne objektivistischen Rest" nicht in der Lage sind, ihre eigenen Ansprüche epistemologischer Art konsequent durchzuhalten. Das analytische Ideal einer im starken Sinne kritisch-kriminologischen Theorie erlaubt keine Aussagen über ätiologische, kausale und motivationale Gegebenheiten. Das Ideal geht davon aus, dass man nicht wissen könne, ob ein Verhalten einer Norm tatsächlich widerspricht oder nicht. Auch könne man nicht wissen, ob dort, wo sanktioniert wird, tatsächlich Normbrüche stattgefunden haben, da Normen nun einmal nicht als unabhängig von der Situation und vom situativ eingebundenen Handeln zu erfassen seien. Doch der Klarheit der Postulate entspricht keine Praxis derjenigen, die diese Postulate aufstellen. Je nach Bedarf, so scheint es, wird die Möglichkeit von deskriptiven Aussagen über die objektive Realität mit großer Geste verworfen oder aber kritiklos als selbstverständlich vorausgesetzt.

Dabei sind die schlichten Abweichungen vom Dogma[10] weniger interessant als die durchgehenden Inkonsequenzen, die einen Mangel an Reflexivität verraten. Ätiologie des Täterhandelns zu betreiben, das gilt den Vertretern der radikalen Lesart geradezu als stigmatisierendes Kennzeichen der traditionellen Kriminologie. Dabei übersehen sie offenbar, dass sie selbst ganz ungeniert Ätiologie der Diskurse, Ätiologie der Normgenese, Ätiologie des Instanzenhandelns (z. B. aufgrund des *second code* bei der Selektion) usw. praktizieren. Überhaupt von Selektion zu reden, setzt eine Vorstellung von Handlungen voraus, aus denen selektiert wird und die ja wohl keine beliebige Masse sind, sondern auch definiert werden müssen, z. B. als „problematische" oder „kriminalisierbare" Handlungen oder als „Ärgernisse und Lebenskatastrophen" (Hanak/Stehr/Steinert 1989) usw. Aber wie und von wem? Noch krasser wird es, wenn Sack sich immer wieder ganz ernsthaft mit der Dunkelziffer herumplagt, die es ja seiner eigenen Theorie nach gar nicht geben kann. Wenn man die Richter als Täter bezeichnet (wie Peters), verschiebt man nur das Problem und würde, wäre man konsequent, in einem unendlichen Regress landen: Wenn die Kriminellen nur Täter sind, weil die

---

[10] Ein schönes Beispiel etwa bei Sack 1997, wo mit dem Rüstzeug der traditionellsten Kriminologie, vor allem Durkheims Anomie-Theorie, die „kriminalitätstreibenden Faktoren" (!) des östlichen Umbruchs bloßgelegt werden.

Richter sie so definieren, dann sind die Richter nur Täter, weil die Kriminologen sie so definieren usw.[11] Der programmatische Anspruch der epistemologisch radikalen Strömung der Kritischen Kriminologie, sie wolle eine Kriminologie ohne Täter, ohne ätiologischen Rest und ohne die Vorstellung von der objektiven Existenz einer äußeren Wirklichkeit – also von „something out there" – lässt sich, so will es uns zumindest scheinen, nicht einmal widerspruchsfrei formulieren, geschweige denn in der Forschung implementieren. Entweder es kommt zu „clearly discernible lapses into realism" (Woolgar/Pawluch 1985: 224) oder zu einer Art radikaler Verpackung, in der sich dann doch bestenfalls ein wenn auch verkürzter sozialer Konstruktivismus des Inhalts befindet, dass soziale Wirklich eben immer eine in komplexen Strukturen mittels diskursiver und nicht-diskursiver Praktiken hergestellte sei, was genau der Hauptströmung der Kritischen Kriminologie entsprechen würde. Die Vertreter einer solchen sozialkonstruktivistischen Position (also auch wir) halten eine kritische Kriminologie für möglich und für wichtig, die gerade nicht durch die Verbalradikalität des Verzichts auf eine Vorstellung von der objektiven sozialen Wirklichkeit glänzen will, sondern durch das, was sie über reale Zusammenhänge in der realen Welt herauszufinden vermag. Eine Kriminologie ohne Täter, ohne Opfer und ohne objektivistischen Rest würde für viele Kriminologen selbst zunehmend unattraktiv, von einer breiteren akademischen und allgemeinen Öffentlichkeit ganz zu schweigen, die sich gerade von einer gesellschaftskritischen Kriminologie sicherlich anderes erwartet als die Dauerthese von der Nicht-Existenz einer *Welt da draußen*.

Ganz abgesehen davon, dass eine solche Kriminologie zweifellos ziemlich langweilig ist.

Literatur

Adler, Patricia A. (1985): Wheeling and Dealing. An Ethnography of an Upper-Level Drug Dealing and Smuggling Community, New York.

Adorno, Theodor W. (1970): Erziehung zur Mündigkeit, Vorträge und Gespräche mit Helmut Becker. 1959–1969, Frankfurt.

Adorno, Theodor W. (1972): Soziologie und empirische Forschung, in ders.: Gesammelte Schriften Bd. 8, Frankfurt, S. 196–216.

---

[11] Nebenbei bemerkt gibt es auch Diskussionsbedarf darüber, ob es notwendig, zweckmäßig und ethisch vertretbar ist, bestimmten Akteuren (meist den „armen Schweinen") den Akteursstatus, ihren Status als handelndes und das eigene Handeln definierendes Subjekt, abzusprechen, ihn aber anderen (meist den sozial sowieso Mächtigeren in den Instanzen) zuzugestehen.

Baratta, Alessandro (1998): Mafia. Rapporti tra modelli criminologici e scelte di politica criminale. Manuskript.

Baumann, Imanuel (2006): Dem Verbrechen auf der Spur. Eine Geschichte der Kriminologie und Kriminalpolitik in Deutschland 1880–1980, Göttingen.

Becker, Howard S. (1963): Outsiders. Studies in the Sociology of Deviance, New York.

Becker, Howard S. (1982): Art Worlds. Berkeley-Los Angeles-London.

Behr, Rafael (2000): Cop Culture – Der Alltag des Gewaltmonopols. Männlichkeit, Handlungsmuster und Kultur in der Polizei, Opladen.

Buford, Bill (1991): Among the Thugs, London.

Feest, Johannes/Blankenburg, Erhard (1972): Die Definitionsmacht der Polizei. Strategien der Strafverfolgung und soziale Selektion, Düsseldorf.

Felson, Marcus (2009): Crime and Everyday Life, Thousand Oaks.

Foucault, Michel (1976): Überwachen und Strafen. Die Geburt des Gefängnisses, Frankfurt.

Foucault, Michel (1976): Räderwerke des Überwachens und Strafens. Ein Gespräch mit J.-J. Brochier, in: ders.: Mikrophysik der Macht, Berlin, S. 26–40.

Greenberg, David F. (1988): The Construction of Homosexuality, Chicago.

Hanak, Gerhard/Stehr, Johannes/Steinert, Heinz (1989): Ärgernisse und Lebenskatastrophen. Über den alltäglichen Umgang mit Kriminalität, Bielefeld.

Hawkins, Richard/Tiedeman, Gary (1975): The Creation of Deviance. Interpersonal and Organizational Determinants, Columbus.

Hess, Henner (1978): Das Karriere-Modell und die Karriere von Modellen. Zur Integration mikroperspektivischer Devianztheorien am Beispiel von Appartement-Prostituierten, in: Hess, Henner/Störzer, Hans-Udo/Streng, Franz (Hg.): Sexualität und soziale Kontrolle. Beiträge zur Sexualkriminologie, Heidelberg, S. 1–30.

Hess, Henner (1988): Mafia. Zentrale Herrschaft und lokale Gegenmacht, Tübingen.

Hess, Henner (2004): Broken Windows. Zur Diskussion um die Strategie des New York Police Department, in: Zeitschrift für die gesamte Strafrechtswissenschaft 116, S. 66–110.

Hess, Henner/Moerings, Martin/Paas, Dieter/Scheerer, Sebastian/Steinert, Heinz (1988): Angriff auf das Herz des Staates. Soziale Entwicklung und Terrorismus. 2 Bände, Frankfurt.

Hess, Henner/Scheerer, Sebastian (1997): Was ist Kriminalität? Skizze einer konstruktivistischen Kriminalitätstheorie, in: Kriminologisches Journal 29, 83–155

Hess, Henner/Scheerer, Sebastian (2003): Theorie der Kriminalität, in:Kölner Zeitschrift für Soziologie und Sozialpsychologie, Sonderheft 43, 69–92

Jäger, Herbert (1982/67): Verbrechen unter totalitärer Herrschaft. Studien zur nationalsozialistischen Gewaltkriminalität, Frankfurt.

Katz, Jack (1988): Seductions of Crime. Moral and Sensual Attractions in: Doing Evil, New York.

Kerner, Hans-Jürgen (1973): Verbrechenswirklichkeit und Strafverfolgung. Erwägungen zum Aussagewert der Kriminalstatistik, München.

Kürzinger, Josef (1978): Private Strafanzeige und polizeiliche Reaktion, Berlin.

Lofland, John (1969): Deviance and Identity, Englewood Cliffs, N. J.

Matza, David (1964): Delinquency and Drift, New York.

Matza, David (1969): Becoming Deviant, Englewood Cliffs, N.J.

Mühlmann, Wilhelm Emil (1962): Gnadengabe und Mythos des Genies, in: ders.: Homo Creator. Abhandlungen zur Soziologie, Anthropologie und Ethnologie, Wiesbaden, S. 60–69.

Myers, David G. (1996): Social Psychology, New York, S. 73–121.

Ortner, Helmut/Pilgram, Arno/Steinert, Heinz (Hg.) (1998): Die Null-Lösung, Karlsruhe.

Peele, Stanton (1985): The Meaning of Addiction. An Unconventional View, San Francisco.

Peters, Dorothee (1973): Richter im Dienst der Macht. Zur gesellschaftlichen Verteilung der Kriminalität, Stuttgart.

Peters, Helge/Cremer-Schäfer, Helga (1975): Die sanften Kontrolleure. Wie Sozialarbeiter mit Devianten umgehen, Stuttgart.

Peters, Helge (1997): Distanzierung von der Praxis in deren Namen. Empfehlung, an einer definitionstheoretisch orientierten Kriminalsoziologie festzuhalten, in: Kriminologisches Journal 29, 267–274.

Pinker, Steven (2002): The Blank Slate. The Modern Denial of Human Nature, New York.

Quensel, Stephan (1970): Wie wird man kriminell? Verlaufsmodell einer fehlgeschlagenen Interaktion zwischen Delinquenten und Sanktionsinstanz, in: Kritische Justiz, X, 375–382

Reuter, Peter (1983): Disorganized Crime. Illegal Markets and the Mafia, Cambridge, Mass.

Reynolds, Morgan O. (1998): Crime and Punishment in America 1998. National Center for Policy Analysis, Policy Report No. 219, Dallas. http://www.ncpa.org/pdfs/st219.pdf (6. Mai 2010)

Rüther, Werner (1975): Abweichendes Verhalten und labeling approach, Köln-Berlin.

Sack, Fritz (1968): Neue Perspektiven in der Kriminologie, in: Sack, Fritz/König, René (Hg.): Kriminalsoziologie, Frankfurt, 431–476

Sack, Fritz (1972): Definition von Kriminalität als politisches Handeln: der labeling approach, in: Kriminologisches Journal 4, 3–31

Sack, Fritz (1988): Wege und Umwege der deutschen Kriminologie in und aus dem Strafrecht, in: Janssen, H./Kaulitzky, R./Michalowski, R. (Hg.): Radikale Kriminologie. Themen und theoretische Positionen der amerikanischen Radical Criminology, Bielefeld, 9–34

Sack, Fritz (1997): Umbruch und Kriminalität – Umbruch als Kriminalität, in Sessar, Klaus/Holler, M. (Hg.): Sozialer Umbruch und Kriminalität, Pfaffenweiler, 96–154.

Sack, Fritz (1998): Vom Wandel der Kriminologie – und anderes, in Kriminologisches Journal 30, 47–64.

Schmidt-Semisch, Henning (2002): Kriminalität als Risiko. Schadenmanagement zwischen Strafrecht und Versicherung, München.

Schumann, Karl F. (1994): Gewalttaten als Gefahr für die wissenschaftliche Integrität von Kriminologie, in: Kriminologisches Journal 26, 242–248.

Schur, Edwin M. (1971): Labeling Deviant Behavior. Its Sociological Implications, New York.

Searle, John R. (1995): The Construction of Social Reality, New York.

Sykes, Gresham M./Matza, David (1957): Techniques of Neutralization. A Theory of Delinquency, in American Sociological Review 22, 664–670

Weber, Max (1976): Wirtschaft und Gesellschaft. Grundriss der verstehenden Soziologie, Tübingen.

Weingarten, E./Sack, Fritz (1976): Ethnomethodologie. Die methodische Konstruktion der Realität, in: Weingarten, E./Sack, Fritz/Schenkein, E. (Hg.): Ethnomethodologie. Beiträge zu einer Soziologie des Alltagshandelns, Frankfurt, 7–28

Wolfe, Tom (1975): The Painted Word, New York.

Woolgar, Steven/Pawluch, Dorothy (1985): Ontological Gerrymandering, in: Social Problems 33, 159–162.

Young, Jock (1971): The Drugtakers. The Social Meaning of Drug Use, London.

3. Varianten der Bestätigungen

Jan Wehrheim *stellt in seinem Beitrag „Kriminologie, Sicherheit und die herrschende Normalität der Ungleichheit des Sterbens" die verbreitete Vorstellung in Frage, dass Kriminalität das Böse sei, die Ursache für schlimmstes Leid. Tatsächlich gäbe es weit schlimmere Dinge als die, die „Verbrechen" genannt würden. Falsch sei es daher auch, in Kriminalisierungen ein Mittel zu sehen, das Böse, das Elend, die Grausamkeiten dieser Welt zu bekämpfen.*

Warum aber wird dann kriminalisiert, fragt der Autor. Er antwortet mit funktionalistischen und intentionalistischen Annahmen. Strafrechtliche Verfolgungen seien herrschaftsfunktional und zielten auf den Erhalt sozialer Ungleichheit. Ähnliches gelte für die gegenwärtig verbreiteten Tendenzen, Kriminalität mit einem Risikomanagement zu bearbeiten, das sich an statistischen Wahrscheinlichkeiten orientiere. Sein Schein der sozial neutralen, rationalen Amoralität trüge. Es wirke – wie Kriminalisierungen – sozial selektiv, nähme Partei für Privilegierte und stabilisiere damit soziale Ungleichheit.

Linke KriminologInnen neigen angesichts solcher Annahmen dazu, ihrer Wissenschaft die Ausweitung ihres Objektbereichs zu empfehlen. Die Kriminologie solle so helfen, die großen Grausamkeiten – die Kriege, die strukturelle Gewalt usw. – durch Kriminalisierung zu skandalisieren. Wehrheim wendet sich gegen solche Ratschläge. Die Chancen, auf diese Weise politischen Einfluss zu gewinnen, seien gering. Außerdem lasse ihre Verwirklichung die skizzierten funktionalistischen und intentionalistischen Annahmen und damit die eigentlich interessanten kriminologischen Fragen in den Hintergrund treten.

Birgit Menzel zeigt in ihrem Beitrag „Was Charles Manson und Gordon Gekko gemeinsam haben – und was sie voneinander unterscheidet" an zwei kriminellen Figuren, einer realen (Charles Manson) und einer fiktiven (Gordon Gekko) Person, wie der publizistische Umgang mit Verbrechern und Verbrechen gesellschaftliche Normen verdeutlicht und damit zur gesellschaftlichen Ordnung beiträgt. Die Autorin macht zunächst auf die Chancen aufmerksam, die die mediale Verbreitung denen bietet, die fürchten, nicht mehr richtig dazuzugehören. Deutlich werden die kohesiven, aber auch die ausschließenden Folgen der Nutzung dieser Chancen. Menzel arbeitet sodann Strukturen schichtenselektiver Pathologisierungen heraus, die nicht nur mit Merkmalen der Individuen variieren. Die Chancen, etwa zum Psychopathen zu werden, steigen mit sinkendem Schichtenstatus und dem Grad zugeschriebener Kriminalität.

Dies alles demonstriert Menzel an den beiden Titelfiguren. Ganz gleich verfährt man mit ihnen aber nicht. Gordon Gekko hat Psychopahtologisierungen weniger zu fürchten als Charles Manson. Es verwundert deswegen nicht, dass Gekkos Züge eher als Grundlage für die Konstruktion von Vorbildern taugen als die Züge Mansons. Er bleibt die Gruselfigur. Als solche ist sie natürlich auch interessant. Interessanter aber findet es die Autorin, herauszuarbeiten, wie Per-

sonen und fiktive Figuren als Gruselfiguren bzw. als Vorlage für die Konstruktion schräger Vorbilder in Szene gesetzt werden.

Ken Plummer *untersucht den Labeling-Ansatzes in Erinnerung an seine Glanzzeiten als generationale Theorie. Dazu rekurriert er auf einen klassischen Beitrag zum Labeling-Ansatz aus den siebziger Jahren. Er zieht ein Resumée der Entwicklung des Ansatzes und bemerkt, dass die Zahl der Verteidiger eines expliziten „Labeling-Ansatzes" zwar geschrumpft ist, dies jedoch keineswegs die Rückkehr zum „langeweilen Verbrechen" und seiner Warum-Fragen bedeutet. Vielmehr haben nicht nur die frühen Vertreter ihre Arbeit unter anderen Namen fortgesetzt, auch neue Vertreter eines Interesses an Benennungen sind aufzufinden. Viele der Kernthesen des Ansatzes sind zur Selbstverständlichkeit geworden, während vor allem kritische und postmoderne Ansätze (nun auch in der englischsprachigen Welt) ihren Argumentationen eine Definitonsperspektive zugrunde legen. Auch wenn diese nun andere Namen für die Beschäftigung mit der Benennung verwenden, sind die Kernthemen des Labeling-Ansatzes damit nicht untergegangen, sondern heute weiter denn je verbreitet: Das „langweilige Verbrechen" ist lange nicht mehr allein auf dem Spielplatz.*

Daniel Dotter *verbindet den Labeling-Ansatz mit einer Cultural Studies-Perspektive, indem er feststellt, dass die sozial zugeschriebenen Bedeutungen mehr und mehr im Rahmen von medial tradierten Szenarien aufkommen. Klassische, „langweilige" Ansätze seien, so Dotter, schon lange nicht mehr frei von Herausforderungen. Auf der anderen Seite müsse jedoch die Zuschreibung abweichender Identitäten im Rahmen breiterer Kontexte sozialer Bedeutungsproduktion gesehen werden. So seien nicht einfache Abweichungsetikettierungen, sondern die komplexen und verwobenen Prozesse dieser Bedeutungsproduktion und -reproduktion das angemessene Ziel sozialwissenschaftlicher Forschung: Es werden nicht eindimensionale Stigmata oder abweichende Identitäten im luftleeren Raum zugeschrieben, sondern komplexe Rollen in komplexen Abweichungs-Geschichten. Sie werden medial verbreitet und wirken nicht nur auf Reaktionshandeln von Institutionen und Medien, sondern auch in Handlungen von Personen selbst, die auch sich selbst im Rahmen solcher Devianzszenarien erzählen können: Diese Geschichten beinhalten Bedeutungen von „Transgressionen" und „Skandalen", die von jenen aufgegriffen und nachgeahmt werden können, die stigmatisierte Bedeutungen zu erhalten suchen. Klassische Ursachenforschung bleibt langweilig, aber insbesondere die Narrative „extremer Devianz", die solche Transgressionsgeschichten reproduzieren, sind damit für Dotter interessant.*

Bernd Belina *greift die gegenwärtig verbreitete Praxis auf, statistische Daten zur räumlichen Verteilung so genannter registrierter Kriminalität in Karten darzustellen. Folgt man den Vorstellungen der Hersteller solcher Karten, verweisen diese Daten – die Polizeiliche Kriminalstatistik z. B. – auf Verbrechenshäu-*

figkeiten. Übersehen wird damit – so Belina –, dass derartige Daten kulturelle Produkte sind, in denen sich die Anzeigebereitschaft der Bevölkerung sowie die Kontroll- und Anzeigenaufnahmebereitschaften der Strafverfolgungsorgane ausdrücken. Mit der räumlichen Fixierung von „Kriminalität" trügen die Kartenproduzenten zur Verdinglichung kriminalisierender Vorgänge bei, übernähmen und verfestigten so gängige Denkweisen über Kriminalität. Belina nimmt an, dass die von ihm beschriebene Praxis auf Dispositionen stößt, die die Verbreitung ihrer Produkte begünstigen. Die mit der Veröffentlichung von Kriminalitätskarten naheglegte Annahme, Kriminalität existiere unabhängig von sozialen Kontexten, entspräche neoliberalen Vorstellungen, denen zufolge Kriminalität als Risiko erscheine, das technisch und nicht gesellschaftspolitisch zu bearbeiten sei. Über der Langeweile seitens kartographisch und/oder kriminologisch informierter Betrachter ob solcher Karten einstelle, solle nicht die Möglichkeit der politischen Indienstnahme solcher Produkte verkannt werden.

Bettina Paul vergleicht in ihrem Beitrag „Berauschende Erkenntnis?" die kriminologischen Erträge ätiologischer und etikettierungstheoretisch orientierter Drogenforschung. Die normativ-positivistische Variante der ätiologischen Drogenforschung demontiere sich selbst, schreibt die Autorin. Diese Variante orientiere sich an alltagspraktischen Problemdefinitionen, übernähme die Vorstellungen der Drogenkonsumproblematisierer und verkenne damit, dass das Elend des Drogenkonsums nicht in dem Stoff und dem Verbrauch liege, sondern das Ergebnis der Definitions- und Dramatisierungsbemühungen der Antidrogenpolitik sei. Die entsprechende Forschung verdunkle denn auch eher die Wirklichkeit der Drogenkonsumenten. Paul macht aber auch deutlich, dass normativ-positivistisches Vorgehen nur eine Spielart der ätiologischen Drogenforschung ist. Daneben existiere eine an den Charakteristika der Cultural Criminology orientierte Drogenforschung, die jenseits aller problematisierenden Fremddefinition die Selbstdeutungen des Konsumenten betrachte und dabei die lustvollen Aspekte des Drogenverbrauchs zu zeigen versuche.

Paul weist aber darauf hin, dass auch diese Variante ätiologischer Drogenforschung dem Problem jeglichen Motivforschens nicht entgeht. Ermittelt würden eben doch die Zuschreibungen gesellschaftlich vefügbarer Handlungsorientierungen. Darüber hinaus sei zu fürchten, dass auch die an der Cultural Criminology orientierte Drogenforschung gegen ihr implizites Programm verstoße, gegen die von der konventionellen atiologischen Drogenforschung faktisch behaupteten sozialen Sonderstellung des Drogenkonsumenten zu opponieren. Vor dem Hintergrund solcher Einschätzungen empfiehlt Paul, sich an einem etikettierungstheoretisch begründeten Forschungverfahren zu orientieren, das deutlich mache, dass der öffentlich diskutierte Problemgehalt des Drogenkonsums nichts mit dem Handeln und dem Selbstverständnis des Konsumenten zu tun hat. Erkennbar wür-

den die Kontexte und Interessen, auf Grund derer Drogenkonsum definiert und politisch genutzt werde.

Das Thema, das Moritz Rinn *bearbeitet, könnte Anlass für eine kriminologische Groteske sein: Die Ätiologie des Raubkopierens. Fragen nach der frühkindlichen Sozialisation des Raubkopierers wären zu erörtern, der Schichtenstatus der Eltern. Und hörten die – im Beisein der Kinder – zu oft Schallplatten? Waren gar vernarrt in mediale Techniken? Rinn zeigt exemplarisch, weshalb solche Fragen daneben gehen, die interessanten Seiten der Thematik nicht beleuchten. Raubkopieren rührt an zentrale Merkmale der Strukturen kapitalistischer Gesellschaften. Es problematisiert wegen der – um der herkömmlichen Kriminalsoziologie denn doch die Ehre zu geben – „Gelegenheitsstrukturen" das Eigentum an Produktionsmitteln. Und zwar nicht nur in der Weise, dass die technische Entwicklung Diebstahl sehr nahe legt. Die Handelnden nehmen ihn als solchen nicht mehr richtig wahr. Rinn macht in seiner Analyse des Raubkopierens und seiner technischen Voraussetzungen deutlich, dass auch hier die Produktivkräfte die Produktionsverhältnisse erschüttern. Die Kulturproduktion gefährdet die Kapitalverwertung und setzt den sie bewegenden Interessen Grenzen.*

Wen interessiert da der Raubkopierer und sein Tun? Rinn will nicht ausschließen, dass diejenigen, die vom Eigentumsrecht profitieren, beides spannend finden könnten. Dies verweist aber wieder auf die von Raubkopierern hervorgerufene polit-ökonomische Problematisierung der Produktionsverhältnisse, also auf das, was Sozialwissenschaftler eigentlich interessiert.

(HP/MD)

Kriminologie, Sicherheit und die herrschende Normalität des ungleichen Sterbens
Zur gesellschaftlichen Funktionalität von Kriminalisierung und Securitization

Jan Wehrheim

„Es gibt viele Arten zu töten. Man kann einem ein Messer in den Bauch stechen, einem das Brot entziehen, einen von einer Krankheit nicht heilen, einen in eine schlechte Wohnung stecken, einen durch Arbeit zu Tode schinden, einen zum Suizid treiben, einen in den Krieg führen usw. Nur weniges davon ist in unserem Staat verboten" (Brecht 1967: 466). Auch wenn nicht eindeutig ist, welche Position Bertold Brechts zu Kriminalität und Kriminologie aus diesem Zitat abzuleiten ist, mindestens zwei Positionen wären denkbar: Zum einen die traditionelle linke Position, politische und ökonomische Praktiken der Herrschenden zu skandalisieren, in der Hoffnung, der Volksmund labele sie als „kriminell" und strafrechtliche Bearbeitung folge. Zum anderen wäre eine kritisch kriminologische und weniger verbreitete Lesart naheliegend, der zufolge die strafrechtliche Zuschreibung „Kriminalität" selbst Ausdruck von Herrschaftsinteressen ist und spezifische Funktionen erfüllt. Es wäre insofern keineswegs zufällig, dass manche tödlichen Dinge strafbewehrt sind und andere nicht.

Brechts Hinweis auf das alltägliche „vorzeitige" Sterben fordert es geradezu für die politische Linke und die kritische Kriminologie heraus, mit ihm umzugehen. Betrachten wir zunächst ein paar willkürlich zusammengesuchte Zahlen zu solchen todbringenden Ereignissen, die mal strafrechtlich bearbeitet werden, meistens jedoch nicht. Schnell wird deutlich, dass schon rein quantitativ betrachtet die strafrechtlich bearbeiteten Handlungen in ihrer öffentlichen Wahrnehmung nachrangig sein müssten. Die Polizeiliche Kriminalstatistik zählt für Deutschland im Jahr 2008 insgesamt 656 vollendete Tötungshandlungen (Mord und Totschlag), was einen Rückgang dementsprechend definierter Handlungen seit 1993 um nahezu 2/3 entspricht.[1] Suizide als sozialstrukturelles Phänomen (Durkheim 1973/1897) lagen laut der Deutschen Gesellschaft für Suizidprävention 2007 erstmals unter der Zahl von 10.000, wobei eine Ost-West-Differenz bestehe

---

[1] http://www.bka.de/pks/pks2008/index2.html [2010-11-23]

und – im Unterschied zu internationalen Studien – Arbeitslosigkeit sich bisher aufgrund der (noch vorhandenen) sozialen Absicherung nicht auf die Suizid-häufigkeit ausgewirkt habe.[2] Auch die Wohnsituation hat sich in Deutschland im Vergleich zu früheren Zeiten deutlich verbessert, gleichwohl ist das Sterben in Verbindung mit Wohnen nicht verschwunden. Offensichtlich wird es auf der Straße: Im Winter 2009/2010 erfroren 15 Wohnungslose in Deutschland.[3] Obwohl nicht gesagt werden kann, wie viele Todesfälle es aufgrund mangelhafter Gesundheitsversorgung gibt, so verweist eine (möglicherweise nicht uninteressierte) Studie des Aktionsbündnisses Patientensicherheit auf jährlich 17.000 Todesfälle in deutschen Kliniken aufgrund von so genannten Kunstfehlern.[4] Ebenso sterben im automobildominierten Straßenverkehr jährlich Tausende, und die Lebenserwartung ist ohnehin sozialstrukturell grausam unterschiedlich: mit der Höhe des Lebensarbeitseinkommens und der sozialen Absicherung im Alter steigt die durchschnittliche Lebenserwartung.[5] Und weltweit wird von täglich etwa 25.000 Hungertoten ausgegangen – wobei schon die Zahl in ihrer Abstraktion der Realität ihre Qualität zu nehmen scheint.[6] Alltägliche Dramen dominieren also, die wenig zu Kenntnis genommen und deren Ursachen noch seltener skandalisiert oder als Kriminalität bezeichnet werden. Der „vorzeitige" Tod erweist sich zudem als überwiegend sozial ungleich verteilt.

Schauen wir weiter auf das professionelle, also das mal mehr mal weniger gut bezahlte Töten auf (direkten oder indirekten) Befehl in dem manchmal oder oft Krieg genannten Kontext: Es starben beispielsweise im aktuellen Afghanistankrieg[7] bis zum 10.08.2010 19.629 Menschen. Etwa die Hälfte der Toten waren Zivilisten, wobei davon ausgegangen werden kann, dass diese seltener statistisch erfasst werden.[8] Von den deutschen Soldaten, die in diesen Krieg geführt wurden, starben bisher gut 40. Dass nun überhaupt von Krieg gesprochen wird, dürfte auch darin begründet sein, dass es ein deutscher Oberst war, der am 4.9.2009 – je nach Quelle – 91 bis 140 Tote aufgrund eines von ihm befehligten Bombardements

---

[2] http://www.suizidprophylaxe.de/ [2010-11-23]

[3] http://www.spiegel.de/panorama/gesellschaft/0,1518,674928,00.html (v. 29.1.2010)

[4] http://www.sueddeutsche.de/leben/fatale-behandlungsfehler-tod-in-der-klinik-1.663440 (v. 24.4.2007)

[5] Die längste Lebenserwartung bei deutschen Männern haben Beamte im höheren Dienst (http://www.boeckler.de/32015_91284.html; 2010-11-23).

[6] Jean Ziegler (2008) verweist auf die seit Jahrzehnten bekannte, leicht schwankende Zahl und Schätzung, dass weltweit alle fünf Sekunden ein Kind unter zehn Jahren an Hunger stirbt. Nicht fehlende Nahrungsmittel, sondern deren Preise sind die entscheidende Ursache.

[7] Bezeichnenderweise zeigt die Rechtschreibfunktion des Programms open office „Afghanistankrieg" als Fehler an und bietet alternativ nur „-konflikt", „-einsatz" oder „-einsätze" an.

[8] http://www.unknownnews.net/casualties.html [2010-11-23]. Der Bundesausschuss Friedensratschlag spricht sogar von 60.000 toten Zivilisten (http://www.ag-friedensforschung.de/regionen/Afghanistan/kunduz-aufruf.pdf) [2010-11-23]

mit zu verantworten hatte. Ob daraus neben einem vorübergehenden politischen Schlagabtausch auch Kriminalität konstruiert wird, ist fraglich. Aktuell werden zivilrechtliche Bearbeitungsmodi gewählt. Dass den verantwortlichen deutschen Militärs lebenslange Haft und den us-amerikanischen Piloten, die das Bombardement exekutierten, die Todesstrafe droht, wie es wohl in anderen Kontexten bei entsprechenden Tötungshandlungen die Konsequenzen wären, scheint gleichwohl ausgeschlossen. Dem soll hier aber auch nicht das Wort geredet werden. Es zeigt aber nicht nur, dass der Kontext Krieg eben davor schützt, Töten als Mord oder Totschlag zu definieren, sondern ebenso, dass vorsätzliches oder fahrlässiges Töten dazu dienen kann, die Definition des Kontextes zu verändern. Der anschließende Definitionswechsel des damaligen Verteidigungsministers Karl-Theodor zu Guttenberg – „umgangssprachlich Krieg" statt „Kampfeinsatz" –, bringt zwar neue politische Brisanz, gleichzeitig aber juristische Entlastung für die Soldaten mit sich. Potentiell strafbar würde das Töten nämlich dann nur, wenn es als Kriegsverbrechen definiert würde und nicht als „normales" Töten von Menschen im Kontext Krieg oder als Kollateralschaden. (Dass infolgedessen sich auch die Bezeichnung des Ministeramtes in die früher übliche Variante ‚Kriegsminister' ändert oder in ‚Friedensminister' wie bei George Orwell, erscheint jedoch unwahrscheinlich.)

Nun verbietet sich das Aufrechnen von schlichten Zahlen von Toten oder gar ein Abwägen grundsätzlich, gleichwohl lässt sich daran drastisch veranschaulichen, worüber wir reden, wenn wir über Kriminalität reden und damit auch, worüber wir dann nicht mehr reden. Die fürchterlichsten Dinge werden selten Kriminalität genannt.

Die Zahlen bieten sich zudem an, um ihren jeweiligen Definitionscharakter zu diskutieren: Kunstfehler, Kollateralschaden, Mord oder Suizid: es sind Interpretationen und Zuschreibungen, worunter der jeweils tote Körper subsumiert wird. Und (kriminal-)politische Interessen, z. B. an sinkenden Mordraten in einem Großstadtbezirk und damit verbundenem latenten Rechtfertigungsdruck, bzw. die alltäglichen Arbeitspraktiken von Polizisten und Rechtsmedizinern etwa, entscheiden, ob ein Toter als Opfer eines Tötungsdelikts, als Suizid oder als „normaler" Toter in der Statistik klassifiziert wird. Andere Instanzen sozialer Kontrolle be-deuten die zugrunde liegenden Handlungen dann ggf. weiter. So könnte man durchaus darüber diskutieren, ob nicht vielleicht Klinikleitungen und die Verteilungsschlüssel im Gesundheitswesen (und damit Strukturen und ökonomische Interessen) ursächlich für den „Kunstfehler" in Folge einer Operation nach einem 48 Stunden Dienst eines Assistenzarztes sind, und statistisch, wenn auch nicht im Einzelfall, Vorsatz sowie strafrechtliche Bearbeitung und mithin Totschlag nahe läge.

Kriminalisierung als Ausweg?

Neben dem oft schwer zu ertragenden Umgang mit dem konkreten Sterben, wenn es nicht nur in abstrakten Zahlen auftaucht, sind es Ungleichheitsdiagnosen und Gerechtigkeitsvorstellungen, die Kriminalisierungsforderungen nahezulegen scheinen. Die politische Linke oder sich als Teil von ihr verstehende Organisationen und Bewegungen sowie die kritische Kriminologie haben sich (erstgenannte häufiger, letztgenannte seltener) als „atypische Moralunternehmer" (Scheerer 1986) versucht. Selbst Fritz Sack soll einmal von „unterlassener Kriminalisierung" gesprochen haben; „Makrokriminalität" (Jäger 1989) wurde darüber hinaus zu einem Thema.

Schauen wir zunächst auf die Thematisierungen der „Kriminalität der Mächtigen" (jüngst Prittwitz et al. 2008) und der „Makrokriminalität". Es werden ganz überwiegend Dinge problematisiert, die irgendwie im Straftatenkatalog einschlägiger Gesetzestexte aufgeführt sind, aber selten strafrechtlich sanktioniert werden: Kriegsverbrechen, Wirtschaftsdelikte, Folter, Völkermord, Polizeigewalt, ... In dieselbe Richtung, wenn auch mit Differenzierungen, verweist der Begriff des „repressiven Verbrechens" (Hess 1976). Hess (2008: 310) hebt etwa auf Mittel der Mächtigen ab, die „zumindest potentiell kriminalisierbar" seien (da wäre wohl – genauso wie in Bezug auf die Nicht-Mächtigen – so einiges vorstellbar). Der grobe Grundtenor aller dieser Thematisierungen ist: „Die Mächtigen" schlagen über die Stränge und dies müsse dann Kriminalität genannt und sanktioniert werden: gerade weil die Folgen der Handlungen der Mächtigen und ihrer Schergen qualitativ und quantitativ regelmäßig viel gravierender seien als die Folgen „normaler" Kriminalität. Im Unterschied zu Brecht wird gleichwohl nur die Ausnahme (die oft erst ex post von *neuen* „Mächtigen" als solche definiert wird) zum Gegenstand der Auseinandersetzung. Der Hintergrund dürfte sein, dass „die Mächtigen" nicht nur das strukturell bedingte Sterben, sondern auch diese regelmäßig auftretenden, aber doch als Ausnahmen betrachteten Geschehnisse – von Polizeigewalt, zu Gulags western oder eastern style, über die Atombombe bis zur Shoa – meist ganz anders definieren (vgl. Peters 2008) oder neutralisieren. Aber gerade weil in den entsprechenden Kontexten und von den Mächtigen die entsprechenden Handlungen nicht als Abweichung definiert werden, gibt es auch die Kriminalität der Mächtigen nicht. Denn wenn deren kontextgebundenes Handeln Kriminalität genannt und strafrechtlich bearbeitet wird, dann ist das Ausdruck davon, dass sie nicht mehr mächtig sind, und solange sie die Definitionsmacht haben, wird ihr Handeln nicht kriminalisiert – auch nicht, wenn der Volksmund oder ein Teil davon empört denkt oder ruft „das ist doch kriminell!".

Die sich kritisch verstehende Kriminologie entdeckte seit den 1980/90er Jahren außerdem Gewalt durch Neonazis oder gegen Frauen als Themen, die nicht mehr sympathisch genug erschienen, um sie unter der wissenschaftlichen Prämisse der Etikettierungstheorie zu behandeln. Die materiellen Auswirkungen von Kriminalität sollten ernst genommen werden. Der „left-wing realism" war geboren (vgl. Lea/Young 1984). Mächtig waren die Täter dabei oft nur kurz in der inkriminierten Situation. Hess/Scheerer (1997: 135 ff.) etwa meinten, die kritische Kriminologie würde entsprechende Dinge ignorieren oder beschönigen. Auch Kriminalitätsfurcht und die Tatsache, dass die unteren Schichten nicht nur überproportional oft die polizeilich registrierten Täter stellten, sondern ebenso die Opfer von Einbruch, Raub und Körperverletzung – soziale Umverteilung etwa durch Diebstahl also eher selten stattfindet – führten zu entsprechenden Überlegungen. Der Zuschreibungscharakter von Kriminalität wurde als nachrangig betrachtet.

Schauen wir auf ein Beispiel: Angesichts brennender Flüchtlingswohnheime wähnte Anfang der 1990er Jahre die politische Linke die Justiz auf dem rechten Auge blind (was unbewusst implizierte, Justitia solle die Augenbinde doch ganz abnehmen und nicht mehr – zumindest theoretisch – neutral und unabhängig von sozialer Herkunft urteilen). Massenhafte Lichterketten gegen politisch rechts motivierte Gewalt setzten Zeichen, aber nur wenige Gruppierungen fragten nach politischen Zusammenhängen. In die Kerbe der Kriminalisierungsforderungen gegen rechte Skinheads schlugen auch Vertreter der Kriminologie (Hess 1993). Die Lichterketten wie die wissenschaftlich getönten Bedenken individualisierten jedoch vor allem das Töten von Migranten und ignorierten, dass dies der sichtbare Ausfluss der Debatte um den so genannten Asylkompromiss und Ausdruck eines wieder erstarkten Nationalismus nach der Wiedervereinigung war, mit dem gleichzeitig politischer Herrschaftssicherungsmehrwert erwirtschaftet wurde. Seit dem „Asylkompromiss" 1992 und dem Umsetzen der Schengenabkommen sterben nun jährlich – ganz demokratisch – weit mehr Migranten, als Anfang der 1990er angezündet oder erschlagen wurden: Tod durch Ertrinken. Der politisch gewünschte Effekt – weniger gering qualifizierte Ausländer in Deutschland – wurde erreicht. Gleichzeitig sind es die reichen Nationen und multinationalen Konzerne in Verbindung mit lokalen Eliten, die überwiegend ganz nach Recht und Gesetz Rohstoffe oder Arbeitskräfte in afrikanischen oder asiatischen Ländern ausbeuten, die qualifizierte und damit ökonomisch interessante Arbeitnehmern abwerben – mit dem Effekt des brain drain –, die die Meere leer fischen oder die mit Spekulationen auf Grundnahrungsmittelpreise Hungersnöte produzieren und die somit das Elend sowie das Sterben in fernen Ländern und damit die Ursachen der Emigration produzieren – wenngleich die Ärmsten es ohnehin nie bis Europa schaffen. Und während viele Unternehmen und Agenturen mit der tödlichen Abschottung Europas Gewinne erwirtschaften: als Frontex oder als kleine High-Tech-Klitsche, die an Satelliten mitbaut, mit denen (vor allem?) unerwünschte Boote auf dem Mittelmeer geortet werden sollen, profitiert die Masse der Bevölkerung hierzulande von den Bedingungen, die die Hintergründe der Emigration bilden. „Wir sind alle Mörder", hieß es bei Jean-Paul Sartre (1988), und – wenn wir es denn so definieren – dies gilt nicht nur für den klassischen Kolonialismus. Ein weiteres immer wieder aktuelles Beispiel für Kriminalisierungsinteressen von links und der „Kriminalität der Mächtigen" sind Wirtschaftsdelikte. Straßenkriminalität würde ungleich häufiger und härter sanktioniert (Wacquant 2009: 128 f.). Edwin Sutherland brachte das Thema 1949 als „white-collar-crime" in die Kriminologie ein. Der Begriff „Wirtschaftskriminalität" verweist erneut auf einen Ausnahmecharakter, auf Praktiken eben, die strafrechtlich relevant sein könnten – nicht auf die angedeuteten Strukturen einer globalen kapitalistischen Ökonomie. So prangert etwa Elmar Altvater (2009) im Zuge von Privatisierungswellen Korruption an und Thomas Barth (2009) spricht gar in Anlehnung an Herbert Jäger von „Makrokorruption". Aber gerade die aktuelle Sozialisierung privatwirtschaftlicher Verluste von Banken bei gleichzeitigen privaten Gewinnen ist nur ein besonders sichtbarer Ausdruck üblicher Mechanismen und Praxen der politischen Ökonomie (Resch/Steinert 2009: 294 ff.), und die involvierten Banker und Broker handelten zuvor innerhalb dieser Logik. Auch die „Heuschrecke" – die Metapher mit der 2006 der damalige SPD Vorsitzende Franz Müntefering nach jahrelanger eigener neoliberaler Deregulierungspolitik im Wahlkampf plötzlich gegen den ungezügelten Finanzmarkt wetterte und gleichzeitig antisemitische Stereotypen bediente – ist kein besonderes, sondern ein strukturelles Phänomen, wenn etwa die Altersvorsorge der Bevölkerung auf Aktienbesitz aufgebaut werden soll. Zu fordern, das Offensichtliche und Extreme zu kriminalisieren, verkennt die prinzipielle und strukturelle Normalität; Schuld verlangt Individualisierung.

Betrachtet man die thematischen Konjunkturen der (kritischen) Kriminologie, so zeigt sich, wie in der Zahlenauflistung angedeutet, dass grundsätzliche Überlegungen zum *strukturell bedingten* sowie *alltäglichen* Elend und Sterben nur selten Gegenstand kriminologischer oder kriminalsoziologischer Diskussionen sind. Gelegentlich wird en passant auf gravierende Beeinträchtigungen durch strukturell bedingte Umweltverschmutzung hingewiesen (z. B. Hanak et al. 1989), deren extreme Erscheinungen die neue „green criminology" kriminalisiert wissen will (gegen Atomkraftwerke, Flugzeuge als Massenverkehrsmittel oder dagegen, Wein oder Teile von T-Shirts rund um die Welt zu verschiffen, grundsätzlich aber nichts hat). Oder es wird auf persönliche Dramen hingewiesen, die oft gravierendere Schäden (z. B. Vertrauensverluste) als strafrechtlich bearbeitete Dramen hervorrufen, und so gezeigt, dass gerade im Nahbereich der übliche Modus der Konfliktbearbeitung nicht die Kriminalisierung ist (ebd.). Dies sei auch gut so, denn die strafrechtliche Bearbeitung vergrößere regelmäßig nur das Leid. Aus diesen oder aus den Befunden der Sanktionsforschung, die negative Generalprävention in ihrer Wirkung ebenso anzweifelt, wie die propagierte „resozialisierende" Wirkung von Strafen, abzuleitende, radikal erscheinende Forderungen nach Entkriminalisierung und abolitionistischem Umgang mit bisher strafrechtlich bearbeiteten Handlungen und Personen treten jedoch immer seltener auf.

Direkte oder indirekte Kriminalisierungsforderungen ignorieren insofern nicht nur entsprechende Befunde und knüpfen damit an wissenschaftlich widerlegte Alltagsvorstellungen an, sie verkennen vor allem die manifesten und latenten gesellschaftlichen Funktionen von Kriminalität und die sind es, die Kriminologen und Soziologen interessieren sollten. „Ein Moralist kann kein Soziologe sein" (Robert E. Park, zit. nach Lindern 2004: 143).

Die Funktionalität von Kriminalisierung

Laut Émile Durkheim (1991: 159) dienen Sanktionen der Normverdeutlichung für die „ehrenwerten Leute" sowie der sozialen Integration und damit dem „Funktionieren" von Gesellschaft. Folgt man dieser These, darf nicht jedes vorsätzliche, fahrlässige und/oder strukturell bedingte Töten – zu erinnern ist an die Anfangsbeispiele – als Verbrechen gelten. Welche sozialen Gruppen insbesondere von Kriminalisierung betroffen sind und welche Gruppen und Interessen davon profitieren sind die spannenden Fragen, denn sie ermöglichen Erkenntnisse darüber, wie und für wen Gesellschaft funktioniert und welche Funktionen ggf. die Zuschreibungen ehrenwert/kriminell erfüllen.

Strafen, als Abweichung und Kriminalität produzierende Reaktionen auf soziales Handeln, bewirken die Degradierung der Betroffenen und sie reduzieren deren Teilhabechancen in bestimmbaren sozialen Feldern bis hin zum Ausschluss. Dies hat nicht nur gravierende Folgen für die Betroffenen, sondern auch für die Gesellschaft. Es strukturiert sie mit. Zuschreibungen von Abweichungen ermöglichen Distinktionsgewinne derjenigen, die für sich reklamieren, konform zu sein. Privilegien können darüber gesichert werden und Statusunterschiede werden u. a. über Zuschreibungen von Konformität-Nonkonformität legitimiert. Nicht zufällig sind die Gefängnisse vor allem mit Angehörigen unterer Schichten und mit Migranten gefüllt, und die Erklärung dafür sollte nicht im Handeln der inhaftierten Population gesucht werden, sondern in dieser sozialstrukturellen Relevanz und in den Prozessen der Kriminalisierung, die diese Strukturierung mit (re-)produzieren: von der Normgenese und dem Anzeigeverhalten über die Be-Deutungprozesse der verschiedenen Instanzen sozialer Kontrolle.

Darüber hinaus wird seit Georg Rusche und Otto Kirchheimer (1981/1939) darüber diskutiert, eine Funktion der Kriminalisierung sei die Herstellung und Sicherung der Arbeitsmoral. Die Bedrohung durch Strafe bewirke, sich selbst bei schlechten Bedingungen den jeweiligen Arbeitsregimen zu unterwerfen sowie die

Verbindung von Lohnarbeit und Konsum zu akzeptieren. Disziplinierung sei ein Ziel und ein Effekt. Die aktuelle Verbindung von workfare und Strafe (und Rassismus), wie sie jüngst Loïc Wacquant (2009) für die USA und Frankreich beschrieben hat, unterstreicht dies erneut. In kapitalistisch organisierten Gesellschaften ist es zumindest die latente Funktion von Kriminalisierung, untere Schichten zu produzieren. Die gesellschaftlich integrative Funktion von Strafe ist gleichzeitig nur über eine solche Selektivität zu denken. Diese ist, wie Heinrich Popitz zeigte, notwendig, um Normsysteme aufrechtzuerhalten: „Kein System sozialer Normen könnte einer perfekten Verhaltenstransparenz ausgesetzt werden, ohne sich zu Tode zu blamieren. Eine Gesellschaft, die jede Verhaltensabweichung aufdeckte, würde zugleich die Geltung ihrer Normen ruinieren" (Popitz 1968: 9). Zum Erhalt der gesellschaftlichen Ordnung werden zudem Handlungen in bestimmbaren Kontexten aus den „Wirkungsfeldern" einzelner Normen ausgeklammert – womit wir wieder bei den Anfangsbeispielen wären.

Die Tatsache, dass vor allem sozial Unterprivilegierte im Gefängnis sitzen, verweist zudem auf die Bedeutung von Macht und Herrschaft. Die Zuschreibung „Kriminalität" dient dazu, die herrschaftliche Normalität zu sichern, und nicht, sie in Frage zu stellen, wie es eine Kriminalisierung der „Kriminalität der Mächtigen" implizieren würde. So konnte das direkte Töten von Asylsuchenden sowohl verfolgt und sanktioniert wie zur Legitimation der ebenfalls tödlichen Abschottungspolitik instrumentalisiert werden. Die individualisierende Kriminalisierung von Wirtschafts- oder anderen Eliten, dient nicht dem Ausweg aus den Verhältnissen, die Armut, Ungleichheit, Hunger und Krankheiten begründen, sondern zur Legitimation dieser Verhältnisse. Insofern bedeuten aktuelle Reden der Regulierung des Finanzwesens nicht das Ende des Finanzsystems geschweige denn des Kapitalismus. „Heutige Regulierungen lassen sich (…) als Legitimationsriten betrachten, und nur als solche sind sie politisch brauchbar und gewollt" (Legnaro 2009: 44). Strafrecht setzt immer an einzelnen Erscheinungen an und nicht an konstitutiven Strukturen. Sowohl der Verzicht auf die Definition „Rechtsbruch" als auch Recht an sich – und v. a. Strafrecht – dient der Sicherung des Status quo. Als auf Gewalt beruhendes Instrument sichert Strafrecht gesellschaftliche Verhältnisse und über das staatliche Gewaltmonopol wird nicht nur die Vertragsfreiheit (wovon der Zwang, seine Arbeitskraft „frei" verkaufen zu müssen, ein Teil ist), sondern auch das Privateigentum (an Produktionsmitteln) abgesichert – selbst dann, wenn durchaus Veränderungen erkennbar sind, die auf sich verändernde Machtverhältnisse hinweisen und auch wenn die Ressource Recht ebenso gegen Herrschende mobilisiert werden kann. Eine Ressource, auf die aber eben nur selten die Unterprivilegierten zurückgreifen (können), und eine Ressource, die es gerade nicht erlaubt, die Dinge grundsätzlich in Frage zu stellen.[9] Kapitalismus und „ursprüngliche Akkumulation" waren und sind immer noch gewaltförmige Prozesse, die nicht kriminalisiert werden. Kriminalisiert wurde und wird der Widerstand dagegen, wenn das Privateigentum an Produktionsmitteln und die Legitimität sozialer Ungleichheit nachhaltig infrage gestellt und zum Gegenstand von Widerstand wird. Kriminalisiert wird zudem grundsätzlich Widerstand gegen Herrschaftsstrukturen – unabhängig von der Form der Organisation der Wirtschaft. Strafende Politik folgt dabei nicht den Reden an den so verpönten Stammtischen – die sich mittlerweile eher durch Latte Macchiato als durch Herrengedeck auszeichnen. Wie Katherine Beckett (1997) für die USA nachwies, ist es umgekehrt: auf politische und mediale Kampagnen folgen Bedrohungswahrnehmungen, Empörung und Forderungen nach Strafe. Die „democracy-at-work"-These der Punitivität erweist sich als falsch, wobei diskursive Kreisläufe und Wechselverhältnisse zwischen Politik, Strafverfolgungspraxis, medialer Inszenierung und Deutungsmustern in der Bevölkerung entstehen.

Seit nunmehr knapp 20 Jahren wird jedoch neben solchen Thesen in der Kriminologie darüber diskutiert, ob sich diese nicht in neuem Gewand als amoralische, primär am Management von Risiken und Wahrscheinlichkeiten orientierte Kriminologie zeige (Feeley/Simon 1994). Vorfeld- und Securityorientierungen sowie Automatisierungen von Verdachtsgenerierung und Überwachung bewirkten, dass der Kriminologie ihr engerer Gegenstand – Kriminalität – abhanden komme.[10] Auch Kriminalisierung im engere Sinn als Zuweisung von Strafe müsste damit an Bedeutung verlieren bzw. ihre gesellschaftliche Funktionalität müsste sich durch die stärkere Orientierung an ökonomischen Rationalitäten (statt sozialer Normen) verändern oder aber im Zuge neuer Entwicklungen durch ebendiese ersetzt werden.

Securitization und Risikoorientierung statt Kriminalisierung?

Die angedeuteten Entwicklungen werden jüngst mit Begriffen wie „Securitization" (Zedner 2007, Emmers 2007) oder Versicherheitlichung umschrieben: Sicherheit als derzeit hegemonialer Legitimationsrahmen für die Thematisierung bestimmter Risiken und für die Strukturierung sozialer Ordnung, wobei sich Migration,

---

[9] Die Bourdieuschen Kapitalsorten (Bourdieu 1983) helfen zu einem Verständnis für die selektive Mobilisierung der Ressource Recht und für die Selektivität der Rechtssprechung weiter.
[10] Siehe exemplarisch auch das Programm der Tagung zum 40. Geburtstag des Kriminologisches Journal 2009 in Wien „Kritisch-kriminologische Zeitdiagnosen: Pre-Crime und Post Criminology?".

Terrorismus und Gesundheit[11] als derzeit dominante soziale Felder entsprechender Risikodiskurse und Praktiken erweisen. Securitization und Kriminalisierung sind aber nicht nur unterschiedlich – ex ante- vs. ex post-Orientierung; abstrakte Risiken und Szenarien vs. konkrete Handlungen und Personen –, sondern sie zeigen Gemeinsamkeiten. Bei der Sicherheits- und Risikoorientierung ist es wie bei der bisherigen Kriminologie: (erwartete) Normverletzungen oder Risiken sind nicht per se Gegenstände von Überwachung und Risikomanagement, sondern auch Sicherheitsthematisierungen und Risikoanalysen erfolgen selektiv und unterliegen sozialen Be-Deutungen. Sicherheit ist ein soziales Verhältnis und wie Risiko – und Kriminalität – keine feststehende Entität. So verweist etwa Trutz von Trotha (2010) am Beispiel von Gesundheitsrisiken durch Nahrungsmitteln auf die Unterschiede der Inhalte von Sicherheitsverständnissen in den USA und Europa. „Die Akteure der präventiven Sicherheitsordnung unterscheiden sich nicht im Grundsatz der Prävention, sondern nur in den Gegenständen, die sie für schützenswert halten" (ebd.: 32). Sicherheit/Unsicherheit unterliegen Be-Deutungsprozessen, die auf Konjunkturen und Interessen verweisen. Im Zusammenhang mit Atomkraft etwa konnten sich Sicherheitsthematisierung bisher nicht nachhaltig durchsetzen. Nicht einmal Terrorismus konnte erfolgreich instrumentalisiert werden. Unsicherheit erweist sich hier als käuflich – nicht im Sinne von Korruption (das Prozedere folgt den Mechanismen „normaler" Lobbyarbeit), sondern in dem ein Stück vom Kuchen der Milliardengewinne abgegeben wird.

Parallelen werden darüber hinaus beim Blick auf die Folgen der Versicherheitlichung und Risikoorientierung sichtbar, die wiederum Aufschluss über Hintergründe geben: Als zentrale Merkmale und Folgen werden Prozesse sozialer Klassifizierung sowie Exklusion genannt. Ähnlich Kriminalisierungsprozessen geht es um Teilhabeberechtigungen und -bedingungen sowie um „social sorting" (Lyon 2007). Die neuen Technologien, die oft exemplarisch als Indikatoren für Risikoorientierung/Securitization in unterschiedlichen sozialen Feldern herangezogen werden, erweisen sich nur vordergründig als demokratisch und „objektiv", indem sie für alle scheinbar gleich aufgrund binäre Codes (ja/nein, richtig/falsch) wirken würden.[12] Erkennungsleistungen etwa biometrischer Technologien sind alters-, ethnizitäts- oder berufsspezifisch: Gesichtserkennungssoftware hat Probleme mit asiatisch aussehenden Personen, digitale Fingerabdrücke lassen

---

[11] Vgl. etwa zur Individualisierung strukturell bedingter Risiken im Feld Gesundheit den Sammelband Paul/Schmidt-Semisch 2010.

[12] Die Definitionsmacht geht auf die technischen Systeme und Datenbanken über. Die Beschwerde- und Verhandlungsmacht wird tendenziell demokratisiert, denn Status, Alltagstypisierungen oder rhetorische Fähigkeiten werden gegenüber Situationsdefinitionen auf Basis eines vermeintlich objektiven Datenkorpus nachrangig.

sich bei Maurern oder Gärtnern schlechter automatisiert auslesen und die von jüngeren Menschen werden zuverlässiger erkannt, als die von älteren. Vor allem aber werden Datenbanken nicht nur quasi automatisch (beim Telefonieren, Einkaufen, Reisen etc.) gefüttert, sondern die Frage, womit sie gefüttert werden, ist immer eine politische Frage und das konkrete Füttern regelmäßig soziales Handeln: „Information is collected, sorted, and sent, literally, by the work of people" (Walby 2005: 161). Darüber hinaus sind es soziale Deutungen der so gesammelten und aufbereiteten Daten, die weiteres soziales Handeln beeinflussen: von den Vergabekonditionen bei Berufsunfähigkeitsversicherungen bis zu hintergründiger Überwachung oder Leibesvisitation bei Reiseaktivitäten. Einzelpersonen oder Personenkategorien werden klassifiziert und über Teilhabeberechtigungen entschieden.

Über Risiken und Sicherheit wird nun – und dies ist neben der Technisierung und Automatisierung die eigentlich neue Qualität – das Spektrum der Kontrollgegenstände erheblich erweitert: von den neuen multifaktoriellen Ansätzen der Ätiologie, die dank der Life-Sciences mit immer neuen Variablen versorgt werden, bis zu allen Bereichen, die in Versicherungslogiken (Schmidt-Semisch 2002) integrierbar sind. Milch trinken und Hockey spielen, um Beispiele von Helge Peters (vgl. 2001: 617) aufzugreifen, können dann doch Gegenstand eines unendlich ausgedehnten Kriminalitäts- resp. Risikobegriffs werden. Dabei ist bedeutsam, dass eben diese Unterscheidung fließend wird und zwei unterschiedliche Verfahrensweisen zu konstatieren sind. Einerseits erfolgen bei Sicherheit/Risiko Zuschreibungen statistisch und „theorielos": die schiere Datenmenge bringt immer irgendwelche Korrelationen hervor: „Knowledge is not developed in relation to a theory but instead emerges from the process of data mining" (Ruppert 2010: 167). Dies zunächst rein mathematische Vorgehen führt anschließend aber zur Auswahl und Bewertung einzelner Variablenkombinationen und zu Handlungsorientierungen. Andererseits können Risikoanalysen auf Vorfeldentscheidungen darüber beruhen, welche Faktoren als Indikatoren für (bestimmbare und – wie gezeigt – ebenfalls wertend ausgewählte) Risiken be-deutet werden. „Der Begriff Risiko bezeichnet somit kein Ereignis. Vielmehr ist ‚Risiko' ein Urteil – und zwar das Urteil derer, die die Faktoren definieren, kombinieren und interpretieren" (De Boer 2010: 192). Der Unterschied ist nur, ob dieses Urteil bei der Auswahl der für Risikoanalysen zu berechnenden Variablen erfolgt oder bei der Interpretation der statistisch generierten Variablenkombinationen. Stehen jedoch Explanans und Explanandum fest, kann das Explanandum als Risikofaktor (z.B. für Kriminalität oder Gesundheit) Gegenstand weiterer Bearbeitung werden. Über Risikofaktoren und dem (individuellen) Umgang mit ihnen, werden aber wieder Normen zu Bezugspunkten bzw. neue Normen generiert. Sollte etwa Laktoseüberempfindlichkeit Kosten für die Versicherungsgemeinschaft produzieren oder

Hockey spielen unfallträchtiger sein als z. B. Walken, so könnte der Konsum von Milch oder das Spielen von Hockey sehr wohl Extraabgaben oder, sollte es widerrechtlich im Verborgenen geschehen, Sanktionen nach sich ziehen. Es könnte ggf. den Straftatbestand des Betruges erfüllen, wenn jahrelang ein zu geringer Versicherungsbeitrag gezahlt wurde, aber trotz erhöhtem Risiko heimlich Hockey gespielt und Milch getrunken wurde. Das ließe sich durchaus auch Skandalisieren: der massenhafte Versicherungsbetrug auf Kosten derer, die den Kaffee schwarz trinken und Walken gehen.

Es werden derzeit aber nicht Hockey spielen und Milch trinken, sondern Rauchen und fettiges Essen problematisiert – also Handlungen, die immer mehr typische Unterschichtshandlungen werden. Dass infolgedessen den z. B. berufsbedingt vom sozial ungleich verteilten, vorzeitigen Sterben statistisch wahrscheinlicher Betroffenen nicht etwa eine relativ höhere Rente zugesprochen wird, sondern im Gegenteil, die potentiellen Kosten *vor* dem Sterben nach statistisch generierten Risikokategorien individualisiert werden, verweist erneut auf Ungleichheit, von der die Bessergestellten (statistisch) profitieren. Mit Risiko begründete Ungleichheit wird über die Zuschreibung von Wahlmöglichkeiten und Eigenverantwortlichkeit legitimiert. Dass zudem Kombinationen aus einzelnen, für sich alleine als unproblematisch bedeuteten Variablen (z. B. Barzahlen, andere Essenspräferenzen, Reisetätigkeiten, Studienabschlüsse) im Fokus stehen, deutet zudem erneut auf politische Herrschaftsinteressen hin, die sich hinter Sicherheitsthematisierungen verbergen – oder zumindest indirekt davon profitieren. „Central to the selling of security is the pursuit of profit (…), both political and financial (…)" (Zedner 2007: 265). Neben rein marktwirtschaftlichen Interessen werden normative Bewertungen benötigt, um politischen Herrschaftssicherungsmehrwert zu erwirtschaften und um ggf. rein ökonomisch motivierte Risikobewertungen zu legitimieren.

Die Diagnose des marxistisch informierten Labeling Approach war insofern dieselbe wie sie für die Security-Society gestellt wird. Neben sozialer Ungleichheit scheinen allerdings Migration, Fremdheit und Veränderungen von Nationalstaatlichkeit an Bedeutung zu gewinnen. Moralunternehmertum und ökonomische Rationalität treten in ein Wechselverhältnis,[13] und Übergänge zwischen Risiko, Problematisierung einerseits und Sanktionierung, Kriminalisierung andererseits werden fließend. Dramatisierung erweist sich dabei als Vehikel der Vorfeldorientierung und Prävention und Securitization als Effekt. Damit verschwinden weder

---

[13] Konflikte zwischen politischen und ökonomischen Akteuren bleiben bisher offenbar latent. Solange beispielsweise der Markt des Rauchens (u. a. in afrikanischen Ländern) weiter riesig ist und wächst, lässt sich der moralische Kreuzzug gegen das Rauchen in den spätkapitalistischen Dienstleistungsgesellschaften ökonomisch leicht verschmerzen.

Normen noch Kriminalisierung. Versicherheitlichung und Risikoorientierung ergänzen diese vielmehr, bedienen sich ihrer, bringen neue Formen hervor und erfüllen vergleichbare manifeste und latente gesellschaftliche Funktionen.

Chancen der Kritik

Die kritische Kriminologie ist nicht per se politisch kritisch. Sie wählt andere Fragen und sie liefert eine andere *wissenschaftliche* Erklärung von Kriminalität. Ohnehin muss konstatiert werden, dass das politische Potential der Definitions-, Etikettierungs-, Interaktionstheorie, des Labeling Approach oder des interpretativen Paradigmas begrenzt ist und immer war – zumindest dann, wenn es über eine an Schadensbegrenzung orientierte evidence-based Kriminalpolitik hinausgehen soll (die nicht ihrerseits Teil neuer Regierungstechniken wird).[14] Der Ansatz der ehemaligen „Partisanenwissenschaft" ist nicht nur schwer vermittelbar, weil er u. a. Soziale Arbeit delegitimiert (Peters 1996). Er ist schwer vermittelbar, weil von den beteiligten Akteuren alltagsweltliche Deutungen grundlegend hinterfragt werden müssen, die aber tagtäglich im Reden und Handeln von Nachbarn, Kollegen, Freunden, Politikern, Medien etc. reproduziert werden. Auch fällt es mit Definitions*macht* ausgestatteten Akteuren sozialpsychologisch eben schwerer, auf kriminalisierende Zuschreibungen zu verzichten, wenn ihnen die Personen oder deren Handlungen unsympathisch sind.

Das politische Potential geht aber dann gegen Null, wenn von der Kriminologie selbst die Funktion des labels „Kriminalität/kriminell" hinter objektivistischen Kriminalitätsbegriffen versteckt wird. Skandalisierungen verbergen Strukturen und (linke) Kriminalisierungsforderungen müssen ins Leere laufen. Die kritische Kriminologie ist also weder gut beraten, ein sukzessives Ende moralisch legitimierter Kriminalisierung durch Versicherheitlichung und Risikoorientierung anzunehmen, noch sich neue Gegenstände zu suchen und Umwelt-, Wirtschafts- oder Kriegsverbrechen ins Zentrum kriminologischer Aufmerksamkeit zu rücken.[15] Entsprechende Auseinandersetzungen können nur außerhalb des Feldes der Kriminologie geführt werden, da die tödlichen Strukturen *prinzipiell*

---

[14] Die Möglichkeiten, „politiknah" zu argumentieren und die dabei auftretenden Schwierigkeiten, zeigen sich nicht zuletzt an der Debatte um den Periodischen Sicherheitsbericht (Peters/Sack 2003 sowie Schumann 2003).

[15] Auch verengt moralische Empörung etwa aufgrund von Gewalt genannten Handlungen von Jugendlichen in den französischen Banlieues oder von den neu erfundenen „erlebnisorientierten Jugendlichen" im Hamburger Schanzenviertel, nicht nur den Winkel wissenschaftlicher Perspektiven, es verkennt auch die Tatsache, dass nur weil Unruhen nicht mit Marx begründet werden oder weil die intellektuelle Linke sie nicht gleich versteht, diese nicht apolitisch sind.

nicht kriminalisiert werden. Handlungsnah an der Kriminologie orientiert liegt das politische Potential der kritischen Kriminologie aber nach wie vor in einer auf Delegitimation der Kategorie Kriminalität zielenden Thematisierung bzw. darin, ihre Funktionalität aufzuzeigen, die Herrschaftssicherung und Produktion oder zumindest Legitimation sozialer Ungleichheit bedeutet.

In Zeiten, in denen ein Ende des „penal welfarism" (Garland 2001) konstatiert wird, entsteht jedoch der Eindruck, die wissenschaftliche Erkenntnissuche beginne wieder von Neuem. Im Zuge neoliberaler Entwicklungen und im Zuge von Punitivitätsdebatten (u. a. Sack 2004) (deren Kritik vielleicht passender als wirklicher „left-wing realism" zu bezeichnen wäre, der Ursprüngliche ist ja eher der später materialisierte Blair-Schröder realism und keineswegs politisch „links") lautet der aktuelle Trend „bringing Merton back in", wie man die Beiträge von Robert Reiner oder von Karl-Ludwig Kunz im Kriminologischen Journal 2010 lesen könnte und auch Wacquants Schriften können so eingeordnet werden. Die Definitionstheorie spielt (fast) keine Rolle mehr.[16] Angesichts zunehmender sozialer Polarisierung und angesichts hoher Raten registrierter Kriminalität gerade in stärker neoliberal ausgerichteten Ländern scheint vielen eine Resozialdemokratisierung opportun und politisch schon viel gewonnen, wenn wieder ätiologisch auf Ungleichheit und Kapitalismus als Ursachen kriminalisierter Handlungen hingewiesen wird sowie auf die damit verbundene Strafpolitik: „Ein düsterer Kern durchzieht – anders als die sozialen Demokratien – die neoliberalen politischen Ökonomien: mehr schwere Gewalt und mehr grausame Strafen" (Reiner 2010: 53). Aber: „Die Selektivität der Bosheitsdefinitionen, die mit der Handhabung des Kriminalitätsbegriffs dokumentiert wird, und der Umstand, dass sich die Kriminologie daran beteiligt, ist das soziologisch Interessante" (Peters 2006: 54). Eventuell könnte die kritische Kriminologie durch die kritische Sicherheits- und Risikoforschung an die Fragen ihrer Anfänge erinnert werden. Diese konstituiert sich nämlich dadurch, ihren Blick auf Wirkungen und Funktionen von Praktiken und Sprechakten der Versicherheitlichung und des Risikomanagements zu richten.

---

[16] Was keineswegs das Verdienst von Kunz, die konstruktivistische Perspektive hoch zu halten, schmälern soll (vgl. Kunz 2008).

Literatur

Altvater, Elmar (2009): Globalisierung und Korruption, in: Altvater, Elmar et al. (Hg.): Privatisierung und Korruption. Zur Kriminologie von Globalisierung, Neoliberalismus und Finanzkrise, Hamburg, 4–24.

Barth, Thomas (2009): Finanzkrise, Medien und dezentrale Korruption, in: Altvater, Elmar et al. (Hg.): Privatisierung und Korruption. Zur Kriminologie von Globalisierung, Neoliberalismus und Finanzkrise, Hamburg, 68–97.

Beckett, Katherine (1997): Making Crime Pay. Law and Order in Contemporary American Politics, New York/Oxford.

Bourdieu, Pierre (1983): Ökonomisches Kapital, kulturelles Kapital, soziales Kapital, in: Kreckel, Reinhard (Hg.): Soziale Ungleichheiten. Soziale Welt Sonderband 2, Göttingen, 183–198.

Brecht, Bertold (1967): Me-ti/Buch der Wendungen, in: Gesammelte Werke 12, Prosa 2, Frankfurt a. M., 466.

De Boer, Katrin (2010): Frontex: Der falsche Adressat für ein wichtiges Anliegen, in: KrimJ 42, 181–195.

Durkheim, Émile (1973): Der Selbstmord, Neuwied am Rhein.

Durkheim, Émile (1991): Die Regeln der soziologischen Methode, Frankfurt a. M.

Emmers, Ralf (2007): Securitization, in: Collins, Alan (Hg.): Contemporary Security Studies, Oxford, 109–125.

Feeley, Malcolm/Simon, Jonathan (1994): Actuarial Justice: the Emerging New Criminal Law, in: Nelken, David (Hg.): The Futures of Criminology, London-Thousand Oaks-New Delhi, 173–201.

Garland, David (2001): The Culture of Control. Crime and Social Order in Contemporary Society, Oxford.

Hanak, Gerhard/Stehr, Johannes/Steinert, Heinz (1989): Ärgernisse und Lebenskatastrophen. Über den alltäglichen Umgang mit Kriminalität, Bielefeld.

Hess, Henner (1976): Repressives Verbrechen, in: KrimJ 8, 1–22.

Hess, Henner (1993): Kriminologen als Moralunternehmer, in: Böllinger, Lorenz/Lautmann, Rüdiger (Hg.): Vom Guten, das noch stets das Böse schafft. Kriminalwissenschaftliche Essays zu Ehren von Herbert Jäger, Frankfurt a. M., 329–347.

Hess, Henner (2008): Die Kontroverse um das „Repressive Verbrechen" und die Folgen für die Theorie, in: Prittwitz et al. (Hg.): Kriminalität der Mächtigen, Baden-Baden, 306–316.

Hess, Henner/Scheerer, Sebastian (1997): Was ist Kriminalität? Skizze einer konstuktivistischen Kriminalitätstheorie, in: KrimJ 29, 83–155.

Jäger, Herbert (1989): Makrokriminalität, Frankfurt a. M.

Kunz, Karl-Ludwig (2008): Die wissenschaftliche Zugänglichkeit von Kriminalität. Ein Beitrag zur Erkenntnistheorie der Sozialwissenschaften, Wiesbaden.

Kunz, Karl-Ludwig (2010): Strafrechtsmodelle und Gesellschaftsstruktur, in: KrimJ 42, 9–23.

Lea, John/Young, Jock (1984): What Is To Be Done About Law and Order — Crisis in the Eighties, Harmondsworth.

Legnaro, Aldo (2009): Von Heuschrecken und Kapitalismus, in: Altvater, Elmar et al. (Hg.): Privatisierung und Korruption. Zur Kriminologie von Globalisierung, Neoliberalismus und Finanzkrise, Hamburg, 38–54.

Lindner, Rolf (2004): Walks on the Wild Side, Frankfurt a. M./New York.

Lyon, David (2007): Surveillance Studies – An Overview, Cambridge/Malden.

Paul, Bettina/Schmidt-Semisch, Henning (Hg.) (2010): Risiko Gesundheit. Über Risiken und Nebenwirkungen der Gesundheitsgesellschaft, Wiesbaden.

Peters, Helge (1996): Als Partisanenwissenschaft ausgedient, als Theorie aber nicht sterblich: der labeling approach, in: KrimJ 28, 107–115.

Peters, Helge (2001): Soziale Probleme, in: Schäfers, Bernhard/Zapf, Wolfgang (Hg.): Handwörterbuch zur Gesellschaft Deutschlands, Opladen, 617–627.

Peters, Helge (2006): Kurzes Plädoyer für eine borniert Kriminologie, in: Behr, Rafael/Cremer-Schäfer, Helga/Scheerer, Sebastian (Hg.): Kriminalitätsgeschichten, Münster, 51–56.

Peters, Helge (2008): Die Kriminalität der Mächtigen in der Kriminologie – Eine definitionstheoretische Kritik, in: Prittwitz et al. (Hg.): Kriminalität der Mächtigen, Baden-Baden, 296–305.

Peters, Helge/Sack, Fritz (2003): Von mäßiger Fortschrittlichkeit und soziologischer Ignoranz. Zum „Ersten Periodischen Sicherheitsbericht", in KrimJ 35, 17–29.

Popitz, Heinrich (1968): Die Präventivwirkung des Nichtwissens, Tübingen.

Prittwitz, Cornelius/Böllinger, Lorenz/Jasch, Michael/Krasmann, Susanne/Peters, Helge/Reinke, Herbert/Rzepka, Dorothea/Schumann, Karl F. (Hg.) 2008: Kriminalität der Mächtigen, Baden-Baden.

Reiner, Robert 2010: Politische Ökonomie, Kriminalität und Strafrechtspflege: ein Plädoyer für eine sozialdemokratische Perspektive, in: KrimJ, 41–58.

Resch, Christine/Steinert, Heinz 2009: Kapitalismus, Münster.

Ruppert, Evelyn S. (2010): Making Populations: From Censuses to Metrics, in: Leon Hempel/Susanne Krasmann/Ulrich Bröckling (Hg.): Sichtbarkeitsregime. Überwachung, Sicherheit und Privatheit im 21. Jahrhundert, Leviathan Sonderheft 25, 157–173.

Rusche, Georg/Kirchheimer, Otto (1981): Sozialstruktur und Strafvollzug, Frankfurt a. M.

Sack, Fritz (2004): Wie die Kriminalpolitik dem Staat aushilft. Govering through Crime als neue politische Strategie, in: Lautmann, Rüdiger/Klimke, Daniela/Sack, Fritz: Punitivität. 8. Beiheft zum Kriminologischen Journal, Weinheim.

Sartre, Jean-Paul (1988): Wir sind alle Mörder, Reinbek bei Hamburg.

Scheerer, Sebastian (1986): Atypische Moralunternehmer, in: 1. Beiheft zum Kriminologischen Journal. Weinheim, 133–156.

Schmidt-Semisch, Henning (2002): Kriminalität als Risiko, München.

Schumann, Karl F. (2003): Im Bunker des Elfenbeinturms. Peters & Sack verwerfen den PSB – Eine Replik, in: KrimJ 35, 135–140.

Sutherland, Edwin (1949): White Collar Crime, New York.

Trotha von, Trutz (2010): Die präventive Sicherheitsordnung. Weitere Skizzen über die Konturen einer „Ordnungsform der Gewalt", in: KrimJ 42, 24–40.

Wacquant, Loïc J. D. (2009): Bestrafung der Armen, Opladen/Farmington Hill.

Walby, Kevin T. (2005): Institutional Ethnography and Surveillance Studies: An Outline for Inquiry, in: Surveillance & Society 3, 2/3, 158–172.

Zedner, Lucia (2007): Pre-crime and post-criminology?, in: Theoretical Criminology 11, 261–281.

Ziegler, Jean (2008): Nahrungsmittelpreise: Alle fünf Sekunden stirbt ein Kind, in: Tagesspiegel v. 27.4.2008, http://www.tagesspiegel.de/meinung/kommentare/alle-fuenf-sekunden-stirbt-ein-kind/1221008.html [2010-11-23].

Was Charles Manson und Gordon Gekko gemeinsam haben – und was sie voneinander unterscheidet

Birgit Menzel

> *„Mich interessiert nicht der erschreckende alte Mann Charles Manson. Mich interessiert, dass Charles Manson in den USA ein Halloween-Kostüm ist."*
>
> John Waters[1]

John Waters bringt in diesen beiden Sätzen das zum Ausdruck, was Helge Peters im einleitenden Beitrag zu diesem Buch als Grundhaltung einer interaktionistisch inspirierten definitionstheoretischen, sozialwissenschaftlichen Kriminologie beschreibt: Der „erschreckende Mann", der „Bösewicht" ist uninteressant, ein *langweiliger* Verbrecher. Interessant ist für diese Kriminologie dagegen die Frage danach, wie die Gesellschaft auf den *als Verbrecher Definierten* und seine Handlungen reagiert – die einen, die Vertreterinnen und Vertreter der Zuschreibungsvariante, fragen nach den Prozessen der Definition von Charles Manson als Massenmörder, die anderen, die Vertreterinnen und Vertreter der Thematisierungsvariante, richten ihre Aufmerksamkeit auf das öffentliche Reden über die als böse definierten Personen.

Beide Varianten sind nicht unabhängig voneinander zu denken: Das öffentliche Reden ist aus interaktionistischer Perspektive eine Form des Umgangs mit Menschen und ihren Handlungen, in deren Folge die Qualität des Menschen und/oder seiner Handlung als „kriminell" erst geschaffen wird, ein Etikettierungsprozess oder ein Teil eines solchen (vgl. Peters in diesem Band). Ihr liegt die Annahme zugrunde, dass es kein Verbrechen an sich gibt, es vielmehr erst durch die gesellschaftliche Reaktion auf Menschen und ihre Handlungen entsteht: „Die Handlung selbst liefert ihre eigene Interpretation nicht mit. Diese wird an sie von außen herangetragen" (Sack 1968: 465).

Ins Zentrum des Interesses rückt damit das „Außen", von dem aus die Handlung interpretiert wird. Erst dieser Perspektivwechsel gestattet eine im engeren Sinne soziologische Sicht auf *das Verbrechen*, gilt doch die Untersuchung der „Arten und Weisen, wie das menschliche Leben sozial organisiert wird" (Joas 2001: 14) als Aufgabe der Soziologie. Ätiologisch orientierte kriminologische

---

[1] Im Interview mit Katja Nicodemus in der Zeitung *Die Zeit* (Die Zeit 49/2009, 26.11.09).

bzw. kriminalsoziologische Ansätze, deren Ziel letztlich die Défense Sociale, der „Gesellschaftsschutz und die Abwehr von Verbrechen und aller Erscheinungen sozialer Desorganisation" (König 1949/2000: 88) ist, erfüllen diese Aufgabe nur unzureichend, denn sie setzen schon voraus, was erst zu untersuchen wäre: die Mechanismen, die soziale Ordnung(en) erzeugen. Das *Verbrechen* erhält damit einen anderen Stellenwert, Andreas Fahrmeir und Sabine Freitag sprechen ihm für ihr Fachgebiet – die Sozial- und Kulturgeschichte – ein „großes *heuristisches Potential*" (ebd.; Hervorhebung B. M.) zu: „Gerade weil es sich bei Kriminalität ... um ein gesellschaftliches Konstrukt handelt, läßt sie sich als Indikator gesellschaftlicher Normen und Ideen, Obsessionen, Empfindsamkeiten, Ängste und schließlich auch moralischer Vorstellungen lesen ... Was sich rund um das Thema Verbrechen und Vergehen, abweichendes Verhalten und Devianz abzeichnet, sind letztlich die Konstruktionskonstanzen gesellschaftlicher Ordnung" (Fahrmeir/Freitag 2001: 7). Das *Verbrechen* wird also zu einem Indikator für all das, was beiträgt zur „Konstruktion einer ‚sozialen Realität', die als zwei wesentliche Ordnungskategorien die des normgerechten und die des abweichenden Verhaltens kennt" (Sack 1968: 475), für aus dominanten gesellschaftlichen Werten konkretisierte Normen und deren Anwendung, die die Wahrnehmung und Definition von *Verbrechen* erst ermöglichen. Und erst als Indikator für gesellschaftliche Normen und ihre Anwendung verlieren *das Verbrechen* und *der Verbrecher* für interaktionistisch inspirierte Soziologinnen und Soziologen ihren langweiligen Charakter.

Zwei als *Verbrecher* definierte Personen bzw. Figuren sollen im Folgenden als Indikatoren für gesellschaftliche Normen und ihre Anwendung genutzt werden: Charles Manson[2], der 1969 als *Mörder*, und Gordon Gekko[3], die Hauptfigur aus Oliver Stones Film „Wall Street" aus dem Jahr 1987, der wegen *Börsenbetrugs* und *Insiderhandels* verurteilt wurde. In den Reaktionen auf Manson und Gekko lassen sich Gemeinsamkeiten und Unterschiede erkennen, die Rückschlüsse auf das von Sack so genannte „Außen" zulassen.

---

[2] Charles Manson gilt als Anführer der so genannten Manson Family, die Ende der 1960er Jahre für eine Reihe von Morden verantwortlich gemacht wurde. Manson, der laut Urteilsspruch keinen der Morde selbst beging, wurde als Anstifter der Taten zu einer lebenslangen Haftstrafe verurteilt.
[3] Gordon Gekko ist die von Michael Douglas gespielte Hauptfigur der Filme Wall Street und Wall Street II von Oliver Stone. Gekko wird im ersten Film, der hier im Zentrum stehen soll, als skrupelloser und erfolgreicher Börsenhändler dargestellt, der am Schluss des Films wegen illegaler Handlungen verurteilt wird.

Die erste Gemeinsamkeit: Popularität

Beide Figuren – Charles Manson wie Gordon Gekko – sind ausgesprochen populär. Manson wird ein ähnlicher Status zuerkannt wie einer anderen Gruppe von *Verbrechern:* den *Serienmördern.* David Schmid spricht von den „idols of destruction" (2005: 1), um die (in der US-amerikanischen Gesellschaft) eine „serial killer industry" (ebd.) entstanden sei. Selbst 40 Jahre nach seiner Verurteilung sei er eine Berühmtheit, die noch immer großes Interesse hervorrufe (vgl. Schmid 2005: 112), so könne neben vielen anderen Devotionalien eine Locke des Verurteilten – zum Preis von 995 Dollar – erstanden werden (Schmid 2005: 1). Im Internet, das es zur Zeit der Verurteilung Mansons noch gar nicht gab, findet man eine Vielzahl von Informationen über ihn: Eine Google-Suche mit den Suchbegriffen „Charles Manson" ergab 1.330.000 Ergebnisse[4], in Wikipedia bietet eine Seite ausführliche Informationen über seine Person. Auch der fiktive Gordon Gekko ist eine Berühmtheit im Internet: Zwar ergibt die Google-Suche nach seinem Namen mit 826.000 deutlich weniger Treffer als die nach Charles Manson, im Vergleich mit anderen fiktiven Figuren kann er aber als durchaus populär bezeichnet werden[5]. Schließlich hat Gordon Gekko Eingang in Fachbücher z. B. der Ökonomie, der Rhetorik oder auch der Psychologie gefunden.

Die mediale Popularität teilen sich Manson und Gekko mit anderen *Verbrechern.* Inhaltsanalysen zeigen, dass Normabweichungen, insbesondere schwerere Delikte und Gewaltkriminalität, häufig und regelmäßig wiederkehrende Themen sowohl der Berichterstattung als auch der medialen Unterhaltung darstellen (vgl. zusammenfassend Kunczik/Zipfel 2006: 346 ff.). Massenmedien wird deswegen – Émile Durkheim (1988) und Heinrich Popitz (1968) folgend – die Funktion einer normenverdeutlichenden Instanz zugeschrieben: Durch die Veröffentlichung des Normverstoßes und der darauf folgenden Sanktion werde die Geltung der verletzten Norm bekräftigt. Die Verbindung der These von der normverdeutlichenden Funktion massenmedialer Thematisierungen von Kriminalität mit herrschaftskritischen Annahmen hat u. a. zu der Schlussfolgerung geführt, Medien fungierten als „zentrale Proklamationsinstanz von ‚herrschender Moral'" (Cremer-Schäfer/Stehr 1990: 87; vgl. auch Stehr 1998: 24 ff.). Die öffentliche

---

[4] Suche am 30.10.10. Zum Vergleich: Der Name des ehemaligen deutschen Bundeskanzlers „Gerhard Schröder" erzielt 1.800.000, der des Bundespräsidenten „Christian Wulff" 1.700.000 und der des derzeitigen deutschen Außenministers „Guido Westerwelle" 1.400.000 Treffer.

[5] Suche am 30.10.10. Zum Vergleich: Der Name „Jack Ryan", Hauptfigur einer Reihe von (auch verfilmten) Romanen von Tom Clancy, ergibt 1.280.000, „Clarice Starling", weibliche Hauptfigur im Film „Das Schweigen der Lämmer", 87.500 Ergebnisse. Zwar existiert in Wikipedia keine eigene Seite für „Gordon Gekko", gibt man den Namen dort ein, wird man aber automatisch auf Informationen über den Film „Wall Street" umgeleitet.

Vorführung der Bestrafung Mansons und Gekkos wäre so gesehen die moderne Variante des „Theaters des Schreckens" (Dülmen 1995), die Möglichkeit, „das Volk durch die Vorstellung der Gräßlichkeit des Verbrechens abzuschrecken, zu bändigen und in Zucht zu halten" (ebd.: 183).

Mit dem Ziel der Herrschaftskritik treten solche Untersuchungen massenmedialer Kriminalitätsthematisierungen auf, die Kriminalität als Mythos z. B. im Sinne Roland Barthes' analysieren. Mythen seien, so Barthes, „das am besten geeignete Instrument der ideologischen Umkehrung" (1996: 130), denn durch die Mythologisierung werde aus einem historisch-sozialen ein natürliches Phänomen (vgl. ebd.).[6] Zu fragen ist aus dieser Perspektive nach den Funktionen, die der mythischen Verzerrung von Kriminalität durch die selektive Medienberichterstattung zukommt. In aller Regel werden diese in der Stabilisierung der herrschenden sozialen Ordnung gesehen (vgl. zusammenfassend Hess/Scheerer 2003: 88 ff.).

Nicht vergessen werden darf bei der Betrachtung der medialen Popularität von *Verbrechern* und *Verbrechen* die Seite der Nachfrage. Medien thematisieren Kriminalität, weil sie viele der sog. Nachrichtenfaktoren (Noelle-Neumann 2000: 331) – z. B. Bedeutsamkeit, Überraschung, Personalisierung, Negativismus – erfüllt. Diese Faktoren verweisen auf die Rezipientinnen und Rezipienten: was wollen sie hören, lesen, sehen (vgl. die von Helge Peters in der Einleitung zu diesem Buch (S. 11) zitierten Ergebnisse von Gerlinda Smaus' Untersuchung). Zu fragen ist also auch, warum Menschen, die von der Norm abweichen, ihre Mitmenschen so besonders interessieren, wenn nicht gar – wie im Falle von Manson und Gekko – faszinieren.

Grundlegend kann auch hier zunächst Émile Durkheims oben schon genannte These herangezogen werden: Die (Öffentlichkeit der) Bestrafung habe vor allem eine integrative Funktion, die Normverdeutlichung wirke vor allem auf die „ehrenwerten Leute" (Durkheim 1988: 159). Die Abgrenzung vom bestraften *Verbrecher* erlaubt die eigene Verortung auf der „richtigen" Seite, hat insofern eine kohäsive Funktion (vgl. z. B. Erikson 1978). Das gilt nicht nur für „reale", das gilt auch für „fiktionale" Kriminalität: „Unterhaltung zielt … auf Aktivierung von selbst Erlebtem, Erhofftem, Befürchtetem, Vergessenem – wie einst die erzählten Mythen. Was die Romantiker vergeblich herbeisehnten, eine ‚neue Mythologie',

---

[6] „Auf allen Ebenen der menschlichen Kommunikation bewirkt der Mythos die Verkehrung der *Antinatur* in *Pseudonatur*" (Barthes 1996: 130; Hervorhebung im Original). Fraglich ist, ob alle mit dem Mythosbegriff arbeitenden Untersuchungen einer definitionstheoretischen Kriminologie bzw. Kriminalsoziologie im engeren Sinne zugerechnet werden können. Nicht nur Barthes Begriff vom Mythos impliziert die Annahme, dass es hinter dem Mythos eine Wirklichkeit, eine „sinnliche Realität" (Barthes 1996: 96) gibt: „Der Mythos gibt ein *natürliches* Bild dieses Realen wieder" (Barthes 1996: 130; Hervorhebung im Original) – eine Behauptung, die mit der zu Beginn wiedergegebenen Grundannahme nicht vereinbart werden kann.

wird durch die Unterhaltungsformen der Massenmedien beschafft. Unterhaltung re-imprägniert das, was man ohnehin ist" (Luhmann 1996: 109). Und weiter: „Damit regelt die Unterhaltung auch, zumindest auf der Seite der Subjekte, Inklusion und Exklusion" (Luhmann 1996: 116). Sowohl die Protagonisten der Berichterstattung über reale Kriminalität als auch die der unterhaltenden Varianten, der fiktionalen Kriminalität erlauben den Rezipientinnen und Rezipienten, sich selbst auf der Seite der Angepassten, der „Guten" zu wähnen.[7] Mansons und Gekkos Popularität ist aus dieser Perspektive ein Ausdruck der Tatsache, dass sie nicht nur die Grenze zwischen Normalität und Abweichung verdeutlichen, sondern darüber hinaus auch die Selbstversicherung der Rezipientinnen und Rezipienten als Mitglied – nicht Außenseiter – dieser Gesellschaft ermöglichen. Der *Verbrecher* dagegen ist „der Andere".

Die zweite Gemeinsamkeit: die Unterstellung von Psychopathie

Die Zuschreibung von Anders-Sein lässt sich auch im öffentlichen Reden über Charles Manson und Gordon Gekko finden. Im massenmedialen wie im (kriminal-)wissenschaftlichen Kontext ist eine Annahme verbreitet, die sowohl das Handeln der beiden als auch ihre besondere Popularität[8] erklären soll: die Unterstellung von Psychopathie. Als Psychopathie gilt ein Bündel von Verhaltens- und Persönlichkeitsmerkmalen, das – so die Annahme – kriminellem Verhalten zugrunde liegt. Inzwischen liegen einige Varianten von psychologisch-psychiatrischen Testverfahren vor, die v. a. in den USA zur Diagnose von *Psychopathie* genutzt werden; verbreitet ist die Psychopathie-Checkliste Revised (PCL-R) nach Robert D. Hare (hier: 1991). Sie soll u. a. der forensischen Psychiatrie dazu dienen können, Rückfallwahrscheinlichkeiten einzuschätzen. Die in der PCL-R abgefragten Merkmale werden – je nach Modell – zu zwei oder drei Faktoren zusammengefasst, für einen kurzen Überblick werden hier beispielhaft die Items der PCL-R nach dem 2-Faktoren-Modell vorgestellt:

---

[7] Jürgen Wertheimer erläutert u. a. diese Funktion am Beispiel der Geschichte der „Erotischen Serientäter in der Literatur" (Wertheimer 1999).
[8] Hare 2005: 70 f.

Faktor 1	Faktor 2	nicht zugeordnet
1 Beredsamkeit/oberflächlicher Charme	3 Neigung zu Langeweile	11 Promiskuität
2 übersteigertes Selbstwertgefühl	9 parasitärer Lebensstil	17 viele kurz dauernde Ehen
4 pathologisches Lügen	10 mangelhafte Verhaltenskontrolle	20 kriminelle Polytropie
5 betrügerisch, manipulativ	12 frühe Verhaltensauffälligkeiten	
6 Mangel an Reue und Schuldbewusstsein	13 Mangel an langfristigen realistischen Zielen	
7 oberflächliches Gefühlsleben	14 Impulsivität	
8 Mangel an Empathie	15 Verantwortungslosigkeit	
16 Unfähigkeit, Verantwortung für eigenes Handeln zu übernehmen	18 jugendliche Delinquenz	
	19 Widerruf einer Entlassung	

Quelle: Eidt 2007: 14

Faktor 1 repräsentiert Hare zufolge einen „selbstsüchtigen, gemütsarmen Menschen, der gewissenlos andere gebraucht", Faktor 2 einen „chronisch instabilen und antisozialen Lebensstil und sozial abweichendes Verhalten" (1991: 54).

Mit der Diagnose „Psychopathie" verbunden ist die Kennzeichnung der getesteten Person als „anders". Damit fügt sich diese Diagnose nahtlos ein in die Geschichte des Umgangs mit *Verbrechen* und *Verbrechern*: Deren Anders-Sein wurde und wird sowohl in körperlichen Merkmalen (vgl. etwa Lombrosos Beschreibungen des Homo Delinquens oder Versuche der jüngeren Vergangenheit, Gewalttätigkeit mit Schädigungen des Gehirns zu erklären) als auch in psychischen Merkmalen verortet (vgl. zusammenfassend Strasser 2005; Brückweh 2006).

Hare und Paul Babiak zufolge ist *Psychopathie* kein auf *Verbrecher* beschränktes Merkmal. In ihrem 2007 erschienenen Buch „Menschenschinder oder Manager. Psychopathen bei der Arbeit" zitieren sie die Ergebnisse einer psychologischen Studie über die „Persönlichkeit höherer Manager und Führungskräfte in der britischen Wirtschaft" (Babiak/Hare 2007: 149), derzufolge „der Anteil der histrionischen, narzisstischen und zwanghaften Persönlichkeitsstörungen verhältnismäßig hoch ist und viele der gezeigten Merkmale zu Psychopathie passen:

oberflächlicher Charme, Unaufrichtigkeit, Egozentrik, Neigung zur Manipulation, übersteigertes Selbstwertgefühl, Fehlen von Empathie, Ausbeutung, Unabhängigkeit, Unbeweglichkeit, Starrsinn und diktatorische Tendenzen" (ebd.).[9] Babiak und Hare vermuten, dass die Arbeitswelt auf Menschen mit diesen Persönlichkeitsmerkmalen eine besondere Anziehungskraft ausübe, wie es im Klappentext des Buchs heißt. Mindestens ebenso plausibel aber dürfte die Vermutung der Autorinnen der Studie sein, dass die psychologischen Instrumente zur Messung von Psychopathologie[10] u. a. genau die Eigenschaften (oder Verhaltensmerkmale?) erfassen, die für das Erreichen höherer Managementpositionen erforderlich sind (vgl. Board/Fritzon 2005: 26).

Babiaks und Hares Versuche, als Moralunternehmer den Psychopathie-Begriff als Kampfbegriff im Sinne Friedhelm Neidhardts (1986) zu verwenden, sind bisher wenig erfolgreich gewesen. Außerhalb des wissenschaftlichen Diskurses der Psychologie beschränkt sich die Zuschreibung von Psychopathie auf Menschen, die wegen schwerer Gewalt- und/oder oder Sexualdelikte verurteilt wurden: Charles Manson, Jack the Ripper, Fritz Haarmann, Jürgen Bartsch etwa. Börsenmakler und Banker müssen kaum je fürchten, ernsthaft öffentlich als *Psychopathen* identifiziert zu werden. Auch die Figur Gordon Gekko taucht nur in wenigen psychologischen Fachbüchern als Beispiel für einen „psychopathischen Charakter" auf, sehr viel verbreiteter ist eine andere Art von Popularität: die des Vorbilds.

Der erste Unterschied: Gruselfigur oder Vorbild

> *„Aber offenbar hat Gekko etwas vom Zeitgeist eingefangen. Mittlerweile wird er in wirtschaftswissenschaftlichen Artikeln erwähnt, als wäre er eine reale Person. Dabei war er eigentlich der Bösewicht."*
>
> Oliver Stone[11]

In diesem Zitat von Oliver Stone kommt einer der zentralen Unterschiede in der öffentlichen Wahrnehmung der beiden Figuren – Charles Manson und Gordon Gekko – zum Ausdruck: Während Charles Manson zum Halloween-Kostüm, zu Versinnbildlichung des Bösen wurde, wurde Gordon Gekko zum Vorbild, was Michael Douglas, der Gekko im Film darstellte, am eigenen Leib erlebte: „Ich kann

---

[9] Eine Auflistung ganz ähnlicher Merkmale liefern die Autorinnen und Autoren des Zweiten Periodischen Sicherheitsberichts zur Kennzeichnung „der Person des Wirtschaftsstraftäters" (BMI/BMJ 2006: 233).

[10] Hier: Minnesota Multiphasic Personality Inventory Scales for DSM III Personality Disorders (MMPI-PD).

[11] Im Interview mit Rüdiger Sturm (http://www.kino.de/kinofilm/wall-street-geld-schlaeft-nicht/interview/120865.html; letzter Zugriff am 29.10.10).

Ihnen gar nicht sagen, wie oft mir das passiert ist. Ich sitze in einem Restaurant, ich will gerade zahlen, da steht so ein Broker oder Hedgefonds-Manager hinter mir, klopft mir auf die Schulter und sagt: Danke, Mann. Ihretwegen bin ich an der Wall Street."[12]

Nahe liegt, diesen Unterschied mit der Art der Handlung der beiden Figuren zu erklären: Während Charles Manson andere zum Töten aufgefordert hat, hat Gekko andere Menschen um ihr Geld betrogen. Doch die Bewertung der einen Handlung als „schlimm" und der anderen als „weniger schlimm" liegt – wie oben betont – nicht in der Handlung an sich, sie geht vielmehr zurück auf die Anwendung gesellschaftlicher Normen. Die unterschiedlichen Reaktionen auf Manson und Gekko spiegeln die unterschiedliche Bedeutung von Normen wider, die Reaktionen auf die beiden als kriminell Definierten variieren mit der gesellschaftlichen Relevanz, die dem von der Norm geschützten Gut beigemessen wird. Auf den Mangel an Empathie (PCL-R, Item 8), der sich in als körperliche Gewalt wahrgenommenen Handlungen äußert, wird in einer von Individualisierung geprägten Gesellschaft eher mit Ablehnung reagiert wird als auf Eigentums- und Vermögenskriminalität (vgl. Peters 1994, 1995).

Die öffentliche Thematisierung von *Abweichungen* kann, z. B. von sog. Moralunternehmern, gezielt eingesetzt werden, um Problemwahrnehmungen und neue Normierungen durchzusetzen.[13] Auch Oliver Stone verfolgte eigenen Aussagen nach diesen Zweck des Moralisierens, indem er die Figur des Gordon Gekko kreierte: Er wollte auf gesellschaftliche Entwicklungen hinweisen, die seiner Einschätzung nach fehl gingen: „Natürlich hatten wir die Zukunft nicht vorhergesehen, als wir das damals drehten ... Wir spürten nur, dass etwas grundsätzlich falsch läuft."[14] Allerdings verfehlte die Figur ihren Zweck, stattdessen nahmen Banker und Börsenmakler sich Gekko zum Vorbild. „‚Wir waren beide bestürzt' über den Einfluss, der von Gekko ausging, sagte Douglas bei der Pressekonferenz mit Stone in Cannes. ‚Gekko hat Menschen und Firmen zerstört und dennoch wollten plötzlich viele so sein wie er.'"[15] Möglicherweise hat Oliver Stone bei „Wall Street" den Fehler gemacht, den Kerstin Brückweh beschreibt: „Medienproduzenten scheinen häufig vorschnell von einem stark emotionalen und leicht beeinflussbaren Publikum auszugehen, anstatt sich an einem reflektierenden und aktiven Individuum zu orientieren" (Brückweh 2006: 470), das die medial

---

[12] Michael Douglas im Interview mit der Süddeutschen Zeitung, zit. n. Daniel Haufler, Berliner Zeitung vom 10.05.2010.

[13] Zusammenfassend vgl. Schetsche 1996.

[14] Oliver Stone, zitiert im Beitrag „Gier ist geil" von Tobias Kniebe, Süddeutsche Zeitung, 07.05.2010.

[15] Meier, Lutz (2010): Gier und Gene. Börse online, URL: http://www.boerse-online.de/aktie/nachrichten/ausland/:Gordon-Gekko-ist-wieder-da--Gier-und-Gene/611713.html; letzter Zugriff am 29.10.10.

transportierten Normierungen und Moralisierungen mit den eigenen Erfahrungen abgleicht. Wahrscheinlich ist, dass Stones Versuch der Remoralisierung der Finanzwirtschaft in „Wall Street" 1987 zu spät kam für die inzwischen weit vorangeschrittene Neoliberalisierung des ökonomischen Systems. Seine Konzeption des Gordon Gekko als abschreckendes Beispiel war nicht mehr anschlussfähig an das Wissen (eines Teils) des Publikums, so dass die Figur des Gordon Gekko, die er als Negativfolie gedacht hatte, zum positiven Vorbild werden konnte.

Der zweite Unterschied: wir oder die Anderen

Infolge der im Herbst 2008 mit der Insolvenz der Lehman-Bank offensichtlich werdenden Finanzkrise wurden neue Normierungen für die Finanzwirtschaft gefordert. Versuche der Neudefinition von Menschen und ihren Handlungen, wie sie Babiak und Hares „Menschenschinder oder Manager" darstellen, passen 2010 besser in den „Zeitgeist" als 1987. Doch auch heute ist es wenig wahrscheinlich, dass Börsenmaklern und Bankern erfolgreich „Psychopathie" zugeschrieben werden kann. Michael Dellwing stellt (in Orientierung an Rorty 1989) fest, dass die „Zuschreibung einer ‚Geisteskrankheit' das Ergebnis einer dreifachen Aushandlungsniederlage [ist], in der nirgendwo objektive Normen oder objektive Krankheiten ausschlaggebend sind" (2008: 157). Vielmehr unterliege „der Geisteskranke" in einer Auseinandersetzung um Realitätsdefinitionen. Ausschlaggebend für das Ergebnis der Auseinandersetzung um die Definition der Realität ist Dellwing zufolge die Macht der Beteiligten, ihre Definition durchzusetzen: Die Realität des „Geisteskranken" ist nicht die Realität derjenigen, die die Macht (erhalten) haben, ihre Definition verbindlich zu machen.

Manson unterlag in dieser Auseinandersetzung, er wurde zum Psychopathen erklärt. Nach der Bankenkrise wurden kurzzeitig die Normen der Märkte und ihrer Deregulierung grundlegend diskutiert, gab es politische Bestrebungen, die Finanzwirtschaft neuen (alten?) Normen zu unterwerfen. Doch zwei Jahre nach der Lehmann-Insolvenz zeigt sich, dass die von Stone ebenso wie von Babiak und Hare inkriminierten Vertreterinnen und Vertreter der Finanzwirtschaft deren negative Zuschreibungsversuche nicht fürchten müssen – nicht nur, aber auch, weil sie in der Lage sind, die für sie und ihren Handlungsbereich geltenden Normen und deren Anwendung (mit) zu bestimmen. Vor allem aber müssen sie diese Zuschreibungen nicht fürchten, weil das Psychopathie-Konstrukt, so wie es in der PCL-R definiert ist, auf die meisten Angehörigen dieser Gruppe nicht angewendet werden kann. Insbesondere einige der in Faktor 2 zusammengefassten sowie die nicht zugeordneten Merkmale werden in aller Regel eher Unterschichtangehörigen denn sozial Bessergestellten zugeschrieben. Strasser erklärt diese Tendenz damit, dass „die Pathologisierenden ihre eigene Vorstellung ... am Leitfaden eines schichtspezifischen Vorurteils entwickeln" (2005: 23). Dies führe dazu, dass sie ein „ideologisches Manöver" erkennen, „wenn jemand sozialschädliche Verhaltensweisen wie Kartellabsprachen, Börsenmanipulationen und Steuerhinterziehungen als Ausdruck einer krankhaften Persönlichkeitsstruktur bewertet", während sie „nur geringe Hemmungen [hätten], Unterschichtkriminelle als Psychopathen zu qualifizieren" (Strasser 2005: 23). Die realen Gordon Gekkos müssen wohl auch zukünftig nicht fürchten, dass ihre Handlungen als Ausdruck einer gestörten Psyche gewertet werden; als *Psychopathen* werden sie so bald im öffentlichen Diskurs nicht gelten. Die Diskrepanzen im Reden über „Psychopathen" wie Charles Manson auf der einen und „Psychopathen" wie Gordon Gekko auf der anderen Seite sind es, die Soziologinnen und Soziologen interessieren, werden doch in den Reaktionen auf *Verbrechen* wie auf jedwedes andere Handeln die eingangs genannten „Konstruktionskonstanzen gesellschaftlicher Ordnung" (Fahrmeir/Freitag 2001: 7) deutlich: eine von ihnen ist Definitionsmacht.

Literatur

Babiak, Paul/Hare, Robert D. (2007): Menschenschinder oder Manager. Psychopathen bei der Arbeit, München.

BMI/BMJ (Bundesministerium des Innern/Bundesministerium der Justiz) (Hg.) (2006): Zweiter Periodischer Sicherheitsbericht, Berlin.

Barthes, Roland (1996): Mythen des Alltags, Frankfurt/M.

Board, Belinda Jane/Fritzon, Katarina (2005): Disordered Personalities at Work, in: Psychology, Crime & Law 11, 17–32.

Brückweh, Kerstin (2006): Mordlust. Serienmorde, Gewalt und Emotionen im 20. Jahrhundert, Frankfurt/M., New York.

Cremer-Schäfer, Helga/Stehr, Johannes (1990): Der Normen- & Werte-Verbund Strafrecht, Medien und herrschende Moral, in: Kriminologisches Journal 22, 82–104.

Dellwing, Michael (2008): „Geisteskrankheit" als hartnäckige Aushandlungsniederlage. Die Unausweichlichkeit der Durchsetzung von Definitionen sozialer Realität, in: Soziale Probleme 19, 150–171.

Dülmen, Richard von (1995): Theater des Schreckens. Gerichtspraxis und Strafrituale in der frühen Neuzeit, 4., durchgesehene Auflage, München.

Durkheim, Émile (1988): Über soziale Arbeitsteilung, Frankfurt/M.

Eidt, Matthias (2007): Vergleich des 2- und 3-Faktoren-Modells der Psychopathy Checklist-Revised (PCL-R) bei der Rückfallprognose von Straftätern. Dissertation, Ludwig-Maximilians-Universität München (URL: http://edoc.ub.uni-muenchen.de/7247/1/Eidt_Matthias.pdf; letzter Zugriff am 30.10.10).

Erikson, Kai T. (1978): Die widerspenstigen Puritaner. Zur Soziologie des abweichenden Verhaltens, Stuttgart.

Fahrmeir, Andreas/Freitag, Sabine (Hg.) (2001): Mord und andere Kleinigkeiten. Unge-
wöhnliche Kriminalfälle aus sechs Jahrhunderten, München.

Hare, Robert D. (1991): The Hare Psychopathy Checklist – Revised, Toronto (Deutsche
Übersetzung: Born, P., Freese, R., Hollweg, R., Muller-Isberner, R., Nedopil, N.,
Wack, R.).

Hare, Robert D. (2005): Gewissenlos. Die Psychopathen unter uns, Wien, New York.

Hess, Henner/Scheerer, Sebastian (2003): Theorie der Kriminalität, in: Oberwittler, Diet-
rich/Karstedt, Susanne (Hg.): Soziologie der Kriminalität (KZfSS, Sonderheft 43.),
Wiesbaden, 36–68.

Joas, Hans (2001): Die soziologische Perspektive, in: Joas, Hans (Hg.): Lehrbuch der Soziologie, Frankfurt/M., New York, 11–38.

König, René (1949/2000): Soziologie heute, in: Alemann, Heine von (Hg.): Zur Konstitu-
tion moderner Gesellschaften. Studien zur Frühgeschichte der Soziologie. René König
Schriften Band 7, Opladen, 9–116.

Kunczik, Michael/Zipfel, Astrid (2006): Gewalt und Medien. Ein Studienhandbuch, 5., völlig überarbeitete Auflage, Köln, Weimar, Wien.

Luhmann, Niklas (1996): Die Realität der Massenmedien. 2., erweiterte Auflage, Opladen.

Neidhardt, Friedhelm (1986): Gewalt – soziale Bedeutungen und sozialwissenschaftliche
Bestimmungen des Begriffs, in: Bundeskriminalamt (Hg.): Was ist Gewalt? Auseinandersetzungen mit einem Begriff, Band 1, Wiesbaden, S. 109–147.

Noelle-Neumann, Elisabeth u. a. (Hg.) (2000): Fischer-Lexikon Publizistik. Massenkom-
munikation, Frankfurt/M.

Peters, Helge (1994): Sensibel und brutal. Zur Definition und Produktion von Gewalt, in:
Institut für Soziologie der Carl von Ossietzky Universität Oldenburg (Hg.): Soziologische Zeitdiagnosen, Münster, Hamburg.

Peters, Helge (1995): Da werden wir empfindlich. Zur Soziologie der Gewalt, in: Lamnek,
Siegfried (Hg.): Jugend und Gewalt. Devianz und Kriminalität in Ost und West, Opladen, 25–36.

Popitz, Heinrich (1968): Über die Präventivwirkung des Nichtwissens. Dunkelziffer, Norm
und Strafe, Tübingen.

Sack, Fritz (1968): Neue Perspektiven in der Kriminologie, in: Sack, Fritz/König, René
(Hg.): Kriminalsoziologie, Frankfurt/M., 431–475.

Schmid, David (2005): Natural Born Celebrities. Serial Killers in American Culture, Chicago.

Schetsche, Michael (1996): Die Karriere sozialer Probleme. Soziologische Einführung,
München, Wien.

Stehr, Johannes (1998): Sagenhafter Alltag. Über die private Aneignung herrschender Moral,
Frankfurt/M., New York.

Strasser, Peter (2005): Verbrechermenschen. Zur kriminalwissenschaftlichen Erzeugung des
Bösen, 2., erweiterte Neuauflage, Frankfurt/M., New York.

Wertheimer, Jürgen (1999): Don Juan und Blaubart. Erotische Serientäter in der Literatur,
München.

The Labelling Perspective Forty Years On

Ken Plummer

> *The stream of thought flows on; but most of its segments fall into the bottomless abyss of oblivion.*
>
> William James: The Principles of Psychology. Ch XVI

Developing throughout the earlier twentieth century, labelling theory became prominent in the 1960's, reached its heyday in the 1970's and thereafter has more or less gently faded away. Its brief history spans one or two generations of criminologists at most. In this article I sketch this history, examine the current status of labelling theory and suggest some links to what I call generational theory. As a partial focus, I also revisit an earlier article which I wrote on labelling theory during the 1970's – at the peak of labelling awareness.

Labelling Theory and Perspectives: A brief generational history

At base, labelling theory highlights social responses to crime and deviance and moves away from the standard – even 'boring' – questions of aetilogy. As I claimed in my earlier paper (Plummer 1979), labelling theory can be seen as having two forms: a narrow version and a broader, paradigmatic version. The narrow version asks what happens to criminals after they have been labelled, testing the hypothesis that crime is heightened (even caused by) criminal sanctions. Sending an offender to prison may work to criminalize him or her further, and stigmatizing minor infractions at too early an age may lead a young offender into a criminal career. The clearest controversies within this narrow version were in the key debate by Scheff and Gove on the labelling theory of mental illness (Scheff 1967; Gove 1979). In contrast, the perspective or paradigmatic version claims that criminology has given too much attention to the commonsense, pedestrian and almost banal focus upon criminals as types of people, and too little attention to the panoply of social responses to deviance – from the law and the police to media and public reactions. Yet surely these reactions are symbiotic with crime? Giving each other their social shapes, reactions and crime emerge together dialectically. And in that early paper, I claimed that that this *labelling perspectives* had a four-fold problematic:

1. What are the *characteristics* of labels, their variations and forms?
2. What are the *sources* of labels, both societal and personally?
3. How, and under what *conditions,* do labels get applied?
4. What are the *consequences* of labelling? (Plummer 1979: 88)

The word label here might now be better translated as the whole gamut of social reactions. Labelling theory, I suggest, is best seen as a useful set of key problems designed to re-orientate the criminological mainstream to the consideration of the nature, emergence, application and impact of social reactions to crime and deviance. It establishes the problematic of social reactions.

My early paper arose from two key sources. Firstly, I was a member of the then very exciting movement of the National Deviancy Conference (NDC) where new ideas in deviancy theory and criminology were being proposed as a challenge to mainstream orthodoxies (cf Cohen 1971; Taylor and Taylor, 1974). Secondly, I was doing my own Ph. D. on homosexuality at the time, and labelling made enormous sense of this emergent field of enquiry. I spent on and off about five years writing the paper – presenting it at an NDC Conference in Cardiff in 1976 – and it was finally published in *Deviant Interpretations* (Downes & Rock 1979), which was meant implicitly as a riposte to the gathering momentum of the new criminology, critical criminology and the realist criminology of the time. (In that early article I set myself three main tasks. The first was to briefly situate the theory in it in its time and complexity. The second was to make a broad distinction between labelling as a specific theory, and labelling as a paradigm or perspective. And the third was to defend the theory against a number of its critics).

My view then – and now – is that labelling theory is "most usefully conceived as a perspective whose core problems are the nature, emergence, application and consequences of labels" (Plummer 1979: 86). These questions can be approached by a range of theories, though I was clear then, as I still am that *"my own preference.... is for an interactionist theory of labelling"* (cf Plummer 1979: 92–94). But of course interactionism itself has moved on and has become capable of being a much more political and varied position (e. g. Denzin 1979; Plummer 2000; Denzin 2010).

At the heart of much earlier labelling work was an interest in the politics of naming and control: of the trouble that labels can cause, and of 'Leviathan and Ban' (Matza 1969). It is present of course in Becker's (1963) account of moral enterprise where the focus is placed on who has the power to name. And it is there in many of the key processes studied by theorists at the time: how conducts became criminalized; how 'problems in living' became medicalized; how many problem behaviours were cast into the net of the law; how problems had become the province of professionalization and expert systems. All of these showed power at work in the shaping of crime and deviance problems. And the thrust of much of this early work was to critique this power from above and champion power from below: the move was towards positions of decarceration, deinstitutionalization, demedicalization, deprofessionalization and overall decategorization. And it led simultaneously to a major intellectual and political interest in the politics of social movements and identities.

Labelling Theory: Generational Histories

It is possible to trace basic ideas of labelling back a long way (Pearson 1975). But as a criminological theory it starts its public and symbolic journey in the 1930's (possibly with Frank Tannenbaum and some members of the Chicago School like Clifford Shaw), and by mid century its writings and research abound. As I said in my 1979 article:

> In the early sixties it was seen as a 'radical, underground' theory, attracting the 'young Turks' of sociology who used it as a basis for developing critiques of the dominant paradigms in deviancy analysis… By the late sixties (in America at any rate), the theory had been co opted into the mainstream of sociological work – enshrined in formal statements, texts, readers and Ph.D. theses, taught widely on undergraduate sociology and criminology programmes, and absorbed into much 'positivistic' social research … In just ten years, labelling theory has moved from being the radical critic of established orthodoxies to being the harbinger of new orthodoxies to be criticized (Plummer 1979: 85).

Even by the time that I wrote my review article, the theory was already fading. Taylor Walton and Young's highly influential *The New Criminology* (published in 1976), and which contained a chapter outlining its key problems, was perhaps the turning point. It is hard after that time to find many self proclaimed labelling theorists (there are a few of course).

Since then, Labelling Theory has become canonized in the history of institutionalized criminology, and by 1994 its obituary had been written (Sumner 1994). Indeed it is hard to subsequently find much evidence of either proponents or research moving under that name after that heady early period. Textbook treatments usually only cite earlier work – it is part of the history of criminology, not its contemporary life. I briefly researched all volumes of the journal *Theoretical Criminology* and found no mention of labelling per se (there were early articles on 'careers' though; and some mention of 'moral panics'). Google and Amazon searches found unusually little that was not part of the classic canon. The core labelling theory reader by Rubington and Weinberg (which ran through eight edi-tions between 1968 and 2001) was rarely updated with a lot of new research – except in the field of mental health, where it does seem to have had a minor continuing underlife. And all those key researchers of the 1960's who were so identified moved on to other things. Edwin Lemert (1912–1996) later went on to the study of 'evil'. Howard S Becker is still extremely prominent as a cultural sociologist but did very little further work on either crime or labelling after his famous compilation (1963) book (Most of his work has been on culture, art, photo-graphy and music). Crime effectively is part of his much more general view of life as 'doing things together' (Becker,1986). Erving Goffman became the leading microsociologist of the twentieth century but never identified himself clearly as labelling theorist (Goffman 1961; 1963). Edwin Schur is a bit of an exception: after his influential *Crimes without Victims* (1963) he worked assiduously to develop a research programme for labelling theory – producing a programmatic statement (Schur 1971), a textbook (1979), a policy statement on *Radical Non Intervention* (1973) and, in 1980, *The Politics of Deviance* which showed the importance of struggles and protests over definitions and 'stigma contests' (1980). In 1983, he applied labeling theory to women. But he has since retired with no further interest, and sadly he is no longer widely cited. David Matza and Kai T. Erikson are both identified with one key influential book on labelling (*Becoming Deviant*: 1969 and *Wayward Puritans:* 1966) but neither continued with or developed labelling theory any further. John Lofland's brilliant *Deviance and Identity* (1969) became a lost masterpiece even as it was published (but has been recently partially rediscovered a little, Lofland 1969/2002). Stanley Cohen and Jock Young have become very prominent world criminologists – and they have not, as far as I know, rejected la-beling theory: but they have certainly gone on to many other things. Paul Rock has been a quiet champion of it (Rock 1972). On a much lesser scale, I have also used labelling throughout my work (Plummer 1975; 1981) but I have rarely explicitly returned to it. I think of myself as a critical humanist and symbolic interactionist for sure and it deeply shapes my work on sexual stories and intimate citizenship (Plummer 1975; 2003); but rarely in the past thirty years have I called myself a labelling theorist.

Criminological generations?

Labelling theory – like all theories, including criminological theories – might use-fully be seen as a generational theory. In a powerful and major exposition, Randall Collins (1998) has charted the significance of communities and interaction ritual chains as world intellectual movements throughout global history claiming that an approximate life of thirty years – maybe two overlapping generations – is the period that most theories survive within these chains. All knowledge, including criminological knowledge, is shaped by and dwells within generational structures which are always moving on. There is now a significant social science literature on the sociology of knowledge, memory, historical time lines, age cohorts, and generations which makes allied claims. In the work of Gramsci (1971), Mannheim (1936; 1952), Halbwachs (1992), Edmunds and Turner (2002), Collins (1998) and others we can see this grounded and age linked base of knowledge. I have discussed it elsewhere (Plummer 1981; 2010).

Basically, the stories we tell of all of social life – including those of crime – are bound up with the generations we live in: we tell *generational narratives*. These can be seen as perspectives or standpoints on social worlds. The criminology literature is littered with such generational tales of crime – accounts come and go, theories rise and fall with different generations. Often reading a criminology textbook is a little like reading a history of the attempts of different generations to try and understand what crime is. Each generation has its own multiple narratives, rhetorics, key references, foundational stories and the like (see Bennett 1981). We all live with the pluralised pasts and invented memories of crime stories told in earlier times. And so the crime theories of each generation rise and fall: the stories of crime do not usually last more than several generations and rarely more than thirty years. That said, there are often deep continuities between past and present; and the past comes to dwell in the present in new forms. Like all narratives, they are always multiple and plural (Plummer 2009).

In criminology, the liturgies of seemingly dead theories are somewhat astounding. We rehearse the arguments of cultural transmission, learning theory, differential association, status frustration theory, anomie theory, and Chicago ecology to each generation of students less they forget their pasts: but it is hard to find proponents of them today. The theories move on and take new forms and names. Dick Hebdidge's almost cult like book on *Subcultures* was the key book of its time, but in my view was always a thin book and was woefully ignorant of much earlier theorizing on subcultures from Frederick Thrasher, Albert Cohen and Richard Cloward and Lloyd E. Ohlin to John Barron Mays and David Downes. And in their turn, these days, new 'post subculture' theories move on new languages once again ignoring or rejecting their past (Huq2006; Brabazon 2005; Gelder 2007).

This is all as it should be – especially in the social sciences where the world being studied is itself in constant flow and change. It is world of continual permutations of actions (Strauss 1993) and with this theories and meanings are always on the move. Theories come; theories go; everything changes; nothing changes. We could not expect labelling theory to last: little does.

A Labelling Theory for a 21st Century?

There are, then, very few proponents today of what I have called the narrow version of labelling theory. Indeed, I am not sure it has actually ever had that many followers in its tight and limited form. In what follows I briefly review some recent putative contributions to both labelling *theory* and the labelling *perspective*. It is with the latter that I see the biggest contribution.

Labelling as a limited theory

The most prominent area for testing the theory has been that of mental illness. In what came to be known as the Scheff-Gove debate, a number of studies have continued this old controversy about mental health. Although in the main this field is now dominated by genetic and biological thinking, there are some who still argue that stigma and labelling have profound impacts on the career of those designated mentally ill. Scheff himself has long moved on to the study of emotions and shame; Goffman moved on to language and frames (Scheff 2007). Thomas Szasz may be the key exception – but he keeps repeating the same old story in new books which do not really advance on his key formative arguments (Szasz 2007). Yet empirical studies do still appear which make clear the significance of this tradition. For example Bruce Link and others in a series of empirical studies have found that the rejection of people with mental illness has profound consequences on their sense of self and subsequent responses and actions. (Link et al 1989; 2001). Others have found that social rejection is a persistent cause of stress (Wright et al, 2000).

At the same time, in a major, detailed and important new book, Allan Horowitz and Jerome C. Wakefield's *The Loss of Sadness*, devote their research to showing 'how psychiatry transformed normal sorrow into depressive disorder'. Yet they dismiss Scheff's work in a scant reference (2007: 19). The study seems to me to be a major exemplar of the labelling theory of mental illness – yet they ignore, or even deny, it. I am not sure why they do not see their study as part of the labelling tradition, but they seem not to.

Another tradition which could be relevant is that of 'life course criminology' of which the rich research work of Laub and Sampson (2003) is most prominent. Their core problem is the "persistence or desistance" of criminality in a life; their method is the life history; and their theoretical tradition connects to rich seams of social control and attachment theory. But again, as a recent work shows, there is no mention of labelling theory, even as they give a detailed focus on how involvements with the justice system "reverberated over the life course" (2003: 51). Many factors shape a persistent criminal life – and one of them is incarceration.

Labelling Theory and the significance of societal reaction

The narrow version of labelling has, however, never really been the prime concern of labelling theorists. It is useful to return to the canonical statements to remind ourselves ultimately what labeling theory is all about. These statements act as a kind of *Greek Chorus of Labelling Theory*, repeated everywhere. Here they are again:

> An older sociology tended to rest heavily on the idea that deviance leads to social control. I have come to believe that that the reverse idea i. e. that *social control leads to social deviance* is equally tenable and the potentially richer premise for studying deviance in modern society (Lemert 1967: 22)

> Deviance is not a property inherent in certain forms of behaviour; it is a property conferred upon these forms by the audiences which directly or indirectly witness then. Sociologically, then, *the critical variable is the social audience* (Erikson 1962: 308)

> Social groups create deviance by making the rules whose infraction constitutes deviance and by applying these rules to particular people and labelling them as outsiders. From this point of view, deviance is not a quality of the act the person commits, but rather *a consequence of the application by others of rules and sanctions to an 'offender'*. "The deviant is one to whom that label has successfully been applied; *deviant behaviour is behaviour that people so label*" (Becker 1963: 9)

The italicized phrases are mine and not the original. What is striking about these statements is that they never suggest a simple-minded propositional positivistic testable hypothetic-deductive style of theory for labelling: what they provide instead is a broad orientation, a paradigm push, a perspective, a set of puzzles and problems. And the essential core of this approach is the turn away from the criminal per se which has usually preoccupied mainstream criminology and a major move towards studying societal reactions, in the widest sense, and their relation to crime. It is this I believe which is at the heart of the tradition and which has been taken on in contemporary work, even as the significance of early labeling work is often, even usually, ignored.

Labelling Theory Today

So labelling theory is dead: long live labeling theory. This epanalepsis captures the dilemma. In effect, how could anyone *ever* take a criminology seriously that did not take into account societal reactions and labels? And there is indeed a long history of this line of thought. But the specific variety that came into being under that name in Western criminology in the middle twentieth century was a specific and distinct historical form that had both its moment and its generation. Its ideas are then carried on in new movements, fashions, and languages by new generations. Labelling theory becomes – as all theories do – 'old fashioned', out of their own time and their own generation. But the significance of societal reactions for any intellectual, critical or practical work on crime or deviance can never go away. When we look for signs of it in more recent work, we can find it everywhere.

Once phrased this way, we can see the diffuse impact of labelling theory everywhere. Here are a mere fifteen instances which come swiftly to mind and which could be amplified further if space allowed. The problematic of labelling theory are alive and well and dwelling within:

1. Moral panic theory. This focus on hysteria and panic around crimes has indeed become a major contemporary and highly influential theory of crime and problem awareness.
2. The sociology of everyday crime and dramatisation. This sees the ubiquity of the millions of ordinary everyday crimes (boring crimes) which in effect need dramatic social responses to become significant.
3. Studies of public attitudes to crime. We now study the origins and nature of 'fear of crime', with a key example being penal populism.
4. Research on discourses around crime. From Foucault and governmentality to critical discourse analysis, we look at the interventions of state discourse in assembling crime.
5. Shaming and stigmatization studies. We look at the ways in which shame may be implicated in the prevention and generation of crimes.
6. Studies of stereotype. There is a long history of the study of stereotypes and it still continues. Linked here too are phenomenological questions of categorizations.
7. Neutralization and denial studies. In a sense the other side of labelling, this is the concern with *not* labelling. Harking back often to Sykes and Matza's techniques of neutralization (1957), there remains a key interest in accounting and denial.

8. The construction of social problems arguments. This is a strand that has taken many permutations since the 1970's but which is still very much around (Loeseke 2003).
9. The State and Social exclusion theory. This is often linked to studies of poverty and inequality, but shows the roles of the state in excluding many people in the criminal process.
10. Crime, Media and Culture: This new journal, of this very name, flags the growth and signifance of media theory and its links to the shaping of crime problems.
11. Cultural criminology. More generally, this focuses on media and everyday responses to crime.
12. Cultures of control and their impact. The whole field of social contol – police, courts, prisons etc – gives a clear focus to reactions to crime.
13. Governance theory. This focuses on the myriad little activities (the microcircuits of power) in which psychologists, psychiatrists, criminologists, social workers, prison officers engineer and manage 'the human soul'. The hand of Foucault is clearly at work here (cf Miller and Rose 2008).
14. Queer theory. This has a major interest in desconstructing social reaction categories to sex, sexuality and gender and leads to new thinkings about sex crimes.
15. Postmodernism with its concern with reaction as signs, simulacrums and significations.

In a short article I cannot follow up all these connections but I will follow a few as suggestive and indicative.

Towards a Sociology of Social Reactions to Crime & Deviance

Since the halcyon days of labeling theory, major new – and critically important – domains of sociological inquiry have been developed. Although rarely called this, we might even see this as *a sociology of societal reactions* (cf. Garland 2008). Here I simply suggest just three areas of reaction, all now major fields and all informed by labelling.

1. The reactions of media: Back in the 1960's, the pioneering work of Jock Young and Stan Cohen on media in their respective PhD's led to a quite striking grasping of the ways in which modern media played critical roles in the shaping of crime. It culminated in their highly influential *The Manufacture of News* (1973). Now it has developed into a well developed field (with its own courses and even degrees) which marks out the significance of media constructions of crime: its audiences, representations and industries. It even has its own journal: *Crime Media Culture* which started in 2005. The late modern world of crime now simply cannot be understood without placing it within the reactions of modern media which so strikingly help to assemble it. (eg Carrabine 2008; Jewkes 2004).

2. The reactions of publics: Famously, it was Durkheim who told us of the power of the public response to crime. In the early labelling writing (such as Erikson (1968/2004) and Scott 1972), Durkheim loomed large:

> We have only to notice what happens, particularly in a small town, when some moral scandal has just occurred. Men stop each other on the street, they visit each other, and they seek to come together to talk of the event and to wax indignant in common. From all the similar impressions which are exchanged, and the anger that is expressed, there emerges a unique emotion, more or less determinate according to the circumstances, which emanates from no specific person, but from everyone. This is the public wrath... Crime brings together honest men and concentrates them. Durkheim (1893)

The issue of taking seriously the attitudes of the public to crime has now become a major part of the criminologist's task. In the U. K., *The British Crime Survey* (of victims responses and public perceptions of crime) started in 1980 and is now an annual event. The very concept of 'fear of crime' can now be traced and analysed in the process of generating social anxiety (cf Lee 2006; Lee and Farrall 2008; Farrall et al 2009).

A good instance of this is the awareness of (and research into) what has become known as the practice and theory of penal populism (Pratt 2007). Penal populism is associated with the decline in public deference to the criminal justice establishment and their furious (if often misplaced) alarm that crime is out of control. Pratt argues that new media technology is helping to spread national insecurities and politicians are not only encouraging such sentiments but are also being led on by them. Penal populism expands to have most influence on the development of policy on sex offenders, youth crime, persistent criminals and anti-social behaviour.

3. The reactions of control cultures: Traditionally, many labeling theorists were concerned with the excessive encroachment of technology, bureaucracy and the state upon the personal life – often in its grossest forms such as the increasing medicalisation of deviance, the bureaucratisation of the control agencies and the concomitant dehumanisation of the lives of their 'victims', as well as the direct application of technology in the service of control. With the continuing political shift to the right in many Western democracies since the 1980's, such concerns were co-opted as part of a market based laissez faire liberalism which aimed to roll back the state and introduce privatization into social control. New patterns of governance have emerged which examine the new 'rationalities' and 'technologies' which regulate our 'subjectivities' (Miller and Rose 2008). These are not so much reactions as part of the daily circuits of power we all inhabit.

Theorising Social Reactions

Back in my 1979 paper, I tried to show that whilst there may have been a common sense of a major problematic appearing in the work of the labelling theorists, there was little if any theoretical consensus between them. The theory certainly connects well to the sociological ideas of Durkheim, G. H. Mead, the Chicago School, some interpretations of Marx and conflict theory, as well as Symbolic Interactionism – drawing upon both the idea of a 'self fulfilling prophecy' and the dictum of W. I. Thomas that 'when people define situations as real they become real in their consequences'. But I have to stress again that that labelling theory is actually a rag bag of different theories – often incompatible with each other, and sharing no common identity with the name: but nevertheless sharing common substantive and often theoretical problems. As I said in 1979:

> None of the [early] theorists above actually began by identifying … as a labelling theorist: rather ironically, they had that label thrust upon them by others and only later came to incorporate it into their own sociological identities. Thus neither Becker nor Lemert seems at all happy with being identified as a labelling theorist; neither used this tag in his earlier work. Indeed, by the early 1970s Becker was publicly stating his preference for being known as an interactionist rather than a labelling theorist (Becker 1974, p. 44), while Lemert was disassociating himself from the 'conceptual extrusions' and 'crudities' of labelling theory (Lemert 1972, p. 6). Goode's review of the field also concludes that Becker and Lemert (as well as Erikson and Kitsuse) 'cannot be called labelling theorists' (Goode 1975, p. 571). It is important to stress both this lack of self-recognition by labelling theorists and their diverse theoretical concerns: *for the labelling perspective has only emerged from the retrospective selection of a few select themes largely from diverse theoretical projects.* They are united by some common substantive problems but not common theories. There are often much wider discrepancies than overlaps. Erikson's brand of functionalism can hardly be equated with Cicourel's ethnomethodology, while Lemert's focus on puta-

tive deviation (which implies a non-putative or objective deviance) jars markedly with Kitsuse's relativistic 'imputed deviance' (which denies an objective reality of deviance).

Labelling theories have in fact long genealogies and many contrasting routes. Like all theoretical work, the construction of the social reaction/labelling perspective is a messy business of pluralising pasts and contested concepts. We can trace a number of foundational theoretical positions within labelling to include functionalism, many variants of Marxism and critical conflict criminologies, hermeneutics, feminisms and early cultural theories. We can also see intellectual affinities with the work of many social psychologists on processes of stigmatization and stereotyping. It is probably most at home – has an intellectual affinity with – the phenomenologists, the discourse theorists (including Foucault), the conversational analysts, and of course the symbolic interactionists. And in more recent times, we could suggest how many more contemporary theories would benefit from a partial focus on labelling and social reaction: the globalization of labelling, surveillance as labelling, the habitus of social reactions, reactions as flow and mobilities (cf Urry 2007), intersectional labelling, queer labelling, and it strong links with cultural criminology (cf Ferrell, Hayward & Young 2008). The ideas of labelling theory could flourish in many theories and there are many ideas here that are worth exploring. Here to conclude are a few final examples.

1. Social constructionist theory

This is the major term under which much recent labelling theory has moved. We can trace this back to at least Berger and Luckman's key 1966 work, which by 1970 had helped to shape Richard Quinney's crucial (but now ignored) *The Social Reality of Crime (1971)*. This has been a popular framework that has been used to examine the social construction of social problems in the U.S.A. My earliest recollections of this was the work of Herbert Blumer, John Kitsuse and Malcolm Spector. The latter focused on the changing psychiatric definitions of homosexuality in the mid 1970's and extended in their 1977 classic *Constructing Social Problems*. This has subsequently grown into a full scale theory, as exemplified in Donileen Loseke's (1999/2003) textbook which outlines its shape: the focus is on claims making, claims makers, audience and competition. She contrasts two views: "Objectivism" which makes claims about social problems that they believe are real and stem from objective conditions of social life, while "constructionism" by contrast argues about the claims-making processes occurring in and around these things. This is an approach in sociology which argues that 'conditions must be brought to people's notice in order to become social problems' (Best 1990: 11). Once again closely allied to Becker's notion of moral enterprise, it looks at the ways individuals, groups and societies come to label certain phenomena as problems and how others then respond to such claims. Joel Best (1990) for instance has traced the 'rhetoric and concern about child victims', whilst Philip Jenkins (2004) has traced the child molester problem. Broadly, there is seen to be a 'social problems marketplace' in which people struggle to own social problems: these theories continue to examine the rhetorics, the claims and the power struggles behind such definitional processes. In this area there is now a massive amount of continuing work even if it often fails to note its roots.

2. Boundary and classification theory
At its heart, labelling theory surely raises long standing classical problems of boundaries. Such theoretical problems will never go away. It was Durkheim who most clearly saw the bond between the normal and the pathological: twin processes bound up with the conditions for social life. This basic classification of the normal and the pathological serves to mark out moral boundaries, unite people against common enemies and establish that there is a 'we' and an 'other'. It is hard to find instances of societies which do not do this. There were several labelling theorists of the 1960's and 1970's who revisited this key idea; most famously Eriksons's classic *Wayward Puritans*; Robert Scott's (1970) celebrated analysis, and very prominently, in the work of Mary Douglas on purity and taboo (1966, 1970).

Here the problems are outlined of how boundaries are bound up with social life, of how there is always stuff that is 'inside' and stuff that is 'outside'. All societies dwell in multiplicities and flux are in persistent need of classification systems (Bowker and Starr 2007). Boundaries and classifications are never fixed, they are always on the move. Classifications of the normal and the abnormal, the natural and the unnatural, the criminal and the non-criminal are best seen as flows, as continual permutations of classifications being reworked through by groups. Politically, social movements become prime movers of such boundaries.

Here also we have a sense of what is a key problem of postmodernity and crime. For here: "order is what is not chaos; chaos is what is not orderly. Order and chaos are *modern* twins" (Bauman: 1991 :4). It is a problem that I have addressed in more detail more recently (see Plummer 2007).

3. Moral Panics Theory
The concerns with media, publics and control cultures come together in the study of moral panics – a term gestating in Becker's work over the initial concern with drugs in the USA. Brought to prominence in Young's research on drug use in Notting Hill (1971), Cohen's study (1972) of the teenage panics of Mods and Rockers on English Bank Holiday beach resorts in the 1960's and Hall's study of race relations in the UK and the fear of the 'black mugger', it has subsequently been ab-

sorbed into the lexicons of mainstream criminological and sociological research. It is by far the most widespread and most apparent legacy of those early labelling theorists.

The study of moral panics has been applied to many areas and has become a staple feature of research with a stream of research investigations: satanic panic, child molesters, single mothers, drug users, working class males, violent schools, hyperactive children, welfare scroungers, computer games, pornography, guns, street stabbings, the sexualization of girls, ASBO's, drugs of all kinds – including binge drinking and 'ecstasy parties', panic, obesity or 'fat' people, and – of course, refugees and immigrants. It has developed its own canonical textbooks and even conferences. It is a standard entry in textbooks, dictionaries and seen as a 'key idea' in sociology. A Google search can cheerfully bring up 450,000 entries (e. g. Ben-Yehuda & Goode 1994/2009; Jenkins 2004; Chrichter 2003/2006; Thompson 1998). If labelling theory is manifestly alive anywhere today it is in this branch of moral panic theory. It has now even entered the public imagination and become part of the discourse of common sense (Garland 2008; Altheide 2009: and see also the debate at the British Academy Lectures in 2007: 'Moral Panics: The and Now' by Stan Cohen, David Garland & Stuart Hall at http://britac.studyserve. com/home/default.asp).

4. Shame theory and Reintegration theory
A further illustrative example could be Braithwaite's book *Crime, Shame and Reintegration* (1989) which demonstrated that current criminal justice practice tends to stigmatize offenders, making the crime problem worse. Braithwaite argued that restorative justice enables both offenders and citizens, by way of mediation, to repair the social harm caused by crime. Some societies have higher crime rates than others because of their different processes of shaming wrongdoing. Shaming can be counterproductive, making crime problems worse. But when shaming is done within a cultural context of respect for the offender, it can be an extraordinarily powerful, efficient and just form of social control. Braithwaite identifies the social conditions for such successful shaming. If his theory is right, radically different criminal justice policies are needed – a shift away from punitive social control toward greater emphasis on moralizing social control.

5. Intersectional theory and the inequalities of labelling
At the heart of much of the earlier labelling theory was a concern with the way social class, race and age were major factor in shaping decisions around deviance. Race famously in the work of Stuart Hall played a key role in 'moral panics' – and many panics were about youth. Likewise, decision making studies of police and courts could often show how class biases worked. In more recent research on in-

equalities – heavily shaped by feminist theory and critical race theory (Crenshaw 1995; Collins 1990), a much greater emphasis has come to be placed on the ways in which these vectors of inequality and oppression intersect with each others. Inequalities should be located at the intersection of class, ethnicity, gender, age, disability, sexuality and nationhood are central. Lives are shaped by these inequalities, and so are the contingencies which organize the labelling of criminals and deviants. Recent theories bring these once disparate features together. Acts of labelling lie at the intersections of class, race, gender, age – and even sexuality and health – and need to be understood within this framework.

6. The state and social exclusion theory
Many writers from the 1990s onwards have pointed to the significance of the state and social exclusion from a wide range of political, policy and theory positions (eg Byrne 2005). Within criminology, Jock Young in the U.K. and Löic Wacquant in France and the U.S. have, amongst others, made the process of exclusion a key to grasping the crime process. Young is concerned with 'the demonization and creation of monstrosity', how societies 'essentialise the other', how we vomit out our deviants, casting them beyond the social order in a so called "purification process". (Young 1999). Late capitalist modernity makes us live with these extreme bifurcations. Likewise, Wacquant's studies of global inner cities speaks explicitly of 'urban outcasts', to the creation of the hyperghetto, of 'territorial stigmatization', the 'great confinement' and the rise of 'punitive panopticism' (Wacquant 2004/9; 2008). Now it would be crude to say these are twenty first century labelling theorists. But their concerns with the way in which the neo liberal state works to split the social order and exclude a growing group of people lies at the heart of their accounts and certainly echoes the heady days of the labeling theorists (of which of course Jock Young's first book (1971) was a major part).

Moving Ahead: The Continuing Relevance of Reactions and Labelling

Generations may change but intellectual puzzles have to be repeatedly confronted. What is clear is the contemporary world is just as amenable to problems of labelling now as it was fifty years ago. We now have the existence of sex offender registers (and Meagan's law in the U.S and Sarah's law in the U.K.) which raises major human rights issues of permanent life long stigmas being applied. We have even more of the over reach of law and medicine into the private sphere of personal problems, especially in the new shapes of 'Youth crime' and new community offences appear and the net of surveillance casts wider. We have the hyper-categorisation of problems and a proliferation of new categories from ASBOS to ADHD.

The control apparatus continues to grow and takes on ever new forms, sucking in more crimes and problems. Deviancy amplification and what Pratt has called the sorcerer's apprentice continue to magnify the symbiotic relation of crime and control control. The media has become a pivotal agent in constructing the problems of crime and it oozes the daily air we breathe. And still people experience the problems of labelling on a daily basis throughout the world in ubiquitous and dehumanizing institutions. Contemporary governance is saturated with debates about crime – lifting crime out of its often banal character into something haunted by fear. I could go on.

My argument here, then, has been a very simple one. Forty years on from the gestation of my original article, we can see that labelling theory may well have had its own criminological generation and its own heyday. Theories inevitably come and go. But I have also argued here that labelling theory brings an important and abiding set of concerns for sociologists and criminologists. Its fall from explicit prominence in the twenty first century does not make the issues it raises any less significant. What I have tried to do is outline just a few, preliminary number of issues where we can see how labelling theory's continuing problematic and questions are re-fashioning themselves for yet another new generation. I am not concerned with defending its old positions and arguments or the terminology of labelling, but seek instead to show that the problems it raised in the 1960's and the 1970's are still alive with us today and continue to demand attention. We should never forget the key problems of criminology and the works of earlier generations in confronting them.

Bibliography

Aas, Katja Franko (2007): Globalization and Crime, London.

Altheide, David (2009): Moral Panic: From sociological concept to public discourse, in Crime Media Culture 5: 79–99.

Bauman, Zygmunt (1991): Modernity and Ambivalence, Cambridge.

Becker, Howard S. (1963): Outsiders: studies in the sociology of deviance, New York.

Becker, Howard (Ed.) (1964): The Other Side, New York.

Becker, Howard (Ed.) (1986): Doing Things Together, Evanston.

Ben-Yehuda, Nachman & Eric Goode (1994/2009 2nd ed): Moral Panics: The Social Construction of Deviance, Oxford.

Bennett, James (1981): Oral History and Delinquency: The Rhetoric of Criminology, Chicago.

Berger, Peter & Thoman Luckman (1966): The Social Construction of Reality, Harmondsworth.

Best, Joel (1990): Threatened Children: Rhetoric and Concern about Child Victims, Chicago.

Bordua, D. J. (1967): Recent Trends; Deviant Behavior and Social Control, in: Annals of the American Academy of Political and Social Science 57: 149–63.

Brabazon, Tara (2005): From Revolution to Revelation: Generation X, Popular Memory and Cultural Studies, Aldershot.

Bowker, G. & Lee Starr (2000): Sorting Things Out, Cambridge, MA.

Braithwaite, John (1989): Crime, Shame and Reintegration, Cambridge.

Byrne, David (2005): Social Exclusion, Milton Keynes.

Carrabine, Eamonn (2008): Crime, Culture and Media, Cambridge.

Cohen, Stanley (Ed.) (1971): Images of Deviance, Middlesex.

Cohen, Stanley (1972): Folk Devils and Moral Panics, MacGibbon and Kee.

Cohen, Stanley (1985): Visions of Social Control, Cambridge.

Cohen, Stanley and Jock Young (Eds.) (1973): The Manufacture of News, London.

Collins, Patricia Hills (1990): Black Feminist Thought, London.

Collins, Randall (1998): The Sociology of Philosophies: A Global Theory of Intellectual Change, Cambridge.

Conrad, Peter & Joseph Schneider (1980): Deviance and Medicalization, Philadelphia.

Chrichter, Chas (2003): Moral Panics and the Media, Milton Keynes.

Chrichter, Chas (Ed) (2006): Moral Panics and the Media: Critical Readings, Milton Keynes.

Denzin, Norman K. (1991): Cultural Studies and Symbolic Interaction, Oxford.

Denzin, Norman K. (2010) The Qualitative Manifesto: A Call to Arms, Walbut Creek.

Douglas, Mary (1966): Purity and Danger: An Analysis of the Concepts of Purity and Taboo, London.

Douglas, Mary (1970): Natural Symbols: Explorations in Cosmology, London.

Downes, David and Paul Rock (Eds.) (1979): Deviant Interpretations, Oxford.

Durkheim, Emile (1997/1893) The Division of Labor in Society, Glencoe.

Edmunds, June, and Bryan S Turner (2002): Generations, Culture and Society, Milton Keynes.

Erikson, Kai T. (1962): Notes on the sociology of deviance, in: Social Problems 9: 307–314.

Erikson, Kai T. (2004/1968): Wayward Puritans, New York.

Farrall, Stephen, Jonathan Jackson and Emily Gray (2009): Social Order and the Fear of Crime in Contmeporary Times, Oxford.

Ferrell, Jeff, Keith Hayward & Jock Young (2008): Cultural Criminology, London.

Garland, David (2002): The Culture of Control, Oxford.

Garland, David (2008): On the Concept of Moral Panic, in: Crime, Media, Culture 4: 9–30.

Gelder, Ken (2007): Subcultures: Cultural Histories and Social Practice, London.

Goffman, Erving (1961): Asylums. New York.

Goffman, Erving (1963): Stigma, New Jersey.

Goode, Erich (1975): On behalf of labeling theory, in: Social Problems 22: 570–83.

Goode, Erich & Nachman Ben Yehuda (1009/1994): Moral Panics: The Social Construction of Deviance, New York.

Gove, Walter (1980/1975): The Labeling of Deviance, New York.

Gouldner, Alvin (1968): The Sociologist as Partisan, in: American Sociologist 3: 103–16.

Gramsci, Antonio (1971): Selections from the Prison Notebooks, London.

Gusfield, Joseph R. (1981): The Culture of Public Problems: Drinking-Driving and the
    Symbolic Order, Chicago.
Halbwachs, Maurice (1992): On Collective Memory, Chicago.
Hammack, Phillip L. and Bertram J. Cohler (2009): The Story of Sexual Identity: Narrative
    Perspectives on the Gay and Lesbian Life Course, Oxford.
Huq, Rupa (2006): Beyond Subculture: Pop, Youth and Indentity in a Postcolonial World,
    London.
Jenkins, Phillip (2004): Moral Panic: Changing Concepts of the Child Molester in Modern
    America, New Haven.
Jewkes, Yvonne (2004) Media and Crime, London.
Lee, Murray (2006): Inventing Fear of Crime: Criminology and the Politics of Fear.
Lee, Murray & Stephen Farrall (Eds.) (2008): Fear of Crime: Critical Voices in an Age of
    Anxiety. Milton Park.
Lemert, Edwin (1967): Human Deviance, Social Problems and Social Control, New Jersey.
Loeseke, Donileeen (2003/1999): Thinking about Social Problems: An Introduction to Con-
    structionism, New York.
Lofland, John (2002/1969): Deviance and Identity, Clinton Corners.
Mannheim, Karl (1936): Ideology and Utopia, London.
Mannheim, Karl (1952): The Problem of Generations, Pgs 276–320 in Collected Works of
    Karl Mannheim, Vol 5, London.
Mankoff, Milton (1971): Societal Reaction and Career Deviance, in: Sociological Quar-
    terly 12: 204–18.
Matza, David (1969): Becoming Deviant, New Jersey.
Miller, Peter & Nikolas Rose (2008): Governing the Present, Cambridge.
Pearson, Geoffrey (1975): The Deviant Imagination, London.
Pratt, John (2007): Penal Populism, London.
Plummer, Ken (1979): Misunderstanding Labeling Perspectives, in: David Downes and Paul
    Rock, eds Deviant Interpretations, Oxford.
Plummer, Ken (1975): Sexual Stigma: An Interactionist Account, London.
Plummer, Ken (Ed.) (1981): The Making of the Modern Homosexual, Hutchinson.
Plummer, Ken (1983/2001): Documents of Life: An Invitation to a Critical Humanism, Lon-
    don.
Plummer, Ken (1995): Telling Sexual Stories: Power, Change and Social Worlds, London.
Plummer, Ken (2000): Symbolic Interactionism in the Twentieth Century, in Bryan S. Turner
    (ed), The Blackwell Companion to Social Theory, 2nd edition, Oxford.
Plummer, Ken (2003): Intimate Citizenship: Private Decisions and Public Dialogues, Seattle.
Plummer, Ken (2007): The flow of boundaries: gays, queers and intimate citizenship, in
    David Downes et. al., Crime, Social Control and Human Rights: Essays in Honour of
    Stanley Cohen, Cullompton.
Plummer, Ken (2009): On Narrative Pluralism, p. vii–xiv in Hammack & Cohler, op cit.
Plummer, Ken (2010): Generational sexualities: Subterranean Traditions, and the Haunt-
    ing of the Sexual World: Some Preliminary Remarks, in: Symbolic Interaction 33:
    163–190.

Quinney, Richard (1971): The Social Reality of Crime, Boston.
Reiman Jeffrey & Paul Leighton (2009/1979): The Rich Get Richer and the Poor Get Prison, Boston.
Rock, Paul (1973): Deviant Behaviour, London.
Rubington, Earl & Weinberg, Martin S. (2001/1968): Deviance: The Interactionist Perspective, Oxford.
Schur, Edwin (1965): Crimes without victims, New York.
Schur, Edwin (1971): Labeling Deviant Bahvior, London.
Schur, Edwin (1973): Radical Non-Intrervention, New York.
Schur, Edwin (1979): Interpreting Deviance, New York.
Schur, Edwin (1980): The Politics of Crime, New Jersey.
Schur, Edwin (1983): Labeling Women Deviant, Philadelphia.
Scheff, Thomas J. (1966): Being Mentally Ill, New York.
Scheff, Thomas J. (2007): Goffman Unbound: A New Paradigm for Social Science, Boulder.
Scott, Robert A. (1972): A proposed framework for analyzing deviance as a property of order, pp. 9–36 in: Scott and Douglas, Theoretical Perspectives on Deviance, New York.
Spector, Malcom and John Kitsuse (2000/1977): Constructing Social Problems, New Brunswick.
Sumner, Colin (1994): The Sociology of Deviance: An Obituary, Milton Keynes.
Sykes, Gresham & David Matza (1957): Techniques of Neutralization, in: American Sociological Review 22: 664–670.
Taylor, Ian & Laurie Taylor (1973): Politics and Deviance, London.
Strauss, Anselm (1993): Continual Permutations of Action, New York.
Szasz, Thomas (2007): The Medicalization of Everyday Life, New York.
Taylor, I , Paul Walton and Jock Young (1976): The New Criminology, London.
Tannenbaum, Frank (1938): Crime and the Community, Boston.
Thompson, Kenneth (1998): Moral Panics, London.
Urry, John (2007): Mobilities, Cambridge.
Wacquant, Löic (2004/2009): Punishing the Poor: The Neoliberal Government of Social Insecurity, Durham.
Wacquant, Löic (2008): Urban Outcasts: A Comparative Sociology of Advanced Marginality, Cambridge.
Young, Jock (1971): The Drugtakers, London.
Young, Jock (1999): The Exclusive Society, London.
Young, Jock (2007): The Vertigo of Late Modernity, London.

Cultural Criminology and the Carnival of Deviance
An Interactionist Appreciation

Daniel Dotter

There have been longstanding conflicts between scientific theories and more humanistic perspectives in the history of deviance studies (Matza 1969; Schur 1980). As well, in recent decades the trajectory of this history has been influenced by the development of criminology and criminal justice (Dotter 2004). With this backdrop, the present paper has three purposes. First, I will argue that interactionist labeling remains today a crucial theoretical perspective for the study of deviance and crime. With regard to the former, interactionism has arguably been the primary theoretical focus for nearly a century (Becker 1963/73; Faris 1970). As such, the centrality of a causal model of deviance (i. e., "why" questions, of the antecedents to misbehavior) has, especially since the 1960s, been continually challenged by various interactionist perspectives examining the meaning context of deviance as stigmatization (Douglas 1984; Goffman 1963/86). Mainstream criminology, and more recently the field of criminal justice, have always had a primary place for scientific and rationalistic models (Akers and Sellers 2009); the perspective of cultural criminology has developed as a counter-argument to the dominant "boring" causal analysis of the mainstream, as well as its largely uncritical acceptance of classical and neo-classical legalisms (Ferrell and Sanders 1995; Ferrell, Hayward, and Young 2008; Hayward and Presdee 2010).

Second, I will present an articulation of interactionist labeling and cultural studies perspectives that takes us well beyond mundane issues of consensus explanations. Deviance-labeling is best understood in a broader context of meaning-generation and interpretive interactionism (Denzin 1989b; Dotter 1997). Deviance, as both stigmatized behavior and status (Dotter and Roebuck 1988), is increasingly mediated in mainstream and popular culture as scenarios of meaning-creation. In the scenario (Dotter 2004), deviance is layered in a complex narrative that includes traditional societal reaction (e. g., criminal labels), even as it transcends that reaction. As a general perspective on meaning creation, the scenario links the study of deviance with that of cultural criminology through the concept of transgression (Foucault 1977; Jenks 2003). In the crossing of boundaries crime and deviance are often layered representations in media culture, especially the visual "framing" of the two (Hayward and Presdee 2010). Deviance-labeling, as portrayed in the mediated scenario, shifts the focus from legal to cultural categories so that the process is more accurately described as a stigma contest (Schur 1980), a form of cultural politics (Jordan and Weedon 1995).

Finally, examining representations of crime and deviance in media culture allows us to develop a thorough critique of "boring" questions and models. An instructive place to begin such a critique of mainstream theories is with the concept of extreme deviance (Goode and Vail 2008). Causative theories uncritically accept examples of extreme deviance as founded in a broad normative consensus. Conversely, the interactionist scenario frames the emerging concept as a valuable opportunity to examine the changing context of deviance and cultural meaning-production. As mediated, even virtual, boundaries dissolve and transmute, "fringe" experience increasingly occupies a space in mainstream culture. Extreme deviance emerges from media culture (Kellner 1995) and thus is both factual and dramatic. It is often marked by paranormal and other forms of non-institutionalized knowledge (Goode 2000), including conspiracy and apocalyptic narratives (Barkun 2003; Bratich 2008); as well, an "ordinary" crime such as homicide is transformed into a melodramatic stylized portrait of multiple, serial "extreme killing" (Fox and Levin 2005). The various narratives of extreme deviance spread quickly across media culture and mix images of all forms of disvalued behavior with criminal ones in the carnival of deviance (Kellner 1989; Jenks 2003; Presdee 2001).

As sensitizing concepts (Blumer 1969), the scenario and transgression orient deviance and its defining processes within media culture (Kellner 1995): Images of deviance are multi-dimensional storylines, combining crime and other forms of sociocultural stigma to both inform and entertain audiences. The scenario is an interpretive strategy to describe how deviance is presented in mass media (Dotter 2004). Transgression extends analysis of the labeling process beyond punishment, stigma, and crime to an appreciation of cultural excess. Deviance is not simply misbehavior to be explained by antecedent psychological and sociological causes. Transgression is a symbolic carnival-in exceeding the norm the boundary crossing is celebrated (Jenks 2003).

Interactionist Deviance and the New Questions of Cultural Criminology

A distinguishing feature of this carnival is the mediated overlap, in the form of dramatic stories, of deviance and crime images. The developing field of cultural criminology (Ferrell and Sanders 1995) has issued an intellectual challenge to mainstream perspectives, in nothing less than a bid to shift to an oppositional paradigm; this challenge calls into relief the very idea of an objective criminology and puts forward a set of new concerns:

Does our scholarship help maintain a fraudulently "objective" criminology that distances itself from institutionalized abuses of power, and so allows them to continue? Does criminological research, often dependent on the good will and grant money of governmental agencies, follow the agendas set by these agencies, and so grant them in return the sheen of intellectual legitimacy? By writing and talking mostly to each other, do criminologists absent themselves from public debate, and so cede that debate to politicians and pundits (Ferrell, Hayward, and Young 2008: 13)?

Mainstream perspectives on crime and deviance emanate from two sources: classical/neoclassical criminology and scientific, causal explanations of deviance (Dotter 2004: 225). The former is a utilitarian, legalistic approach to crime and punishment; at its center is a rational actor capable of weighing the costs and benefits of individual choice. The primary purpose of punishment is deterrence, and with it, the restoration and maintenance of the social contract (Beccaria 1764/1986). Positivist theories have been equally influential in the study of crime and deviance, reviewing a wide variety of psychological and, especially, socio-logical, causal models (Akers and Sellers 2009).

Conversely, the interactionist tradition has been, and remains, primarily in-terpretive in its approach: It focuses on the social construction of deviance and crime, and not upon traditional positivistic concerns of causation or predictability (Becker 1963/73: 178–180; Dotter and Roebuck 1988). The concept of scenario extends deviance-labeling into the context of media culture, and that of extreme deviance allows a focus on the transgression (Foucault 1977) of uncertain, me-diated sociocultural boundaries. Broadly conceived, the scenario builds on this interpretive interactionist stance and directly challenges the traditional "boring" approaches of classical and scientific vintage, instead theorizing for the broader context of cultural meaning-generation.

Precarious Meaning: Deviance in the Postmodern Scenario

Interactionism and Cultural Studies

By the 1990s symbolic interactionism was coming into contact with the emerg-ing field of cultural studies (Denzin 1992), and this contact would eventually bear fruit for theorizing in the sociology of deviance (Dotter 1997, 2004). Cultural studies is a critical intellectual tradition (Surber 1998) focusing on media culture

(Kellner 1995) and, particularly, the manner in which meaning is generated, managed, and transformed over time (Best and Kellner 1997, 2001).

The development of both British (Cohen 1972/2002; Hall and Jefferson 1975/2006; Hebdige 1979/2002) and American (Best and Kellner 2001; Kellner 1995) strands of cultural studies found much common ground with interactionist concerns; McCall and Becker (1990: 4) track this affinity in describing cultural studies as the "classically humanistic disciplines which have lately come to use their philosophical, literary, and historical approaches to study the social construction of meaning and other topics traditionally of interest to symbolic interactionists." By placing interactionist labeling in a broader cultural studies frame (Denzin 1989a; 1989b), we can bring deviance theory back to the center stage of meaning-creation in contemporary postmodern society. Definitions of deviance become part of the larger "meaning crisis" (Dotter 1997) that cultural studies takes as its subject. Central to this effort is development of the scenario.

Interpretive Interactionism: The Scenario as Meaning-Generation

An interactionist cultural studies, what Denzin (1989b) has conceived as "interpretive interactionism," is framed by an important observation: the generation of sociocultural meaning is multilayered and occurs increasingly through the web of media culture (Kellner 1995), embodying much contradiction and ambiguity in content. This mediated ambiguity is captured in the concept of textuality: the extremely complicated, multidimensional character of meaning. All meaning, including biographical narratives and self development, is interpretation, fleetingly captured within the text (Denzin 1989a; Dotter 2004).

As the primary terrain of meaning-generation, media culture makes little or no distinction between different types of texts or sources of knowledge (Birchall 2006); all boundaries among and between them are increasingly irrelevant. Popular culture, based largely on images of celebrity (Holmes and Redmond 2006), occupies space with more "tested" forms such as science; institutional areas (e. g., politics, religion) are presented largely absent any factual context to counter unchallenged statements of opinion (Manjoo 2008); fictional narratives in literature or cinema exist alongside traditional historical texts; in news-making, opinion shares the page, the broadcast, and the monitor with factual reporting. In its mass presentation this cultural amalgam is reified, transformed into commodities for sale as consumer culture. Thus, meaning in media culture is divorced from its traditional usefulness in portraying reality, becoming instead a self-generating storyline and part of the "society of the spectacle" (Debord 1967/94). In this dramatic narrative, deviance is defined by appearance, to be packaged and vicariously experienced by consumers.

Within this frame I define scenario as "an interactional moment of meaning-creation" (Dotter 1997: 252), the narrative presentation (i. e., audio, visual, virtual) of an event or historical situation. I have chosen the term deliberately, for its historical and cultural significance: In the early development of cinema, scenario referred to the screenplay (Katz 1994: 1205). My choice also reflects the importance of film as both the principal form of modern media culture and as a transitional form to the virtual in the postmodern moment (Denzin 1991; 1995).

In its description of media culture, the scenario highlights the importance of the "stigma movie" – a textual narrative emerging from the interplay of actual events in real time and space with media reconstructions of the events (Dotter 2004: 37–41). The stigma movie shares cultural space with deviant events and media reports; very often it may eventually compete with and overshadow the significance of the original. Meaning-generation becomes amplified in various media as the movie gradually defines and justifies its own existence. Jean Baudrillard (1981/94) labels this process the "implosion" of reality. The intersecting layers of meaning in the scenario reconstitute moral boundaries, and the movie is the layer in which the politicized stigma contest (Schur 1980) is most completely realized. It often showcases celebrity actors, and is "scripted around the master statuses of age, gender, race, and class" (Dotter 2004: 42). The scenario is thus a form of postmodern story-telling and is predicated on the transformative quality of all cultural meaning as narrative stories. One important moment marks the transformation of the labeling process into the wider frame of transgression.

From Labeling to Transgression

A cultural studies emphasis on meaning-creation theoretically expands interactionist labeling onto the broader canvas of the scenario. In the mediated scenario, interpretive labeling transmutes into transgression. The significance of transgression for cultural studies can be traced to the discourse analysis of Michel Foucault:

> "The play of limits and transgression seems to be regulated by a simple obstinacy: transgression incessantly crosses and recrosses a line which closes up behind it in a wave of extremely short duration, and thus it is made to return once more right to the horizon of the uncrossable" (Foucault 1977: 34).

Transgression occupies the cultural space between narratives and the events those stories describe. It is not fundamentally a binary process characterizing either/or;

rather it represents a both/and reality, inclusive and exclusive, "a spiral which no simple infraction can exhaust" (Foucault 1977: 35). The act of transgressing has overlapping moral (i. e., normative) and ideological (i. e., social control) dimensions. Transgression marks a society in transition from modern to postmodern forms and represents the "desire to transcend limits-limits that are physical, racial, aesthetic, sexual, national, legal and moral" (Jenks 2003: 8). To define cultural boundaries (e. g., norms, categories, hierarchies), their limits must be crossed. In the crossing we, intentionally or not, may discover excess. Transgression, then, can be revelatory, characterized by "an inevitable violence in the collision and a celebration in the instantaneous moment at which both limit and transgression find meaning" (Jenks 2003: 90).

Transgression characterizes movement-back and forth-across fluid boundaries. It does not "replace" deviance nor render the concept obsolete; it situates disvaluement in the cultural politics of dominant/marginalized voices (Jordan and Weedon 1995). In media culture, transgression subsumes the labeling process (involving disvalued act and actor, i. e., signification) within the presentation of the stigma movie (broader constructions of cultural others based on race, class, gender, and so on). The movie is defined in its presentation: extremes of cultural representations and meaning, cultural texts marking deviance in the society of the spectacle (Debord 1967/94).

The society of the spectacle is characterized by excess; transgression, the fulcrum of cultural excess, involves crossing normative boundaries and celebrating that crossing in novel, even outrageous ways. As instances of transgression, deviance shades into various overlapping contexts, including "sacred-profane; good-evil; normal-pathological; sane-mad; purity-danger; high-low; center-periphery and so on" (Jenks 2003: 2). Part of popular culture, such images of transgression are marketed to audiences of media culture in ever-extreme variation. In the process, "crime and violence become cheap commodities, emptied of their embodied consequences, sold as seductions of entertainment and digital spectacle" (Ferrell, Hayward, and Young 2008: 144).

Extreme Deviance: Narratives in Popular Culture

Further Into the Postmodern Turn: Transgression and Extreme Deviance

Recently Goode and D. Angus Vail (2008) published a book entitled <u>Extreme Deviance</u> which is informed by an broad interactionist stance, particularly Matza's (1969) concept of appreciation:

"No, we must not romanticize our subjects, deceive ourselves into imagining they are something they are not, grander, more noble, and better than they are. And no, appreciation does not mean endorsing any and all of the normative violations we study. But yes, trying to judge, treat or "correct" them interferes *with understanding them"* (Goode and Vail 2008: xix) [italics in the original].

The concept of extreme deviance describes "behavior, beliefs, or physical traits that are so far outside the norm, so unacceptable to a wide range of different audiences, that they elicit *extremely* strong negative reactions. For many of the people who know about these behaviors, beliefs, and traits, ordinary, routine interaction becomes almost impossible" (Goode and Vail 2008: xi) [italics in the original]. The edited work has sections on different types of extreme deviance under the following headings: "Extreme Tattooing," "Believing That One Has Been Kidnapped by Extraterrestrials," "Being Hugely Obese," "Believing in White Supremacy," "Having and Endorsing Adult-Child Sexual Contact," "Earth First: Going to Extremes to Save the Environment," and "Engaging in S&M Sexual Practices."

The idea is not only timely but can be framed within the cultural studies/ interactionist labeling approach that I have outlined. Of the seven types, three (tattooing, adult-child sexual contact, and S&M practices) are descriptions of behavior; two (ETs and white supremacy) are belief systems; one is a physical trait (obesity); and one (extreme environmentalism) is arguably classified as belief system/behavior.

This quick categorization seems almost instantly unsatisfactory. As an uncritical listing of labeled deviance-behaviors and beliefs-these "extreme" examples may be seen as squarely the subject matter of "boring" traditional theories: the motives and causes of unusual, even exotic, contemporary forms of deviance. Only by paying attention to boundaries can we more completely characterize these various examples as extreme deviance and hopefully clarify the concept. I believe that extreme deviance can best be understood as transgression, or, the active term, transgressing. Of the headings listed above, only adult-child sexual contact is clearly felonious criminal behavior; to anyone other than, perhaps, most of those advocating it, the behavior is immoral, sick, and indefensible on any grounds as well. By saying perhaps, I am suggesting the very real possibility that there are even some practitioners of the behavior who consider it-and themselves-extremely deviant.

Transgression illuminates the fluidity of boundaries. First and foremost, the examples are not simply behaviors *or* traits *or* beliefs. Rather they are a textual mix of all of these. To contextualize the extremity of the particular example, it is necessary to go beyond criminal labeling to other boundaries as well. For example, there are normative boundaries (criminal and other types), as well as boundaries associated with behavior settings and potential audiences. When boundaries are transgressed, questions of meaning are answered, reframed, and asked again. In short, these-and other-examples of extreme deviance are best conceptualized as scenarios of meaning-generation, embedded in multiple layers of mainstream, especially popular, culture. Transgression represents the continuous negotiation, transformation, re-emergence, and consumption of mediated meaning scenarios. The meaning may be simultaneously overblown and marked by subtlety. An appropriate metaphor for transgression as media culture is that of carnival, representing scenarios "that ape, parody and indeed parallel the dominant social order." In the carnival, there is calculated inversion of existing social forms and cultural configurations" (Jenks 2003: 162). If constructions of extreme deviance resemble the carnival – "the world turned upside down" (Jenks 2003: 161) – meaning generated in these scenarios is multilayered, not easily disentangled into its constitutive themes or elements.

Whispers in the Dark: Paranormal Knowledge As Apocalypse and Conspiracy

Narratives of extreme deviance are often situated in the context of paranormal knowledge and beliefs: "the view that under certain circumstances what are regarded by traditional scientists as the laws of nature can be bent, broken, suspended, violated, superseded, or subsumed under entirely different principles" (Goode 2000: 23). Examples of paranormal knowledge are seemingly endless: occult beliefs and prophecies, spiritualism, ESP, UFOs and contact with alien life forms, prediction of the future, faith-healing, telekinesis, and so on.

Terrain for the paranormal (Goode 2000) is deep and wide and includes (among many others) the interrelated popular culture themes of apocalypse and conspiracy (Barkun 2003). Traditionally these themes represented extreme beliefs of the political right and left, largely out of the mainstream. Yet there was a very definite, if narrow, space for both in post-World War II culture. Today, in a global world, that space is even wider and more accommodating. As extreme deviance, conspiracy narratives may be characterized as stigmatized political knowledge. In Richard Hofstadter's (1964/79) historical analysis of the "paranoid style," the themes of conspiracy and apocalypse are linked by a cultural belief in the cosmic struggle between Good and Evil – a transcendent paranormal conflict. Over time, the motif of apocalypse has expanded in cultural space, moving from primarily religious narratives of revelation and/or destruction (Fenster 1999/2008: 197–232; Weber 1999) into contact with more secular themes (Boyer 1992). Conversely, conspiracy narratives morph from the more purely political to the millennial. In short, apocalyptic images are politicized and conspiracy narratives skirt the boundaries of the paranormal. Michael Barkun (2003: 178–179) argues for this repositioning of conspiracy narratives as more generalized, stigmatized knowledge, a process representing transgression or boundary crossing.

"Extreme Killing" as a Stigma Movie: The Framing of Deviance and Crime

One of the most common scenarios in media culture is that of predatory murder, linking images of deviance (i. e., indefensible antisocial violence) with those of crime (the fear-tinged plight of the innocent victim). James Alan Fox and Jack Levin (2005) take this narrative to its transgressive limit in their discussion of serial and mass murder as extreme killing. In media culture perpetrators are not simply sensationalized, but promoted as celebrities at every turn: "the sanitized, romanticized, and glamorized image of a killer who is in actuality little more than an unrepentant, vicious, sadistic destroyer of human life" (Fox and Levin 2005: 13).

While their actions-the original violent events-remain disvalued, the creation of the mediated stigma movie leads to implosion (Baudrillard 1981/94), whereby serial murderers are inevitably constructed as sexual criminals. In transgressing the boundaries of sexual desire, "serial killing has become something to do (a lifestyle, career, or calling) and the serial killer has become something to be (a species of person)" (Seltzer 1998: 4). Extreme killers, then, are cultural representations, which both attract and repel fascinated audiences (Tithecott 1997).

In upside-down, inside-out narratives, these icons become "natural born celebrities" (Schmid 2005), through which meaning is inverted in a dramatic, spectacular carnival; the emergent stigma movie appears to be as real as the precipitating homicide event. Cultural criminology characterizes this process-whereby extreme deviance is transgressed into a cultural commodity-as a form of framing, especially in its visual representation. As Keith Hayward (2010: 13–14) observes, "If images are creatively constructed, then we must study not just the image itself, but also the process of construction, and the subsequent processes of production, framing, and interpretation."

Conclusion: Panics in Media Culture

The linking of deviance and crime images in a transgressive carnival of meaning is the hallmark of media culture. Traditional causal and legal models are absolutely unable to describe such scenarios, much less provide an explanation or critique. The carnival of deviance is offered as narratives of both information and entertainment. An important development of this meaning process is the reconstitution of the interactionist concept of moral panic (Cohen 1972/2002; Goode and Ben-Yehuda 1994/2009), often given a wider context of cultural meaning construction and intertwined with diffuse conspiracy narratives. Traditionally, moral panic refers to threats from a specific identifiable social group; in the conspiracy panic, the threat is diffuse, even largely unspecified (Bratich 2008): the seeming prevalence of secrecy in the midst of the explosion of virtual knowledge.

I have offered two scenarios of extreme-deviance-in-transgression: Both paranormal conspiracy narratives and dramas of "extreme killing" recast the moral panic as cultural politics, uncovering "the ways we are manipulated into taking some things too seriously and other things not seriously enough" (Cohen 1972/2002: xxxv). Scenarios of conspiracy, serial/mass murder, and other extreme crimes have proliferated in recent years, and the number is not likely to decrease. In the unreality of the carnival, these narratives are a textual "exploration of the taboos that separate 'us' and 'them', the 'normal' and the 'pathological'" and are "central to the modern experience of otherness" (Jervis 1999: 2). The interpretive perspective of cultural criminology, informed by the concept of scenario, allows for an appreciation of deviance creation in the wider terrain of media culture. On this electronic and virtual stage, deviance and crime are occasions for celebration, through which transgression becomes "a source of dangerous knowledge" (Ferrell, Hayward, and Young 2008: 183). Contemporary life is indeed experienced as a carnival by the consumer, and nowhere is this more apparent than in the seductiveness of scenarios as simple explanations of events with the power to stir our fears.

References

Akers, Ronald L., and Christine S. Sellers (2009): Criminological Theories: Introduction, Evaluation, and Application, New York.

Barkun, Michael. (2003): A Culture of Conspiracy: Apocalyptic Visions in Contemporary America, Berkeley.

Baudrillard, Jean (1981/94): Simulacra and Simulation, Ann Arbor.

Beccaria, Cesare (1764/1986): On Crimes and Punishments, Indianapolis.

Becker, Howard S. (1963/73): Outsiders: Studies in the Sociology of Deviance, New York.

Best, Steven, and Douglas Kellner (1997): The Postmodern Turn, Oxford.

Best, Steven, and Douglas Kellner (2001): The Postmodern Adventure: Science, Technology, and Cultural Studies at the Third Millennium, New York.

Birchall, Clare (2006): Knowledge Goes Pop: From Conspiracy Theory to Gossip, Oxford.

Blumer, Herbert (1969): Symbolic Interactionism: Perspective and Method, Englewood Cliffs, NJ.

Boyer, Paul (1992): And Time Shall Be No More: Prophecy Belief in Modern American Culture, Cambridge, MA.

Bratich, Jack Z. (2008): Conspiracy Panics: Political Rationality and Popular Culture, Albany.

Cohen, Stanley (1972/2002): Folk Devils and Moral Panics: The Creation of the Mods and Rockers. Third Edition, London.

Debord, Guy (1967/94): The Society of the Spectacle, New York.

Denzin, Norman K. (1989a): Interpretive Biography, Newbury Park, CA.

Denzin, Norman K. (1989b): Interpretive Interactionism, Newbury Park, CA.

Denzin, Norman K. (1991): Images of Postmodern Society: Social Theory and Contemporary Cinema, London.

Denzin, Norman K. (1992): Symbolic Interactionism and Cultural Studies: The Politics of Interpretation, Cambridge, MA.

Denzin, Norman K. (1995): The Cinematic Society: The Voyeur's Gaze, London.

Dotter, Daniel (1997): Introduction: The Scenario as Postmodern Interpretive Strategy, in: Sociological Spectrum 17, 249–257.

Dotter, Daniel (2004): Creating Deviance: An Interactionist Approach, Walnut Creek.

Dotter, Daniel, and Julian B. Roebuck (1988): The Labeling Approach Re-Examined: Interactionism and the Components of Deviance, in: Deviant Behavior 9, 19–32.

Douglas, Jack D. (ed.) (1984): The Sociology of Deviance, Boston.

Faris, Robert E. L. (1970): Chicago Sociology: 1920–1932, Chicago.

Fenster, Mark (1999/2008): Conspiracy Theories: Secrecy and Power in American Culture. Revised and Updated Edition, Minneapolis.

Ferrell, Jeff, Keith Hayward, and Jock Young (2008): Cultural Criminology: An Invitation, Thousand Oaks, CA.

Ferrell, Jeff, and Clinton R. Sanders (eds.) (1995): Cultural Criminology, Boston.

Foucault, Michel (1977): Language, Counter-Memory, and Practice: Selected Essays and Interviews, Ithaca, NY.

Fox, James Alan, and Jack L. Levine (2005): Extreme Killing: Understanding Serial and Mass Murder, Thousand Oaks, CA.

Goffman, Erving (1963/86): Stigma: Notes on the Management of Spoiled Identity, New York.

Goode, Erich (2000): Paranormal Beliefs: A Sociological Introduction, Long Grove, IL.

Goode, Erich and Nachman Ben-Yehuda (1994/2009): Moral Panics: The Social Construction of Deviance, Second Edition, Malden, MA.

Goode, Erich, and D. Angus Vail (2008): Extreme Deviance, Thousand Oaks, CA.

Hall, Stuart, and Tony Jefferson (eds.) (1975/2006): Resistance Through Rituals: Youth Subcultures in Post-War Britain. Second Edition, London.

Hayward, Keith J. (2010): Opening the Lens: Cultural Criminology and the Image. Pp. 1–16 in Framing Crime: Cultural Criminology and the Image, Keith J. Hayward and Mike Presdee (eds.), New York.

Hayward, Keith J., and Mike Presdee (eds.) (2010): Framing Crime: Cultural Criminology and the Image, New York.

Hebdige, Dick (1979/2002): Subculture: The Meaning of Style, London.

Hofstadter, Richard (1964/79): The Paranoid Style in American Politics and Other Essays, Chicago.

Holmes, Su, and Sean Redmond (eds.) (2006): Framing Celebrity: New Directions in Celebrity Culture, New York.

Jenks, Chris (2003): Transgression, New York.

Jervis, John (1999): Transgressing the Modern: Explorations in the Western Experience of Otherness, Malden, MA.

Jordan, Glenn, and Chris Weedon (1995): Cultural Politics: Class, Gender, Race and the Postmodern World, Oxford.

Katz, Ephraim (1994): The Film Encyclopedia. Second Edition, New York.

Kellner, Douglas (1989): Jean Baudrillard: From Marxism to Postmodernism and Beyond, Stanford, CA.

Kellner, Douglas (1995): Media Culture: Cultural Studies, Identity and Politics between the Modern and Postmodern, London.

Manjoo, Farhad (2008): True Enough: Learning To Live in a Post-Fact Society, Hoboken, NJ.

Matza, David (1969): Becoming Deviant, Englewood Cliffs, NJ.

McCall, Michal M., and Howard S. Becker (1990): Introduction. In Howard S. Becker and Michal M. McCall (eds.), Symbolic Interaction and Cultural Studies, Chicago, pp. 1–15.

Presdee, Mike (2001): Cultural Criminology and the Carnival of Crime, New York.

Schmid, David (2005): Natural Born Celebrities: Serial Killers in American Culture, Chicago.

Schur, Edwin M. (1980): The Politics of Deviance: Stigma Contests and the Uses of Power, Englewood Cliffs, NJ.

Seltzer, Mark (1998): Serial Killers: Death and Life in America's Wound Culture, New York.

Surber, Jere Paul (1998): Culture and Critique: An Introduction to the Critical Discourses of Cultural Studies, Boulder, CO.

Tithecott, Richard (1997): Of Men and Monsters: Jeffrey Dahmer and the Construction of the Serial Killer, Madison.

Weber, Eugen (1999): Apocalypses: Prophecies, Cults, and Millennial Beliefs Through the Ages, Cambridge, MA.

Kriminalitätskarten in den Medien

Zur Kritik der Kriminalitätskartierung anhand von Beispielen aus dem ZEITmagazin und zum Gegenprogramm einer „Geographie der Kriminalisierungsstrategien"

Bernd Belina

Karten haben dank der neuen Möglichkeiten durch Geographische Informationssysteme, das *Global Positioning System* und kostenlose Services wie *Google Maps* im Alltag und in den Medien Hochkonjunktur. Dies gilt auch und gerade für solche Karten, die die räumliche Verteilung von „Kriminalität" darstellen sollen. Im Folgenden diskutiere ich anhand von Beispielen aus dem ZEITmagazin, dass und warum kartographische Darstellungen von „Kriminalität" in ihrer Herstellungsart hinter die Minimalstandards der Kartographie zurückfallen, ideologische Lesarten nahelegen und schließlich auch reichlich langweilig sind. Letzteres gilt insbesondere im Vergleich zu dem, was man erfahren kann, wenn man sich die Kartenproduktion und die in sie eingehenden (Vor-) Annahmen ansieht, um Rückschlüsse auf die sozialen Verhältnisse zu ziehen, denen sie entstammen.

Bevor im Hauptteil anhand von drei Karten aus dem ZEITmagazin die Kritik der Kriminalitätskartierung (sofern diese Karten als Darstellung „der Kriminalität" verwendet) sowie das Gegenprogramm einer „Geographie der Kriminalisierungsstrategien" (mit den Karten als Gegenstand der Analyse) entwickelt werden, seien einige Ausführungen zum Thema Karten, Kartieren und Kartenkritik vorangestellt.

Überall Karten, alles neu

Auf einer Doppelseite der *Süddeutschen Zeitung* vom 23.10.2010 zum Thema „Neue Weltbilder: Die Karten des 21. Jahrhunderts", ist einleitend zu lesen:

> „Neue Technologien für Datenverarbeitung, Design und Animation haben [...] den Weg in ein neues Zeitalter bereitet, in der die Karte viel mehr ist, als bloße Orientierungshilfe in der Geografie unseres Planeten. [...] Denn die Kraft und Macht der neuen Karten ist weniger die Abbildung von Koordinaten und Daten. Die Kartogra-

phie des 21. Jahrhunderts macht komplexe Zusammenhänge und unübersichtliche Datensätze sichtbar."

Die hier geäußerte Hoffnung, nach der Karten ein Mittel sind, um „komplexe Zusammenhänge und unübersichtliche Datensätze" in den Griff zu bekommen, wird in Medien und Kunst, in Werbeagenturen und Verwaltungen und nicht zuletzt in Wissenschaftsbereichen wie der Geoinformatik oder auch der Kriminologie[1] geteilt; und sie wird in Debatten in Kartographiegeschichte, „Kritischer Kartographie" und „Critical GIS" kritisiert, wobei die im Zitat angesprochene „Macht der Karte" (vgl. Wood 1992, Schneider 2006) im Zentrum der Kritik steht. „Kritik" beinhaltet hier in einem nachgerade klassischen Sinn zunächst ein Verständnis vom Kartenproduktionsprozess und dem, was in seinem Vollzug mit kartierten Informationen geschieht, sowie, darauf aufbauend, ein Warnen vor möglichen unintendierten Konsequenzen und intendierten Instrumentalisierungen dessen (vgl. Harley 1989, Wood 1992, Dodge/Kitchin/Perkins 2009; einführend: Glasze 2009, Michel 2010). Die zentrale Einsicht dieser Debatte ist gleichermaßen banal wie reich an Konsequenzen: Da in Karten notwendig nur einige, aus der komplexen Wirklichkeit abstrahierte Aspekte eingehen, vereinfachen sie letztere stets zweckorientiert und fixieren diese Vereinfachung zusätzlich im Artefakt „Karte". Warum dies problematisch werden kann, habe ich an anderer Stelle folgendermaßen zusammenzufassen versucht:

> „Ist Soziales erst einmal in Form von Punkten, Linien, Flächen und Kartensymbolen dargestellt, kann es leicht als das Gegenteil dessen erscheinen, was es tatsächlich ist: Als Summe individualisierter Entitäten anstatt als durch Verhältnisse bestimmt; als in Zeit und Raum fixiert anstatt als durch Prozesse hervorgebracht und mobil; als evident anstatt als erklärungswürdig; als harmonisch anstatt als umkämpft" (Belina 2009: 195).

Daraus, dass in Karten soziale Wirklichkeit notwendigerweise fixiert und verobjektiviert wird,[2] werden in Teilen der Kritischen Kartographie m. E. zu weitreichende Schlussfolgerungen gezogen, die deutlich über eine inhaltliche Kartenkritik hinausschießen. Insbesondere dort, wo die ernst zu nehmende poststrukturalistische Kritik am „Wahr-Sagen" (Demirović 2008) in den performativen Widerspruch umschlägt, nach dem es wahre Aussagen nicht geben kann (was na-

---

[1] Vgl. für die Kriminologie etwa Beck & McCue (2009), die nach Art der Wahrsagerei „predictive policing" auf der Basis von Kriminalitätskartierungen propagieren, oder Hartwig (2001), der den Einsatz von GIS zur Kriminalitätserklärung empfiehlt

[2] Die Fixierung erscheinen in interaktiven Karten teilweise aufgehoben; gleichwohl stellen auch diese soziale Prozesse als Punkte, Linien, Flächen und Kartensymbole dar.

türlich eine Aussage mit Wahrheitsanspruch ist), werden alle Karten unterschieds-
los als zu dekonstruierende Texte verstanden (vgl. als Übersicht: Kitchin/Perkins/
Dodge 2009). Indem hier abstrakt „die Karte" zum Gegenstand der Kritik wird,
wird vom konkreten Inhalt real existierender Karten und damit von den mit ihnen
verfolgten (und benennbaren) sozialen Zwecken sowie der Zweckmäßigkeit der in
sie eingehenden Abstraktionen abgesehen. Alle Karten sind dann gleich (schlecht),
weil sie angeblich gleichermaßen der Fiktion der Möglichkeit der Repräsentation
von Wirklichkeit aufsitzen.

Als Folge dessen ist an der poststrukturalistischen Kartenkritik auch ihr
Absehen von der konkreten Kartenproduktionspraxis zu bemängeln, die – im
Alltag des Karten-Machens evident, im Dekonstruktivismus gleichgültig – von
höchst unterschiedlicher Qualität sein kann. Letzterer Aspekt wird von der Kar-
tendefinition der Internationalen Kartographischen Vereinigung (naheliegender
Weise) besonders betont, nach der eine Karte eine „versinnbildlichte Repräsentation geographischer Realität [ist], die auf der Kreativität und den Entscheidungen
eines Kartographen (oder heute auch einer Kartographin) beruht und bestimmte
Aspekte und Charakteristika darstellt, um räumliche Beziehungen abzubilden"
(zit. nach Schneider 2006: 7). Im Folgenden interessiert mich die Qualität einiger
Kriminalitätskartierungen aus dem ZEITmagazin im Hinblick darauf, welche
Aussagen sie im Bezug auf „Kriminalität" transportieren und welche Schlussfolgerungen sie nahelegen. Meine zentrale Kritik lautet: Weil die Karten auf gängi-
gen Denkweisen über „Kriminalität" basieren und diese darzustellen versuchen,
basieren sie auf falschen Abstraktionen, die aus dem komplexen sozialen Prozess
der Kriminalisierung ein vermeintliches „Ding" namens „Kriminalität" machen,
dass durch seine Fixierung auf der Karte noch weiter verdinglicht wird (vgl. ausführlich hierzu Belina 2009, 2007; zum Zusammenhang von „Raum" und „Kriminalität": Belina 2006).

Kriminalitätskartierungen im ZEITmagazin – drei Beispiele

Seit dem Start des neuen ZEITmagazin im Mai 2007 erscheint dort jede Woche
eine Deutschlandkarte, auf der „das ganze Leben" (Stolz 2009b) in seinen unterschiedlichen, teils launigen, teils ernsten Aspekten aufwändig gestaltet und häufig
innovativ in Karten dargestellt wird. Im Folgenden diskutiere ich anhand von drei
in diesem Zusammenhang erschienenen Karten einige zentrale Aspekte der Kritik
von Kriminalitätskarten.

Einbruch

Eine Auswahl von Karten aus dem ZEITmagazin der ersten Jahre wurde als Buch veröffentlicht (Stolz 2009a). Hier findet sich neben Karten etwa zur Brauereiendichte, zu Scheidungsraten (auf Landkreisebene), Verteilung von Open Air Festivals, Übergewicht (nach Bundesländern) oder der Herkunft der Gewinner bei der Fernsehsendung „Wer wird Millionär?" auch eine Darstellung der räumlichen Verteilung von Wohnungseinbrüchen, die auf der Polizeilichen Kriminalstatistik (PKS) basiert und die dort registrierten Einbrüche auf Landkreisebene, graphisch an eingeschlagene Fensterscheiben erinnernd, darstellt (Karte 83). An diesem Beispiel sei ein Grundproblem so ziemlich aller Kriminalitätskartierungen skizziert: Sie basieren auf der „registrierten Kriminalität", was angesichts dessen, was landläufig unter „Kriminalität" verstanden und in diesem Band an zahlreichen Stellen kritisiert wird, einen Unterschied ums Ganze macht. Denn die PKS „bietet [...] kein getreues Spiegelbild der Kriminalitätswirklichkeit" – so das Bundeskriminalamt (2008: 7), das die PKS zusammenstellt und jährlich publiziert. Sie ist vielmehr ein „kulturelles Produkt" (Ostermeier 2008: 111), in dem sich die Anzeigenbereitschaft der Bevölkerung sowie die Kontroll- und Anzeigenaufnahmepraxen der Polizei ausdrücken (vgl. ausführlich zum Zustandekommen von und Einflüssen auf die Kriminalstatistiken: Belina 2006: 85–93). So interpretiert, kann aus ihrer Entwicklung die „Geschichte der Kriminalisierungsstrategien" (Cremer-Schäfer/Steinert 1986: 98) rekonstruiert werden, aus ihr sind also Phasen der Kriminalisierung spezieller Gruppen in öffentlichen Diskursen, in verbreiteten Deutungsmustern und in polizeilichen Praxen abzulesen (vgl. zu „Jugendkriminalitätswellen": Cremer-Schäfer 2010).

Dasselbe gilt in räumlicher Hinsicht auch für Kriminalitätskartierungen: Sie zeigen vor allem an, an welchen Orten das Label „Kriminalität" für eine Handlung besonders häufig von anzeigender Bevölkerung und Anzeigen aufnehmender bzw. selbst kontrollierender Polizei vergeben wurde, welche Orte also besonders oft kriminalisiert wurden. Beim im ZEITmagazin kartierten Delikt „Wohnungseinbruch" etwa spielen hierbei Aspekte wie Versicherung, (ersetzbarer) Schadensumfang, Möglichkeit und Interesse an der Wahrnehmung als Einbruch, „Draht" zur Polizei u. v. a. m. eine Rolle. Das mindeste, was man also von einer Kriminalitätskartierung erwarten müsste, wäre der deutliche Hinweis darauf, dass es sich beim Kartierten um die *registrierte Kriminalität* handelt; noch treffender wäre es gleich von *Kriminalisierung* zu sprechen.

Straßenkriminalität

Genauer eingehen will ich auf eine Karte, die 2009 unter dem Titel „Die Kriminalität der Straße" erschienen ist, weil in ihr der Umgang mit „der Kriminalität" sowie der Polizeilichen Kriminalstatistik besonders deutlich wird; und weil hier die Kartengestaltung in besonders deutlicher Weise weitere Fehlschlüsse nahelegt.

Abbildung 1   Karte, die unter dem Titel „Die Kriminalität der Straße" mit einem Begleittext im ZEITmagazin erschienen ist; Quelle: http://www.zeit.de/2009/41/Deutschlandkarte-41; Zugriff am 04.03.10

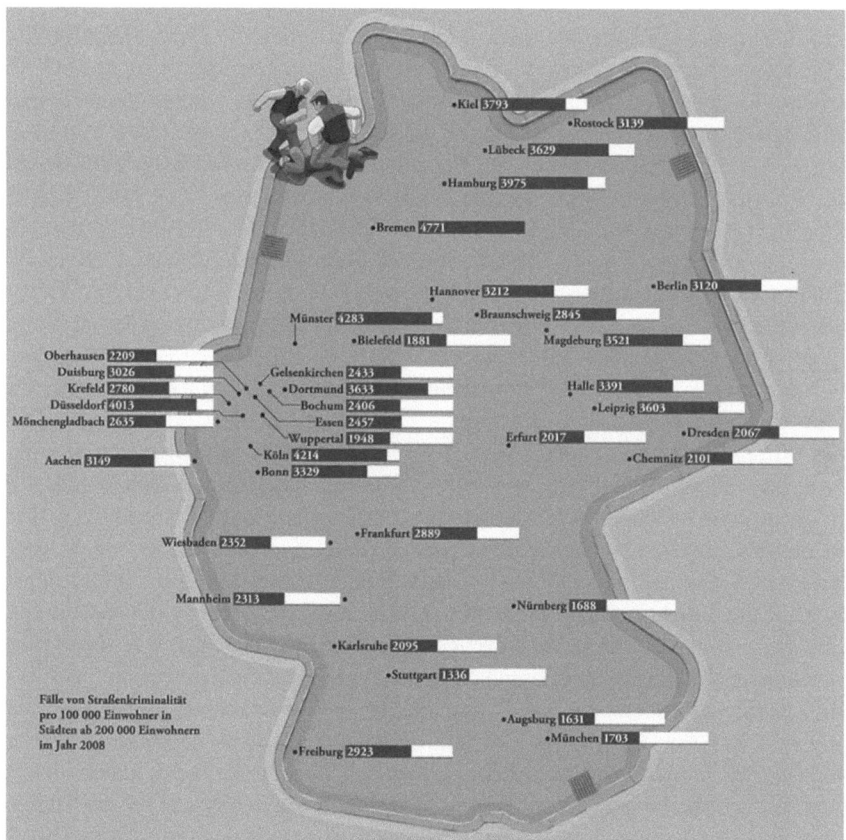

Die Gestaltung der Karte ist bezüglich der Darstellung des Themas wenig innovativ, ja eher schon primitiv. Statt die verwendeten Daten als Flächensignaturen oder mittels unterschiedlich großer oder gefärbter Symbole darzustellen, wodurch ihre Verteilung auf den ersten Blick erschließbar wäre (was die eigentliche Aufgabe thematischer Karten ist), werden die Daten schlicht als Balkendiagramme für Städte mit über 200.000 Einwohner_innen dargestellt, um deren „Straßenkriminalität" es hier geht. Die Darstellung ähnelt somit jener in einem einfachen Diagramm, das, wenn nicht besser, so zumindest gleich gut lesbar gewesen wäre. An gestalterischen Elementen ist ansonsten die Darstellung der Grenze des Territoriums der BRD als Bordsteinkante sowie das Bild in der Gegend Ostfrieslands zu nennen (auf letzteres ist noch einzugehen).

In der Legende zur Karte wird behauptet, es wären „Fälle von Straßenkriminalität" abgebildet, und nicht, was erneut die Mindestanforderung an einen korrekten Umgang mit Daten dargestellt hätte, *angezeigte* Fälle. Dieser Unterschied ist jedoch erneut entscheidend – und beim hier kartierten Delikt sogar noch relevanter als beim o. g. „Wohnungseinbruch". Das aus Abb. 1 hervorgehende und im Begleittext auch explizit genannte Nord-Süd-Gefälle wird häufig in Aussagen wie „im Norden gefährlich, im Süden sicher" übersetzt. Dieser Schluss auf die vermeintlich tatsächliche Gefahr für Leib und Leben auf offener Straße ist aber nicht haltbar, wenn klar ist, dass mit der registrierten „Straßenkriminalität" Kriminalisierungen – und nicht „die Kriminalität" – dargestellt sind. Denn die Quantität dieser Kriminalisierungen kann von sehr vielen verschiedenen Faktoren abhängen, von denen das, was auf der Straße so passiert, nur einer ist – und zwar ein vermutlich eher unbedeutender.

Wenn etwa, wie dies Lars Ostermeier (2008) für München zeigt, in der Organisation Polizei eine niedrige gemessene Kriminalitätsbelastung „zum Symbol und Mittel des ‚Erfolgs'" (ebd.: 113) geworden ist, gibt es gute Gründe dafür, die Anzeigeaufnahme nicht zu dramatisieren. Was man umgangssprachlich vielleicht als „Rauferei" bezeichnen würde, werden Polizistinnen und Polizisten dann eher als minder schweres Delikt kategorisieren, z.B. als „(vorsätzliche leichte) Körperverletzung" und nicht als „schwere Körperverletzung", womit die Rauferei nicht mehr in die Sammelkategorie „Straßenkriminalität" eingine. Oder sie würden eher dazu neigen es z. B. dabei bewenden zu lassen, den Beteiligten ins Gewissen zu reden und eine Entschuldigung herbeizuführen – und die Sache somit gar nicht als Anzeige aufzunehmen. Auch kann es sein, dass sie dann eine Rauferei unter „jugendlichen Ausländern" als – kulturalistisch ideologisiert – „kulturspezifische Alltagspraxis" oder – näher am Berufsalltag – als „ihr Problem, wir halten uns da raus" interpretieren und ebenfalls von einer Anzeigenaufnahme absehen. Anders liegt der Fall etwa in einem Kontext wie jenem, ebenfalls von Ostermeier (2008) untersuchten, von Hamburg, wo in der Konkurrenz von Parteien und Boulevardzeitungen um das „härtere Durchgreifen" ein Konsens besteht, die Stadt sei „zurückzuerobern" (ebd.: 115). Ein solcher Blick auf die Gefährlichkeit der Straßen und Plätze der Stadt mündet bei der Anzeigeaufnahme tendenziell darin, dass die Kategorien der schwereren Delikte bevorzugt werden. Eine Rauferei unter Beteiligung „jugendlicher Ausländer" wird dann vermutlich eher als typischer und eindeutiger Fall von schwerer Bedrohung der Stadt durch Migranten interpretiert, der auf jeden Fall strafrechtlich verfolgt werden müsse.

Hinzu können auch etwa bürokratische Vorgaben des Controlling im Rahmen von *New Public Management*-Reformen kommen, bei denen etwa (nur) eine bestimmte Quantität bearbeiteter Fälle als Ausweis einer effizienten Polizeiarbeit gilt. Hans-Jürgen Lange und Jean-Claude Schenck (2004: 329 f.), die solche Mechanismen bei der Polizei in teilnehmender Beobachtung untersucht haben, geben als Interpretation ihren Eindruck wieder, dass „die geforderten Ziele eben ‚geliefert' [werden], wobei die Erhebung der Daten mitunter sehr ‚flexibel' gehandhabt wird".

Es können also verschiedene, räumlich unterschiedlich verteilte Aspekte der Vergesellschaftung einen Einfluss auf die registrierte Kriminalität haben. Aus Abb. 1 – wie auch im Begleittext – ein „Nord-Süd-Gefälle" der Bedrohung für Leib und Leben auf der Straße zu folgern, ist dann ein durch die verwendeten Daten nicht gedeckter Schluss, mithin ein Fehlschluss, der auch und gerade durch die Darstellung als Karte nahegelegt wird. Denn der Karte sind all die Einflussfaktoren auf die Ausprägung der Größe „Straßenkriminalität" nicht zu entnehmen, ja sie sind noch nicht einmal angedeutet. Dasselbe gilt leider auch für den Begleittext, wo dies allerdings nicht an der Darstellungsform liegt, sondern Warnhinweise zur Interpretation leicht möglich gewesen wären. Leider ist das Gegenteil der Fall; der Autor übt sich dort vielmehr in kriminologischen *ad hoc*-Thesen:

> „Im Süden haben die Menschen bessere Aussichten auf einen Job, sie kommen seltener auf die Idee, Autos aufzubrechen oder zuzuschlagen. Stadtviertel, in denen es fast zur Gewohnheit geworden ist, kriminell zu sein, sind hier seltener. Stuttgart hat die geringste Quote, so gering, dass Kriminologen überlegen, ob es an der schwäbischen Mentalität liegen könnte. Am höchsten ist die Quote in Bremen und in Münster. Bremen ist sehr arm, Münster eine sehr junge Stadt: gutes Nachtleben, es wird viel gefeiert – und da passiert leider auch mehr. Bielefeld, gleich daneben, ist langweiliger und friedlicher."

Als mögliche Erklärungen für die dargestellten Daten werden hier also der Arbeitsmarkt, regionale Mentalitäten sowie das Durchschnittsalter der Bevölkerung benannt. Hierzu einige Anmerkungen aus der Sicht einer „Geographie der Kriminalisierungsstrategien", die sich aus der räumlichen Verteilung von Kriminalisierungen Hinweise auf die Kriminalisierungsprozesse erhofft, die Karten mithin als Untersuchungsmaterial und nicht als Darstellung des Untersuchungsergebnisses

verwendet: Auch wenn ein Zusammenhang von Armut und Arbeitslosigkeit auf
der einen Seite und kriminalisierbaren Handlungen auf der anderen nicht ganz un-
plausibel wirkt, gilt doch zum einen, dass Arme und Arbeitslose als Tatverdächtige in die PKS-Daten vor allem deshalb kommen, weil bei ihnen der Tatverdacht
plausibel *erscheint*; und zum anderen, dass diese Plausibilität selbst – zumindest
zu einem guten Teil – erst durch die Polizeipraxis und die resultierenden Statistiken im Konzert mit öffentlichen Debatten und einer Kakophonie vieler anderer
Stimmen (Sozialarbeit, Kriminologie etc.) immer wieder aufs Neue hergestellt
wird (vgl. Cremer-Schäfer 2002). „Mentalitäten", die „die Kriminologen" zur Erklärung der Sicherheit in Stuttgart heranziehen, können einen Einfluss auf die
PKS-Daten haben – sofern sie erstens in nicht-kulturalistischer Weise als sozial
hergestellte und von Gruppen geteilte, aber auch stets aktualisierte Deutungsmuster verstanden und zweitens zum Verständnis der Anzeigenbereitschaft der
Bevölkerung bzw. der Interpretationen von Polizeibeamt_innen herangezogen
werden. Eine kleine Irritation erhält die Denkweise von der „schwäbischen Menta-
lität" und dem „Nord-Süd-Gefälle" möglicherweise auch durch den Hinweis, dass
Stuttgart neben – den ebenfalls süddeutschen Städten – Frankfurt am Main und
München den höchsten Ausländeranteil der Städte mit über 500.000 Einwohnern
aufweist. Der im Begleittext nicht genannten, aber ebenfalls weit verbreiteten
Denkweise, nach der „Ausländer" „krimineller" seien, läuft die niedrige „Kriminalitätsbelastung" in diesen Städten jedenfalls zuwider. Auch (jugendliches) Alter
und mit ihm verbundene Verhaltensweisen sind vor allem im Bezug darauf interessant, dass sie als „Kriminalisierungsauslöser" relevant werden können. Die
Fragen, warum und auf welche Weise Kinder und Jugendliche als „gefährlich"
konstruiert werden, ist vielfach untersucht worden (vgl. Hay 1995, Hirschfield
2008, Landolt/Backhaus 2009). Da diese Kriminalisierungen mit verschiedenen
„Geographien der Kontrolle" einhergehen (vgl. Belina/Strüver 2010), weil also
auf ihrer Basis bestimmte Räume als „riskant" gelten, können sie kleinräumige
Unterschiede der Kriminalisierungsstrategien nach sich ziehen.

Die im Begleittext genannten Erklärungen von „Kriminalität" sind also zum
einen „langweilig", weil sie nicht haltbare Abstraktionen und Unterstellungen
beinhalten. Zum anderen lassen sich die in Abb. 1 dargestellten Kriminalisie-
rungsunterschiede vermutlich viel einfacher erklären, wenn man nur einmal den
Inhalt der darin abgebildeten Daten zur Kenntnis nimmt, also die Strafanzeigen,
die unter „Straßenkriminalität" zusammengefasst werden. Eine wahrscheinliche,
anhand der vorliegenden Daten aber nicht zu überprüfende Erklärung für die Unterschiede könnte darin liegen, dass in den „Fahrradstädten" Bremen und Münster
(vgl. Lötscher/Mayer/Monheim 2001) Fahrraddiebstähle (die ebenfalls zur „Straßenkriminalität" zählen) häufiger angezeigt werden als etwa in Stuttgart, einfach
deshalb, weil dort weit weniger Rad gefahren wird.

Um etwas über das Zustandekommen des immer wieder konstatierten (und nicht zuletzt auch in Wahlkämpfen präsenten) „Nord-Süd-Gefälles der Kriminalitätsbelastung" zu lernen, kann die Interpretation einer Karte mit PKS-Daten einen Einstieg bilden. Wie etwa Keith Harries (1999: 35–38) in seiner Einführung ins *crime mapping* für Polizist_innen betont, ist dies eine sinnvolle Art und Weise, Kriminalitätskarten als das zu nehmen, was sie sind: Abstraktionen, die es stets zu interpretieren gilt (was derselbe Autor an anderer Stelle auf hohem Niveau durchexerziert, vgl. Harries 2006). Um diese Interpretation auf solide Füße zu stellen, bedarf es dann allerdings empirischer Studien, wie die erwähnte von Ostermeier (2008), in der Kriminalisierungen in Hamburg und München verglichen werden, oder jene von Peter Wetzels und Christian Pfeiffer (1996), die systematisch nach den Gründen für ein registriertes „Nord-Süd-Gefälle" fahnden, indem sie untersuchen, zu welchen Anlässen in verschiedenen Teilen der Republik die Polizei geholt wird – und zu welchen nicht. Weil eine solche Vorgehensweise zur Erklärung der registrierten Kriminalitätsbelastung bzw. der „Geographie der Kriminalisierungsstrategien" aber leider viel komplizierter ist als die polizeilichen Daten schlicht als Ausweis „der Kriminalität" heranzuziehen, lässt sie sich auch kaum bis gar nicht sinnvoll kartieren.

Aber zurück zur Karte, die hier zur Debatte steht: In Abb. 1 erfährt man nicht nur nicht, dass die PKS nur angezeigte Delikte zusammenfasst. Ihr ist auch nicht zu entnehmen – weder der Karte noch dem Text –, welche Delikte dort unter „Straßenkriminalität" subsumiert werden. Wenn schon mit PKS-Daten gearbeitet wird, so sollten diese, so eine weitere Mindestanforderung an den korrekten Umgang mit Daten, in ihrer Bandbreite kommuniziert werden. Zwar ist es nicht ganz falsch, dass zur „Straßenkriminalität" – einer separat ausgewiesenen Sammelkategorie der PKS –, wie es im Text heißt, „Handtaschendiebstahl genauso gehört wie Autoknacken und Körperverletzung". Aber schon der Blick auf Zusammensetzung und Quantität dieser registrierten Delikte relativiert die Aussagekraft der Karte deutlich – auch für eine „Geographie der Kriminalisierungsstrategien". Von den insgesamt 1.490.158 Delikten, die 2008 bundesweit in der Rubrik „Straßenkriminalität" zusammengefasst wurden (was 24,4 % aller erfassten Delikte ausmacht, womit die schwache Trennschärfe der Kategorie angedeutet ist), entstammen 37.184 der Unterkategorie „Diebstahl von Kraftwagen (inklusive unbefugter Gebrauch)", 127.063 sind „Diebstahl an Kraftfahrzeugen" (etwa von Nummernschildern oder Autoantennen) und 290.323 „Diebstahl in/aus Kraftfahrzeugen". Beim weitaus größten Teil von Delikten „rund um den PKW" handelt es sich also um kleinere Diebstähle. „Autoknacken" hingegen klingt tendenziell nach Diebstählen ganzer Fahrzeuge, die aber nur 2,5 % der „Straßenkriminalität" ausmachen. Noch deutlicher ist die Dramatisierung, wenn man den ersten Satz des Begleittextes zur Karte („In München wurde ein Mann öffentlich zu Tode getreten.") mit den dargestellten Daten vergleicht: In die „Straßenkriminalität" gehen nur „gefährliche und schwere Körperverletzung auf Straßen, Wegen oder Plätzen" ein, von denen in 2008 72.904 registriert wurden. Das entspricht weniger als fünf Prozent der „Straßenkriminalität". Durch den Begleittext wird jedoch der Schluss nahegelegt, die dargestellten Balken zeigten die Gefahr an, „öffentlich zu Tode getreten" zu werden. Weil zudem kurz nach dem Todesfall in München, auf den der Eingangssatz des Begleittextes verweist, jede_r Leser_in weiß, dass als Tatverdächtige zwei Jugendliche gefasst wurden, trägt die Karte in Abb. 1 weiter zur Kriminalisierung des Lebensalters „Jugend" bei, was hier zudem mit einer spezifischen „Geographie" in Verbindung gebracht wird: der ÖPNV erscheint als „krimineller Ort", an dem Jugendliche eine Gefahr darstellen (vgl. ausführlich Belina/Strüver 2010).

Da bei Karten der Begleittext weit weniger wahrgenommen wird als weitere Visualisierungen, sei abschließend zu Abb. 1 auf die bereits erwähnte, in der Gegend von Ostfriesland dargestellte Szene eingegangen. Sie legt unmittelbar die Annahme nahe, dass in der Karte schwere Gewalttaten auf offener Straße abgebildet seien, die demnach in Bremen oder Münster weit häufiger stattfänden als etwa in Stuttgart. Nach dem Bisherigen ist klar, warum das zu kritisieren ist: Als „Gewalttaten" kategorisierte Anzeigen machen den geringsten Teil der dargestellten „Straßenkriminalität" aus, und warum sie als solche kategorisiert wurden, ist noch einmal eine ganz andere Frage. Der Subheader des Begleittextes lautet aber: „In München wurde ein Mann öffentlich zu Tode getreten. Da mag man fragen, wie sicher Städte in Deutschland sind. Hier können Sie es sehen." Im letzten Satz wird die eingangs erwähnte „Macht der Karte" angerufen und evoziert. Natürlich ist die Karte nicht als Artefakt mit Macht ausgestattet, ihre Macht besteht darin, Lesarten vor- oder nahezulegen. Und genau dies wird mit dem Begleittext unterstützt: „Hier können Sie es sehen." – das heißt: So ist es, in diesen Städten sind Szenen wie jene links oben auf der Karte an der Tagesordnung, im öffentlichen Raum droht Gefahr für Leib und Leben etc. Wenn Helga Cremer-Schäfer (2010: 189) zu Recht feststellt: „Im Gegenstand des Berichts, im Kriminalitäts-Maß ist die Praxis der Messung unsichtbar", dann gilt das in verschärfter Form für die kartographische Darstellung gemessener „Kriminalität". In der Karte wird die Verdinglichung der sozialen Prozesse der Kriminalisierung noch um eine Stufe weitergetrieben, als Karte erscheinen ihre Resultate endgültig als „Dinge".

Rechte Gefahr

Auf eine dritte Karte aus dem ZEITmagazin (Abb. 2) sei eingegangen, um weitere, über die Verdinglichung von Kriminalisierungsprozessen zu „Kriminalität" hinausgehende ideologische Leistungen der Kriminalitätskartierung zu diskutieren:

Am 30. Juli 2009 werden unter dem Titel „Rechte Gewalt" mit weißen Kreuzen auf einer grauen Deutschlandkarte Fälle dargestellt, in denen im Zeitraum 1990 bis 2008 Menschen in Folge rechter Gewalt zu Tode gekommen sind (Stolz 2009c). Im Begleittext wird der (m. E. löbliche) Versuch unternommen, mit der Karte gegen eine Reduzierung rechter Gewalt auf ein Problem Ostdeutschlands zu plädieren: „Auffällig häufig waren Gewalttaten im hohen Norden, und im Ruhrgebiet stehen die Kreuze dichter als in Sachsen." Gleichwohl ist auch diese Karte für ihre qua Darstellung kommunizierten Verkürzungen zu kritisieren.

Abbildung 2   Karte aus Stolz (2009c); dem ZEITmagazin sei für die freundliche Überlassung der Abb. gedankt

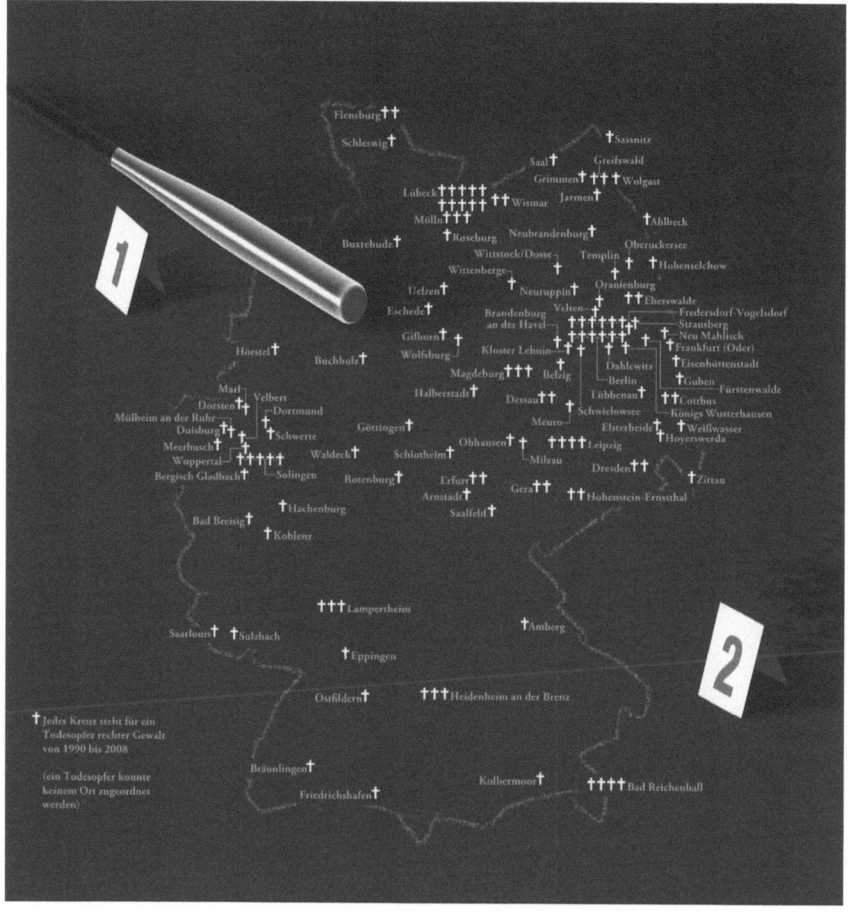

Die an einen Tatort erinnernde Darstellung mit einem riesigen Baseballschlä-
ger als Gestaltungselement legt eine Lesart nahe, die das Thema „rechte Gewalt"
stark in Richtung einer ausschließlich skandalisierenden und individualisierenden
Weise betrachtet wissen will. Diese ist insbesondere angesichts der weitreichenden Akzeptanz der ideologischen Grundlagen rechter Gewalt in der „gesellschaftlichen Mitte" (vgl. etwa: Forum für Kritische Rechtsextremismusforschung 2007)
sowie der Ausblendung der gesellschaftlichen Konkurrenzverhältnisse, innerhalb
derer Gewalt gegen Minderheiten und Schwächere als Bewährung des Selbst überhaupt nur sinnvoll wird (vgl. Huisken 1996), dem Thema gerade nicht angemessen.
Aus einem gesellschaftlichen Phänomen wird in der Darstellung ein individuelles,
das sich auf Täter und Opfer reduziert. Dies ist umso bemerkenswerter, als die
Daten der Karte einer Online-Publikation aus der Reihe „Nationalatlas aktuell"
(http://aktuell.nationalatlas.de) des Leibnitz-Instituts für Länderkunde entstammen, in der das zehnbändige Mammutprojekt des „Nationalatlas Deutschland"
(2000–2006; vgl. http://www.ifl-nationalatlas.de/index2.htm) mit anspruchsvol-
len Karten zu aktuellen Themen weitergeführt wird. Im Begleittext des Beitrags,
dem das ZEITmagazin die Daten entnommen hat (Schipper 2009), werden die
gesellschaftlichen Bezüge ebenso wie die Probleme der Datengrundlage deutlich
diskutiert und es wird betont:

> „Der Beitrag will daher eine Darstellung produzieren, die rechtsextreme Schwer-
> punkte zwar aufzeigt, diese aber nicht verobjektiviert und essentialisiert. In kon-
> struktivistischer Perspektive soll der Produktionsprozess offen gelegt werden und
> bei jedem vermeintlichen Indikator kritisch hinterfragt werden, welches Phänomen
> *tatsächlich* kartiert wurde." (Schipper 2009)

Auch wird im Text deutlich gemacht, dass „rechte Gewalt" nur im Zusammenhang mit ihrer ideologischen Basis am rechten Rand ebenso wie in der Mitte der
Gesellschaft sinnvoll zu thematisieren ist. Um diese Aspekte in insgesamt sieben
Karten abzubilden, sind in diesen Wahlergebnisse, Gewalttaten auf der Basis verschiedener Datenquellen (inklusive des Medienechos auf rechte Gewalt), sowie
für Sachsen und Bayern in je einer Karte Wahlergebnisse, Gewalttaten und rechte Institutionen zusammen eingezeichnet. Ins ZEITmagazin aber schaffte es nur
eine umgestaltete Version jener zu den Todesopfern rechter Gewalt – mithin die
am stärksten eine Individualisierung nahelegende und von den gesellschaftlichen
Verhältnissen abstrahierende Karte.

Eine andere Karte hat sich die rechte Internetplattform Altermedia heraus-
gepickt. Unter der Überschrift „Wo MenschInnen keine Freude haben! – Der
neue ,Reise-Atlas' ist da", ist eine Karte aus „Nationalatlas aktuell" zu den Wahl-
ergebnissen rechter Parteien abgebildet (vgl. http://de.altermedia.info/general/

wo-menschinnen-keine-freude-haben-der-neue-%E2%80%9Ereise-atlas%E2%
80%9C-ist-da-06-07-09_31500.html; 09.12.10). In den Kommentaren wird – neben den üblichen, nicht spezifisch auf die Karte bezogenen Hetzparolen – gelobt,
dass man dank der Karte „endlich weiß […], wo die Menschen noch ein nationa-
les Empfinden haben", und es ist davon die Rede, dass diese Karte eine Hilfe sei
bei der „Urlaubsplanung" oder der Suche nach „Wohnsitz" oder „Altersruhesitz".
Diese Aneignung einer Karte, die zu ganz anderen Zwecken und in einem diese
Zwecke auch verdeutlichenden Kontext erstellt wurde, demonstriert eindrucksvoll,
dass bei Karten stets verschiedene Lesarten möglich sind. Die Abstraktion als
Karte, also die verdinglichten Informationen über Gesellschaft, die Karten enthalten, ermöglichen diese unterschiedliche Aneignungspraxis erst. Nur den Begleittext aus „Nationalatlas aktuell" etwa hätten Rechte nicht so umdeuten können, wie
sie es mit der Karte getan haben. Die „Macht" eine bestimmte Lesart vorzugeben
residiert mithin nicht in „der Karte", eine solche wird von ihr nur nahegelegt; die
„Macht der Karte" besteht darüber hinaus auch und gerade darin, dass sie qua
Abstraktion unterschiedliche konkrete Aneignungen ermöglicht.

Zwischenfazit

Die Karten im ZEITmagazin scheinen ein Erfolg zu sein, und nicht wenige von
ihnen halte ich für graphisch nett gemacht, informativ oder amüsant (endlich weiß
man, wo Friseure „Haareszeiten", „Haarmonie" und „Haargenau" heißen! Vgl.
Stolz 2009b: Karte 5). Allerdings stellen jene unter ihnen, in denen „Kriminalität"
dargestellt wird, für kriminologisch Informierte ebenso wie für alle, die schon
einmal eine Karte gemacht und sich dabei mit der Bedeutung des kartographisch
Dargestellten befasst haben, also mit Qualität und Aussagekraft der zur Verfügung stehenden Daten, langweilige Artefakte dar, die über die Gefahr Opfer eines
Wohnungseinbruchs, von „Straßenkriminalität" oder rechter Gewalt zu werden
nichts aussagen. Spannend wird es, wenn man sich die Karten als Gegenstände einer „Geographie der Kriminalisierungsstrategien" genauer ansieht. Dann
dienen die Karten als Material, dessen Interpretation mit Hilfe von sinnvollen
Hypothesen über räumliche Unterschiede von Kriminalisierungen erfolgen müsste. Warum werden in manchen Gegenden mehr Wohnungseinbrüche angezeigt
als in anderen? Wie setzt sich „Straßenkriminalität" zusammen, und wie lässt
sich die räumlich unterschiedliche „Belastung" mit ihr etwa mit der räumlich
unterschiedlichen Anzeigen- und Kontrollpraxen erklären? Und welche gesellschaftlichen Zusammenhänge bestehen zwischen rechter Ideologie, rechten Institutionen und als rechte identifizierte Gewalt? Um sich letzterem Aspekt – nicht als
„Größe", sondern als existierendes soziales Phänomen – anzunähern, kann eine

Weiterarbeit an den Karten bei Schipper (2009) sinnvoll sein, in denen verschiedene Arten der Registrierung von „rechter Gewalt" dargestellt sind (unter denen
die staatliche Datensammlung nur eine ist). Denn eine kritische Befassung mit
Kriminalitätskartierungen muss sich nicht in der Kritik einzelner Karten und der
durch sie nahegelegten bzw. der durch sie ermöglichten oder ausgeschlossenen
Lesarten erschöpfen, sie kann und sollte sich der Produktivität von Karten (erneut:
nicht als Artefakte, sondern als zweckmäßige und zu interpretierende Abstraktionen) auch selbst annehmen und sich diese zu Nutze machen.

Fazit und Ausblick: Versprechen und Untiefen der Kriminalitätskartierungen

Kriminalitätskartierungen haben nicht nur in den Medien Hochkonjunktur. In
Fachjournalen und auf Tagungen werden sie diskutiert und weiterentwickelt und
von Polizeien weltweit zunehmend zum Einsatz gebracht. Ihre in diesem Beitrag
diskutierten Untiefen, also die Folgen der Verdinglichung von Kriminalisierungsprozessen zu „Kriminalität", sind in der Praxis aber gerade kein Hindernis, sondern, so mein an anderer Stelle entwickeltes Argument (vgl. Belina 2009), der
Grund ihres Erfolges. Die Passfähigkeit von Kriminalitätskarten mit einer vom
Sozialen absehenden und auf Risikokalkulationen basierenden Kriminalpolitik,
die sich um Gründe nicht schert und „Kriminalität" als zu verwaltendes und/oder
zu bestrafendes Problem betrachtet (Feeley/Simon 1992, Garland 1996) mittels
dessen regiert werden kann (Simon 2007), macht diese Technologie zu einem
adäquaten Instrument aktueller staatlicher Kontrolle. Die Reproduktion dessen
in den Medien ist, in diesen weiteren Zusammenhang gestellt, vor allem Legi-
timationsideologie und ein Aspekt der Hegemonialisierung dieser spezifischen,
neoliberalen Sicht auf „Kriminalität".
    Sich an den Debatten zur technischen, statistischen und kartographischen
Verbesserung der Verfahren und zu den Einsatzmöglichkeiten des *crime mapping*
zu beteiligen ist für eine kritische Kriminalgeographie langweilig. Spannend werden die aktuellen Debatten und Praktiken, wenn man sie als das betrachtet, was
sie sind: Versuche, über die Verräumlichung von „Kriminalität" soziale Kontrolle
auszuüben. Dann werden auch die Kriminalitätskarten, die von ihren offiziellen
Zwecken her betrachteten kreuzlangweilig sind, weil sie das Erhoffte nie und
nimmer darzustellen vermögen, interessant. Dann beginnt eine kritische „Geographie der Kriminalisierungsstrategien".

Literatur

Beck, Charlie/McCue, Colleen (2009): Predictive Policing: What Can We Learn from Wal-Mart and Amazon about Fighting Crime in a Recession? In: The Police Chief 76(11), S. 18–25.

Belina, Bernd (2009): Kriminalitätskartierung – Produkt und Mittel neoliberalen Regierens, oder: Wenn falsche Abstraktionen durch die Macht der Karte praktisch wahr gemacht werden, in: Geographische Zeitschrift 97(4), 192–212.

Belina, Bernd (2007): Zur Kritik von Kriminalgeographie und Kriminalitätskartierung, in: Tzschaschel, Sabine/Wild, Holger/Lentz, Sebastian (Hg.): Visualisierung des Raumes – Forum IfL 6, Leipzig, 241–255.

Belina, Bernd (2006): Raum, Überwachung, Kontrolle, Münster.

Belina, Bernd/Strüver, Anke (2010): Junge Menschen als gefährliche und gefährdete Raumaneigner/innen. Zum Verhältnis von Kindheit/Jugend, Risiko und (städtischem) Raum in der Humangeographie, in: Berichte zur deutschen Landeskunde 84(3), 217–235.

Bundeskriminalamt (2008): Polizeiliche Kriminalstatistik Bundesrepublik Deutschland. Berichtsjahr 2007, Wiesbaden.

Cremer-Schäfer, Helga (2010): Die Jugendkriminalitätswelle und andere Kriminalisierungsereignisse, in: Dollinger, Bernd/Schmidt-Semisch, Henning (Hg.): Handbuch Jugendkriminalität, Wiesbaden, 187–202.

Cremer-Schäfer, Helga (2002): Formen sozialer Ausschließung. Über den Zusammenhang von „Armut" und „Kriminalisierung", in: Anhorn, Roland/Bettinger, Frank (Hg.): Kritische Kriminologie und Soziale Arbeit, Weinheim/München, 125–146.

Cremer-Schäfer, Helga/Steinert, Heinz (1986): Sozialstruktur und Kontrollpolitik, in: Kriminologisches Journal, 1. Beiheft, 77–118.

Demirović, Alex (2008): Das Wahr-Sagen des Marxismus: Foucault und Marx, in: Prokla 38(2), 179–210.

Dodge, Martin/Kitchin, Rob/Perkins, Chris (Hg.) (2009): Rethinking maps. New frontiers in cartographic theory, New York.

Feeley, Malcom M./Simon, Jonathan (1992): The New Penology, in: Criminology 30, 449–474.

Forum für Kritische Rechtsextremismusforschung (2007): Diffusionen. Kleiner Grenzverkehr zwischen Neuer Rechter, Mitte und Extremen (= Reihe Wehnerwerk 1), Dresden.

Garland, David (1996): The limits of the sovereign state, in: British Journal of Criminology 38(4), 445–471.

Glasze, Georg (2009): Kritische Kartographie, in: Geographische Zeitschrift 97(4), 181–191.

Harley, Brian (1989): Deconstructing the map, in: Cartographica 26(2), 1–20.

Harries, Keith (1999): Mapping Crime, Washington.

Harries, Keith (2006): Extreme spatial variations in crime density in Baltimore County, MD, in: Geoforum 37(3), 404–416.

Hartwig, Marc-Arno (2001): Der Einsatz von geographischen Informationssystemen zur Kriminalitätsanalyse, in: Kriminalistik 55(6), 435–439.

Hay, Colin (1995): Mobilization through Interpellation: James Bulger, Juvenile Crime and the Construction of a Moral Panic, in: Social & Legal Studies 4, 197–223.

Hirschfield, Paul (2008): Preparing for prison? The criminalization of school discipline in the USA, in: Theoretical Criminology 12(1), 79–101.

Huisken, Freerk (1996): Jugendgewalt. Der Kult des Selbstbewußtseins und seine unerwünschten Früchtchen, Hamburg.

Kitchin, Rob/Perkins, Chris/Dodge, Martin (2009): Thinking about maps, in: Dodge, Martin/ Kitchin, Rob/Perkins, Chris (Hg.): Rethinking maps. New frontiers in cartographic theory, New York, 1–25.

Landolt, Sara/Backhaus, Norman (2009): Alkoholkonsum von Jugendlichen als Praxis der Raumaneignung am Beispiel der Stadt Zürich, in: Geographica Helvetica 64(3), 186–192.

Lange, Hans-Jürgen/Schenck, Jean-Claude (2004): Polizei im kooperativen Staat. Verwaltungsreform und Neue Steuerung in der Sicherheitsverwaltung, Wiesbaden.

Lötscher, Lienhard/Mayer, Oliver/Monheim, Rolf (2001): Mobilität und Verkehrsmittelwahl, in: Institut für Länderkunde (Hg.): Nationalatlas Bundesrepublik Deutschland. Band 9: Verkehr und Kommunikation, 58–61.

Michel, Boris (2010). Für eine poststrukturalistische Perspektive auf das Machen und die Macht von Karten, in: Forum Qualitative Sozialforschung 11(3); <http://nbn-resolving. de/urn:nbn:de:0114-fqs1003281> [2010-12-03].

Ostermeier, Lars (2008): Die Polizei zwischen lokalen Kontrollkulturen und globalen Trends der Kriminalitätskontrolle, in: Kreissl, Reinhard/Bathelt, Christian/Ostermeier, Lars (Hg.): Policing in Context, Wien, 103–123.

Schipper, Sebastian (2009): Rechte Ideologie und Gewalt in Deutschland, in: Nationalatlas aktuell 6 (07/2009), Leipzig, Leibniz-Institut für Länderkunde (IfL); <http://aktuell. nationalatlas.de/Rechtsextremismus.6_07-2009.0.html> [2010-12-03].

Schneider, Ute (2006): Die Macht der Karten. Eine Geschichte der Kartographie vom Mittelalter bis heute, 2., überarbeitete Auflage, Darmstadt.

Simon, Jonathan (2007): Governing Through Crime, New York.

Stolz, Matthias (2009a): Vorwort, in: Stolz, Matthias: Deutschlandkarte. 101 unbekannte Wahrheiten, München.

Stolz, Matthias (2009b): Deutschlandkarte. 101 unbekannte Wahrheiten, München.

Stolz, Matthias (2009c): Rechte Gewalt, in: Die Zeit, 30.07.2009.

Wetzels, Peter/Pfeiffer, Christian (1996): Regionale Unterschiede der Kriminalitätsbelastung in Westdeutschland, in: Monatsschrift für Kriminologie und Strafrechtsreform 79(6), 386–405.

Wood, Denis (1992): The Power of Maps, New York.

Berauschende Erkenntnis?
Über Sinn und Unsinn ätiologisch kriminologischer Drogenforschung

Bettina Paul

Kriminologische Drogenforschung ist und bleibt spannend, denn jede Generation bringt ihre Drogen oder Konsumformen hervor, die die älteren Generationen in Panik versetzen. „Komasaufen" („Rauschtrinken"), „Gehirndoping" oder „Hördrogen" – stetig gibt es neue Konsumthematisierungen, die Stoff für die Drogenforschung und damit auch für Kriminologen bieten, die die (vor allem staatlichen) Reaktionen auf den Konsum beäugen. Warum nun sollte der Blick auf die Ursachen für den Konsum langweilig sein? Im Folgenden soll diese Frage erörtert werden, indem aufgezeigt wird, dass die Ursachenforschung über eine gewisse Ignoranz gegenüber Kontextualisierungen des Konsums und den Setzungen der Legislative verfügt, die dazu führt, dass sie sich selbst demontiert. Zugleich heißt das aber nicht, dass sie per se uninteressant ist. Jedoch erörtert sie zu gerne und zu oft die ewig gleichen Fragen auf die bekannte Weise und repliziert damit lediglich Erkenntnisse. Dass das nicht sein muss, zeigen andere Spielarten ätiologischer Forschung, wie z.B. jene, die interaktionistisch geprägt sind. Neben dem Blick auf die Schwierigkeiten, die die beiden Richtungen, also normative und interaktionistische Ätiologie, teilen, soll aufgezeigt werden, warum die letztere sowohl gegenstandsbezogener wie spannender daherkommt.

Normative, positivistische Ätiologie demontiert sich selbst

Eine der letzten drogenspezifischen Veröffentlichungen in der *Monatsschrift für Kriminologie und Strafrechtsreform* beschäftigt sich mit den „Determinanten delinquenten Verhaltens und Suchtmittelumgangs" (Kemme 2010). Die entsprechende Studie vergleicht den „Suchtmittelumgang" von Studierenden in Gießen, Izmir und Madison. Sie kommt zu dem Schluss, dass die US-amerikanischen Studierenden den stärksten Drogenkonsum vorweisen und führt dies auf die schwachen Bindungen (durch das Konzept des Kollektivismus gerahmt) westlicher Jugendlicher[1] zurück (2010: 143). Im Kern ist dieses wie vergleichbare ätiologische Anliegen gerahmt vom problemzentrierten Drogenverständnis und der Suche nach Lösungen für die durch den Konsum verursachten Probleme für das Individuum und die Gesellschaft. Dies wird zumeist an abschließenden Vorschlägen zur Prävention erkennbar. Offenkundig wird die von vornherein problemzentrierte Rahmung, da die Autoren „positive Konsummotivationen" bei ihren Probanden als alarmierend einstufen. So findet es Rainer Thomasius (2006) ebenfalls in der *Monatsschrift für Kriminologie und Strafrechtsreform* „aus suchttherapeutischer Sicht [...] fatal", dass Cannabis konsumiert werde, um „das Wohlbefinden zu regulieren, Anspannungen abzubauen und Langeweile sowie sozialen Hemmungen entgegenzuwirken. [Denn] auf diese Weise [würde] Cannabis zum Zweck der Alltagsbewältigung funktionalisiert" (2006: 123).[2]

Diese Sicht und ihr forschungsleitendes Verständnis ignoriert zumeist den Umstand, dass für die Begrifflichkeit des „Suchtmittels" eine verunglimpfende Etikettierung von Substanzen erfolgt, die eigentlich Neutren sind (vgl. Schmidt-Semisch 1997). Drogenforschung, die sich die interkommunikative Zuschreibung einer Substanz als problembehaftet ansieht, begreift Drogen als psychoaktive Substanzen, als Stoffe also, die auf das Zentralnervensystem wirken und durch ihren Konsum „Veränderungen insbesondere in den Sinnesempfindungen, in der Stimmungslage, im Bewusstsein, oder in anderen physischen Bereichen oder im Verhalten bemerkbar machen" (Scheerer & Vogt 1989: 6). Hierunter fallen sowohl Kokain, Tee, Alkohol, Opiate, Cannabis wie auch Kaffee oder Tabakprodukte. Und es könnten darunter auch noch Gewürze und viele andere Substanzen fallen, die wir überhaupt nicht damit assoziieren.

Diese Substanzen sind nicht aus sich selbst heraus Rausch-, Sucht-, Lebens-, Genuss-, Arznei- oder Betäubungsmittel, Narkotika oder Gifte. Sie werden erst durch die Zweckbestimmung derer, die sie gebrauchen oder jener, die sie interessensgeleitet einer solchen Etikettierung unterziehen, zu einem solchen Mittel. Eine solche Terminologie basiert also nicht auf wissenschaftlichen Erkenntnissen (vgl. Gelpke 1975: 124, 159 ff.). Auf die Wirkung bezogene Begriffe wie „Rauschmittel" oder „Rauschgifte" diskreditieren sich von selbst, da sie zumeist auch Substanzen einschließen, deren Wirkungsweise sich eher auf das Gegenteil eines Rausches richten wie z. B. Kokain. Deutlicher ist es noch bei der Zuordnung des Begriffs der „Gifte". Mitnichten ist die Schädlichkeit, die der Begriff des Giftes impliziert, ein Hauptcharakteristikum der als illegal gelisteten Substanzen. Eben-

---

[1] Mit Jugendlichen sind tatsächlich Studierende, die im Schnitt 20,7 Jahre alt sind, gemeint (Kemme 2010: 131).
[2] Ganz ähnlich Wurdak et al. (2010), die überwiegend positive (soziale z. B.) Motive für den Alkoholkonsum bei Jugendlichen feststellten.

so ließen sich Klebstoffe, Deodorants oder gar einfaches Speisesalz etc. als Gifte
listen, denn für Kleinkinder z. B. sind diese Dinge ab einer gewissen Dosis giftig.[3]
Die Zuordnung der illegalen Substanzen geschieht meist jedoch unabhängig
von der konkreten Wirkungsweise, denn es geht aus rechtlicher Sicht um einen
symbolischen und nicht um einen Begriff zur Beschreibung eines Sachverhalts
(vgl. eingehend Gelpke 1975; für frühere Herleitungen vgl. Hesse 1953; Møller
1951). Und so existiert gegenwärtig eine gesetzliche Trennung zwischen Betäu-
bungs-, Lebens- und Arzneimittel. Diese fußt rein auf der Abschreckungs-Logik,
die jeglichen Konsum illegaler Substanzen als gesundheitsgefährdend verstanden wissen will. Dabei ignoriert diese dramatisierende Drogen-Charakterisierung,
dass die Art und Weise, wie und warum ich z. B. Alkohol konsumiere, darüber
entscheidet, ob dieser ein Betäubungs-, Genuss- oder Arzneimittel ist.[4] So kann
ein und dasselbe Alkoholerzeugnis – sagen wir Glühwein – mal ein wärmendes
Lebens- oder gar Arzneimittel und mal trunkenmachendes Problembewältigungs-
mittel sein, je nachdem wieviel und vor welchem Hintergrund ich ihn konsumiere (siehe eingehend zur Theorie der Substanzen und Mittel Schmidt-Semisch
1994: 15 ff.). Auch ein Betäubungsmittel kann ein Genussmittel sein (und galt auch
lange als solches). Selbst der Gesetzgeber kann in dem hier zu Grunde liegenden
Betäubungsmittelgesetz keine Definition geben, lediglich der Verweis auf die im
Gesetz enthaltenen Stoffe wird erbracht (vgl. eingehender Schmidt-Semisch 1994;
Schmidt-Semisch & Nolte 2000).[5] Eine begriffliche Zuordnung zu den eben benannten Kategorien nur aufgrund des Legalstatus ist eben eine rechtliche, aber
keine wissenschaftlich fundierte Kategorisierung.
Sollte also nicht die Begriffsbestimmung durch die in die Forschung einbe-
zogenen Subjekte selbst erfolgen, sondern durch den Forscher vorab bestimmt
sein, so sind lediglich Kategorien wie „legale" versus „illegale" Drogen denkbar,
um eben die Strafverfolgungseffekte beim Umgang mit diesen Substanzen untersuchen zu können. Trotz oder vielleicht gerade aufgrund der vielfachen Kritik
an einem fehlenden Definitionskonsens respektive einer fehlenden Präzision des
„Drogen"-Begriffs,[6] wird von vielen Autoren der unspezifische Drogenbegriff
verwandt, um auf die Widersprüche und den Symbolgehalt in der Begriffshülse
und in dem Umgang mit den Substanzen hinzuweisen (vgl. exemplarisch Blum

---

[3] Die berühmte Aussage des Paracelsus von 1564, dass alle Dinge Gifte seien und lediglich die Dosis
darüber entscheiden würde, dass etwas kein Gift sei, bringt dies auf den Punkt.
[4] Sie ignoriert auch jeglichen „kontrollierten", d. h. nicht süchtigen Konsum von illegalen Drogen, da
es dem verbreiteten Bild des Konsumentenelends widerspricht. Denn auch für Heroin und Co gilt die
hier gemachte Aussage, dass sie als Substanz erst mal Neutren sind.
[5] Für einen grundsätzlichen Blick auf die Ungereimtheiten des BtMGs und seiner Verfassungs-
widrigkeit siehe Böllinger 1992.
[6] … wie z. B. der Ausblendung der körpereigenen Drogen (vgl. Zehentbauer 2002) und zugleich der
zunehmenden Ausweitung auf Verhaltensweisen (‚Droge Arbeit').

1969; Courtwright 2001; Husak 1992; Snyder 1994; Schmidt-Semisch & Nolte
2000; Weil & Rosen 1998). Der Rechtsphilosoph Douglas Husak begründet eine
solche Verwendung des Drogenbegriffs mit der Unterteilung in licit und illicit
Drugs damit, dass er gerade die Grundlagen der rechtlichen Einteilung hinterfragen und die Gleichung „Drogen" seien „illegale Drogen" ad absurdum führen will
(Husak 1992: 21). Während es Husak dabei um eine Darstellung von grundlegenden Ungleichbehandlungen der gegenwärtigen Prohibition gegenüber riskanten
Verhaltensweisen geht (wie zw. Alkohol, riskanten Aktivitäten etc. und ill. Drogen), möchte der Historiker David T. Courtwright eine historische Abbildung der
Gefährdungspotenziale psychoaktiver Substanzen liefern und verwendet hierfür
ebenfalls den übergeordneten Drogenbegriff. Er begründet dies damit, dass dieser Begriff über eine vergleichsweise größere Neutralität verfüge, als andere zur
Verfügung stehende Begriffe: „The term ‚drugs' is an extremely problematic one,
connoting such things as abuse and addiction. For all its baggage, the word has
one great virtue. It is short. [...] I use the word ‚drugs' as a convenient and neutral
term of reference for a long list of psychoactive substances, licit or illicit, mild or
potent, deployed for medical and nonmedical purposes. Alcoholic and caffeinated
beverages, cannabis, coca, cocaine, opium, morphine, and tobacco are all drugs
in this sense as are heroin, methamphetamine, and many other semisynthetic and
synthetic substances. None is inherently evil. All can be abused. All are sources
of profit. All have become, or at least have the potential to become global commodities" (Courtwright 2001: 2).

Die normative Ätiologie vernachlässigt zudem mit ihrer Wertung von Drogen als grundsätzlich gefährlichen Substanzen genau diese von Courtwright angesprochene historische Einbettung, die die Außergewöhnlichkeit und damit die
Neugierde (der Forschenden), die hier befriedigt werden soll, nivelliert. Der Blick
auf die Verbotsgeschichte der Substanzen zeigt, dass die gesetzliche Behandlung
der unterschiedlichen Drogen kontinuierlichen Veränderungen unterlegen ist. Im
Bereich normativer Drogenforschung gerät oft ganz in Vergessenheit, dass die
derzeit illegalen psychoaktiven Substanzen auch in Deutschland einmal inte-
grierte Konsumgüter waren und umgekehrt, die heutigen Alltagsdrogen restrik-
tiv behandelt und sogar verboten waren. Das heißt, den derzeitigen Legalstatus
als konstitutiv-trennendes Element anzusehen, ist eine verkürzte Sicht und vernachlässigt den Blick auf die immer wieder erkennbaren Parallelen im Umgang
mit psychoaktiven Substanzen (vgl. auch Quensel 1991). Neben all den substanz-
spezifischen Disparitäten der oft gemeinsam behandelten Substanzen haben sie
doch einiges gemeinsam: Sie sind im 20. Jh. allesamt kein Grundnahrungsmittel
(per se) mehr, sondern dienen einer darüber hinausgehenden Bedürfnisbefrie-
digung, einem Bedürfnis, dem die Menschen entgegen der Restriktionen oder

hohen Steuern nachkommen wollen. Die jeweiligen Restriktionen waren und sind noch immer in der Regel ökonomisch motiviert, während die Argumentation zur Durchsetzung der Restriktion meist anhand der Gesundheitsgefährlichkeit der Substanzen geführt wurde, auch dies ist eine Parallele, die heute kaum mehr gesehen wird (vgl. zu den Drogenverbotshintergründen Reinarman 1994; Musto 1987). „Ein Rückblick auf einige Hauptentwicklungen [...] zeigt, daß der Konsum von Alkohol, Tabak und Kaffee, obwohl heute weit verbreitet und akzeptiert [...] Kontroversen hervorrief, die der heutigen Diskussion um den gesetzwidrigen Drogenmißbrauch an Heftigkeit in nichts nachstehen [...] Außerdem wird deutlich, daß diese Kontroversen oft stärker mit politischen, sozialen und vor allem ökonomischen Problemen verknüpft waren als mit Besorgnis über die nachteiligen pharmakologischen Wirkungen dieser drei Drogen" (Austin 1998: 53).

Wenn es nur die gesetzliche Eingruppierung (nicht einmal Definition) ist, die die „Droge" von der „Nichtdroge" unterscheidet – müsste hier wirklich nur die Frage verfolgt werden, warum Menschen das Gesetz brechen. Ganz ähnlich ist es, wenn ein Konzept wie das der „Sucht" im Fokus steht und der entsprechende Konsum der „Suchtmittel" zugleich mit Devianz gleichgesetzt wird (wie bei Kemme 2010). So oder so gelangt man immer wieder zum kritischen Kern und Kritikpunkt positivistischer Kriminologie, die zum Gedankengefängnis der Drogenforschung passt: Selbst gesetzte Konzepte (Kriminalität, Devianz, Sucht ...) sollen ergründet werden, wobei jene, die in diesem Sinne agieren, nur selektiv von der Setzung betroffen sind, sie mal übernehmen und mal nicht, je nach dem Prozess der eigenen und fremden Deutung der Handlungen. Lassen sich so wissenschaftliche Erkenntnisse hervorbringen?

Die Leerstelle der neuen Erkenntnisse

Damit kommen wir zum zweiten Argument: Normative Drogenforschung bedient sich nicht nur normativer Gegenstände, die sie für sich als zu vermessende Tatsachen voraussetzt, sie stellt vor allem jene Fragen, die schon längst beantwortet sind. Neue Erkenntnisse sucht man hier vergebens.

„Performance-enhancing", „Lifestyle Improvement", Genuss, Problembewältigung, Langeweile, Nahrungsabsicht oder einfach nur Heilung – ob in Schule, Studium, Beruf oder Freizeit – der Rückgriff auf unsere Umwelt und damit auch auf die psychopharmakologische Unterstützung zur Änderung unseres körperlichen Befindens ist etwas Alltägliches. Und doch werden einige Substanzen herausgefiltert, zum Problem stilisiert und ihre Anwendung in spezifischen Bereichen (wie bisher vor allem der Hochleistungssport und in der Freizeit) als illegitim erachtet. Die Motive des Konsums sind also zahlreich[7] und überdies in der Drogenforschung weithin thematisiert worden. Wie die Antwort aussieht, das kommt zudem immer auf die Profession bzw. Disziplin an, die sich mit der Frage beschäftigt und ihre epistemologische Heimat. Sie entscheidet, ob jeglicher Konsum bereits als pathologisch angesehen wird oder ob die Substanzen als Neutren gesehen werden, die erst durch die Konsumintention eine Kontur erhalten, mit der man Antworten auf das Warum ergründen kann. Sie entscheidet, ob es so etwas wie „Missbrauch" oder „kontrollierter Konsum" überhaupt gibt (Scheerer & Vogt 1989). Geläufige Metaerklärungen unterscheiden dabei zwischen dem alltagstranszendierendem und dem alltagsakzessorischen Gebrauch von Drogen (Scheerer & Vogt 1989, genauso O'Malley & Mugford 1991). Die Flucht vor dem Alltag bis zu dessen Entsprechung als Konsummotivation sind so grundlegende Erklärungen, dass sie bis heute Bestand haben und auch neuste gesellschaftliche Entwicklungen mit einbeziehen. Die Rolle des Symbolwertes, das Erlernen des Umgangs und damit auch das Erkennen und Einordnen des Konsums (Becker 1963) – all das ist bereits erforscht und sollte als Hintergrund aktueller Drogenforschung und neu zu erbringender Fragen dienen. Ihre Fragen variieren nur geringfügig und die Substanzen sind dabei austauschbar: Warum konsumieren Jugendliche Alkohol? Variiert die „Motivstärke" z. B. mit der Tageszeit? Welche Determinanten spielen beim Konsum eine Rolle? (vgl. Wurdak et al. 2010: 175) Oder aber die Motive werden bereits aufgelistet (wie bei Thomasisus 2006: 111) und man macht sich auf die Suche nach den Einflussfaktoren, die „über die persönlichen Motive der Konsumenten hinausgehen" – die also den Konsum bahnen oder verhindern (2010: 112).[8] Ein beliebtes Variationsspiel besteht im Kulturvergleich, bevorzugt mittels self report studies wie bei der Studie von Stefanie Kemme (2010).[9] Solche Studien versuchen sich dabei in „cross cultural generalisations apart from cultural variation in meanings and values" (Bierne 1983: 386). Dabei ignorieren sie, dass Statistiken überall anders hergestellt werden, andere gesetzliche Grundlagen, Praktiken etc. und vor allem Deutungen bestimmter Kernkategorien bestehen, die einen Vergleich nur sehr bedingt zulassen. Zudem laufen derartige Vergleiche Gefahr, im ‚Occidentalism' (die sind wie wir) oder ‚Orientalism' (die sind anders) zu landen (siehe Nelken 2002). Ähnlich wie beim Begriff der Droge (oder Suchtmittel etc.) fehlt den ätiologisch kulturvergleichenden Forschungen ein differenziertes Konzept von Kultur. Sich auf ein solches festzulegen würde dann

---

[7] Eine umfassende Aufschlüsselung findet sich bei Weil & Rosen 1998.
[8] Auf diese Weise werden sogar die Deutungen der Probanden ganz verzichtbar.
[9] Auf die Spitze gebracht mit dem International Self Reported Delinquency Survey (ISRD).

aber bedeuten, dass eine Operationalisierung recht schwer fällt.[10] Schlicht und
operationalisierbar berufen sie sich auf die Gleichstellung und zugleich Reduktion
von Kultur auf die Ethnie einer Nation (Nationalcharakter) mit der Festschreibung
von Sitten etc.

Die unterschiedlichen wissenschaftstheoretischen Einbettungen von normativer und interaktionistisch (und damit interpretativ) geprägter Forschung bringt
auch eine Blindheit für die Studien der jeweils anderen mit sich. So verkennen normative Studien, die nach objektiven Erkenntnissen durch den Vergleich sozialer
Tatsachen (also positivistisch) suchen, die Antworten der interpretativen Sozialforschung auf die Fragen des Warum zum Drogenkonsum, da sie in anderen Sphären
denken. Objektivität ist für Verfechter des normativen Paradigmas ein zentrales
Gütekriterium ihrer Forschung, für die des interpretativen dagegen lediglich ein
„Popanz dogmatischer Wissenschaft" (Richards & Glasersfeld 1990: 193), da für
sie Beobachtungen nicht ohne den Beobachter selbst möglich sind (ebd. 215). Sie
suchen vielmehr nach der subjektiven Bedeutung respektive Sinnhaftigkeit in ihren Forschungen. Wenn nun Forscher von der Problematik jeglichen Konsums
ausgehen, werden sie nicht mehr hinter die Frage der Definition des Konsums als
problematisch zurückgehen – somit sind diese Wahrnehmungen nicht kompatibel
und Antworten, die es schon gibt, werden fleißig weiter gesucht. Und solche, die
in sich einfach nur obskur sind, werden fleißig weiter produziert: wie die Erkenntnis, dass der Drogenkonsum von Ratten in der Pubertät (sic!) problematisch sei
und Rückschlüsse auf den Menschen ermöglichen soll (Thomasius 2006: 118)[11].
M. E. bringt diese Forschung lediglich einen Diskussionsbeitrag über methodische
Probleme zutage und eignet sich indessen viel mehr selbst zum Gegenstand von
Analysen z. B. aus wissenssoziologischer Sicht.

Ist spannende Forschung mit ätiologischem Touch möglich?

Da alles Wissen ein Produkt von sozialen Beziehungen und daher im Prozess be-
findlich ist, lassen sich aus Sicht der Autorin keine „sozialen Tatsachen" verglichen. Wissen ist nicht universell und nicht fix, es existiert nicht als unabhängige
Realität, sondern ist ein Bestandteil der Konstruktion von Realität, die sich in der
Interaktion, sozialen Praktiken etc. formt. Der Konsum von psychoaktiven Substanzen muss also immer im historischen, sozialen und kulturellen Kontext ge-

---

[10] Man nehme z. B. Dirk Baeckers Deutung von Kultur, die „ nicht die Summe der Werte" [sei], mit
denen eine Gesellschaft ausgestattet ist, sondern eine Beobachtung, die für jeden Wert einen Gegen-
wert bereithält (Baecker 2003: 9).
[11] Für eine umfassende Kritik an den Thesen, der Empirie und Rezeption von Thomasius siehe
Quensel 2006 und Böllinger 2005.

sehen werden. Die Art und Weise wie der Konsum sprachlich erfasst wird – z. B. als Drogen- oder Suchtmittelkonsum – reflektiert den dominanten Denkstil[12] einer Zeit (hier vor allem Fleck 1980 [Org. 1935]). In der Tradition des symbolischen Interaktionismus stehend (der die Analyse des sozialen Lebens als System von Kommunikation durch Symbole vornimmt) agiert eine ätiologische Drogenforschung in der Kriminologie. Weil sie aber nicht vorgibt, Objektivität erreichen zu können (oder zu wollen), weil sie über ihren Kontext der Begrifflichkeiten und die Grenzen ihrer Erkenntnis reflektiert und weil sie nach Neuem sucht, indem sie das Wagnis eingeht, dass die Forschungssubjekte den Gegenstand definieren, ist deswegen substanzieller (gegenstandsbezogener) und spannender als normative Forschung.

Weitreichende Beispiele finden sich hier aus dem Kreis der so genannten Cultural Criminology, die seit den 1990er Jahren mit einer Art „subculture revised"-Programmatik aktiv ist. Die Orientierung am Subjekt und seinen durch Interpretationsleistungen geordneten Handlungen und Wahrnehmungen verträgt sich bei ihnen mit der Reflektion über den Prozess der Problemdefinition ihres Gegenstandes. D. h. die Selektion der Strafverfolgung wird nicht ausgeblendet, die Annäherung an die Subjekte der Forschung in verstehender Absicht und nicht in etikettierender Manier vorgenommen.

Kerncharakteristika der Cultural Criminology ist zum einen die Konzentration auf die mediale Reziprozität (von Kriminalität, Strafverfolgung etc.), die sich auf die Repräsentation von Phänomenen und Handlungen bezieht. Auch wenn es hierzu spannende Studien zur Drogenthematik gibt,[13] findet sich die Auseinandersetzung um den Drogenkonsum eher in Verbindung mit dem zweiten Charakterzug der Cultural Criminology wieder, dem so genannten „Edgework". Drogenkonsum, -handel und äquivalente Handlungen, die als Spiel mit den eigenen Grenzen durch das freiwillige Eingehen von Risiken verstanden werden und eben nicht als problematischen Drogenkonsum.[14] Dieses Spiel zu skizzieren und analysieren ist die Kernaufgabe diverser Forschungen in diesem Kontext. Als Kontrast zum oft in der normativen Forschung herrschenden Programm des „Rationalen Wahlhandelns" als Erklärungsansatz für gesetzeswidriges und generell risikobehaftetes Verhalten proklamiert die Cultural Criminology die emotionale

---

[12] Wie wir ein Verhalten ansehen und welches Wissen wir darüber haben, ist jeweils das Resultat einer spezifischen zeitlichen Einbettung und diese wiederum wird geprägt durch den herrschenden kollektiven Denkstil. Dieser Denkstil bestimmt was erklärungsbedürftig ist und welche Erklärung Geltung erlangt (Fleck 1980 [Org. 1935], Rose 2003).

[13] Wie z. B. „Hooked. Drug Wars in Canadian, British and American Film" von Susan Boyd (2008).

[14] Auch im deutschsprachigem Raum ist dies mit einer verstehenden Perspektive (ohne jedoch ein entsprechend ethnographisches Ansinnen) untersucht worden, jedoch viel mehr mit dem Begriff des „Risikoverhaltens" (z. B. von Franzkowiak 1999; Quensel 2001), welcher eine andere theoretische Rahmung hat als der des Edgework.

Seite der Handlungen, Akteure und Situationen. Sie versucht Faktoren wie Spaß, Genuss, Aufregung etc. als bislang vernachlässigte Momente zu ergründen und beruft sich auf einige Referenzpersonen der Kriminologie, die diese Aspekte zumindest gestreift haben. Lofland (1971) z.B. hat betont, dass verbotene Aktivitäten selbst ein aufregendes Gefühl produzieren und nicht nur die Tatsache, etwas Verbotenes zu tun. Beckers Marihuana-Studie (1963) dient ebenso als Vorläufer eines Blickes auf die sensuale Seite der Devianz wie sie später von Jack Katz (1988) ausführlich beschrieben wurde.

Auch wenn die Herangehensweise traditionell ethnographisch (in verkürzter Manier mittels einer situativen oder zumindest fokussierten Ethnographie) ist, lässt sich von neuen Erkenntnissen sprechen, da der Genuss, das hedonistische Moment etc., durch das Konzept des Edgeworks als Subjektivierung aufgefasst und beschrieben wird. Zwar ist der Begriff des Edgeworks schon älter, dennoch ist die kriminologische Fokussierung darauf als neu zu bezeichnen. Subjektivierung bedeutet hier, die Identitätsbildung durch das Spiel mit den eigenen Grenzen. Ähnlich wie Pat O'Malley und Stephen Mugford (1991) sich über die Bedeutung des Drogenkonsums für das Individuum Gedanken gemacht haben, bettet die Cultural Criminology ihre Forschung in die Fragen, ob Edgework als Flucht, Widerstand oder aber als reiner Ausdruck der institutionellen und kulturellen Anforderung der sozialen Ordnung (und damit ihrer Entsprechung) gesehen werden kann (Lyng 1990). So gibt es auch hier bereits Ansatzpunkte anderer Drogenforscher, die herangezogen werden müssen, ohne dass sie sich im Kontext einer Cultural Criminology bewegen. Jerome Beck und Marsha Rosenbaum (1994) haben z.B. in ihrer Forschung über den XTC-Konsum Erwachsener die „Weekend Warrior"-These aufgestellt, etwas, was die Cultural Criminology eben auch beforscht. Die berufstätigen Konsumenten suchten in ihrer Studie temporär Flucht aus der Routine, Arbeitsbedingungen und dem bürokratischem Alltag. Zugleich entsprachen sie aber der Regulation des Alltags, da sie ihren Konsum so planten, dass sie im Anschluss ausgeruhter an die Arbeit zurückgehen konnten – es war eine Art Kurzurlaub. Die Erkenntnis, dass Drogenkonsum sowohl Flucht wie Entsprechung der Anforderungen der Gesellschaft bedeutet, hat nicht nur Rosenbaum, sondern auch O'Malley & Mugford bereits hervorgebracht. Und so liegt in ihr auch keine neue Erkenntnis, die die Cultural Criminology hervorgebracht hat. Diese ist vielmehr in der theoretischen Reflexion des Umgangs mit den Paradoxien unserer Zeit zu sehen.[15] Haben O'Malley & Mugford noch betont, dass der durch die Gegenwarts-Konsumgesellschaft verführte Exzess erlaubt ist, solange

---

[15] Und auch hier haben O'Malley & Mugford trotz des frühen Erscheinungsdatums schon Vorüberlegungen angestellt. Im Prinzip haben sie eine theoretische Folie vorgestellt, die von den einzelnen Forschungen der Cultural Criminology exemplarisch im Feld ergründet, belegt und erweitert wird.

er in einem kontrollierten Rahmen erfolgt (regulated excess, controlled risk), gehen die Cultural Criminology Forscher noch einen Schritt weiter und ergründen
den kontrollierten Exzess – also den kontrollierten Kontrollverlust und seine Normalität. Das Paradoxon von Risikominimierungen im Alltag auf der einen und
der quasi organisierte Exzess auf der anderen Seite (durch Outdoor-Aktivitäten
etc.), dient bei ihnen als Einbettung für Thematisierung des Drogenkonsums. Das
so weitergeführte „kommerzielle Edgework", bei dem Arbeitgeber ihre Arbeitnehmer zur Charakterbildung etc. zum White Water Rafting schicken o. Ä. (siehe
Holyfield 2005), bildet das Abbild des Drogenkonsum in der gesetzeskonformen
Variante. Zugute gehalten werden kann der Cultural Criminology, dass sie damit Drogenkonsum so erforscht, wie jedes andere Verhalten auch – sie setzt es
zumeist mit anderen Verhaltensweisen gleich, die einen ähnlichen Effekt haben
sollen. Damit wird der problematische Umstand in ätiologischen Arbeiten, die
die Andersartigkeit der „Normbrecher" unterstellen, negiert. Hier wird vielmehr
die selektive Repression in den Blick genommen mitsamt ihren Konsequenzen
auf das Individuum. Vor allem aber spielen die Forschungssubjekte eine zentrale
Rolle. Sie nehmen über ihre Deutungen etc. Einfluss auf den Forschungsprozess
wie auf die Theoriebildung. Beides ist für normativ ätiologische Drogenforschung
nicht denkbar und so bewegt sich diese meist in den alten Bahnen. Bahnen, die
allzu oft drogenbezogen problemzentriert sind, da sie den Erfahrungs- und damit
auch Denkhorizont der Forscher widerspiegeln. So können Drogenkonsumenten
mit ihren Deutungen zu keinen neuen Erkenntnissen beitragen, da sie sich zumeist „out of the box" der Forscher befinden (z. B. über die vielfältigen positiven
Züge des illegalen Drogenkonsums aus einer bürgerlichen Sicht wie bei Beck &
Rosenbaum 1994).

Ätiologische Forschung kann also spannend sein – doch ist sie angemessen?

Ätiologie ist nicht gleich Ätiologie. Es macht durchaus einen Unterschied, ob ätiologische Forschung bei der Frage nach der Konsummotivation (oder ‚Bereitschaft'
bei Reuband 2009) einen interaktiven Ansatz verfolgt und in einer interpretativen
Tradition agiert oder ob sie von einem positivistischen und normativ geprägten
Verständnis ausgeht. Und doch gibt es im Kern ähnliche Probleme, denen sich
beide (hier als solches sehr grobschlächtig differenzierte) Ausrichtungen stellen
müssen: Zum einen ist die Suche nach „Motiven" für eine Handlung prekär. Aus
interaktionstheoretischer (interpretativer etc.) Sicht wird dabei nicht die Ursache
einer Handlung ermittelt, weswegen Alan F. Blum & Peter McHugh dies auch
als Missverständnis bezeichnen. Vielmehr sind Motive immer Regeln der ande-

ren – in diesem Falle der Drogenforscher (Blum & McHugh 1975: 171). Ein Motiv zu bestimmen ist danach nicht anderes als festzulegen „wie ein Verhalten durch die Zuschreibung einer gesellschaftlich verfügbaren Handlungsorientierung sozial verständlich ist" (Blum & McHugh 1975: 173). Positivistische Forschung klammert dies in der Regel aus, interaktionistische (interpretative etc.) begegnet dem oftmals durch eine Orientierung an den von den Subjekten produzierten Sinnstrukturen (in Anlehnung an Blumer 1981). Diese sind geprägt von internalisierten Erwartungshaltungen, die auf die Selbstdarstellung in der Interaktion der Motiverläuterung Einfluss nehmen (Gerth & Mills sprechen hierbei von Motivvokabularien, 1973). Wird dies aber ignoriert, legt die Ätiologie eine Kausalität nahe, der es aus interaktionistischer Sicht an Belegbarkeit fehlt bzw. die schlichtweg nur nach den der Überprüfung der eigenen Kategorien geht und somit die Entdeckung neuer Erkenntnisse unmöglich macht.

Schließlich sei noch das Kernproblem der Ätiologie genannt, das im Postulat der Andersartigkeit der fokussierten Personen, Handlungen etc. besteht. Die Suche nach dem Warum des Normbruchs unterstellt, dass sich die Normbrecher von allen anderen unterscheiden – das der Rest der Bevölkerung normkonform lebt und je nach Theorie, andere Werte hat, über andere Mittel verfügt, andere Bindungen aufweist etc., die ihn vom Normbruch abhalten. Und eben hier sucht die ätiologische Drogenforschung nach Werten, Mitteln, Bindungen etc. die die Jugendlichen (oftmals) von den Drogen fern halten könnten. Derweil ist sie blind gegenüber allen, die konsumieren und nicht als Konsumenten enttarnt wurden. Gerade sie würden ein insgesamt völlig anderes Bild abgeben, welches eine Stigmatisierung als Gruppe mit bestimmten Werten etc. gar nicht mehr zuließe. Dass die Ätiologie eher etwas darüber aussagt, welche Selektionsmechanismen bezüglich bestimmter Bevölkerungsgruppen angewandt werden, ist ein Allgemeinplatz. Selbst wenn dieses aber im Rahmen einer Forschung reflektiert wird, kann sie die Frage nach der Gegenstandsbezogenheit der Forschung nicht zurückweisen, wenn sie dann doch nur wiedergibt, was über den selektierten Ausschnitt erhoben wurde. So dienen die Reflexionen über die Unwägbarkeiten und Einschränkungen der Forschung heutzutage nur noch als Feigenblatt – als Prolog, der dazu gehört. Sie führen nicht zu einer Einschränkung der Aussagekraft der eigenen Forschung oder gar zu einer Umorientierung. Zum Punkt der Selektivität gehört zudem der drogenspezifische Umstand, dass die Kontrolle (Repression) selbst erst die Probleme hervorbringt, die vermeintlich aus dem Konsum resultieren. Die Suche nach Ursachen für z. B. den problematischen Drogenkonsum ist damit recht skurril. Und nicht zuletzt erfolgt durch diesen Fokus auf eine selektierte Gruppe eine negative Stereotypisierung (vgl. Bourgois 1995), die zu einer Verfestigung der Verfolgung führt.

Was sind Perspektiven?

Warum also konzentriert man sich nicht stärker darauf, aus einer wissenssoziologischen Perspektive den Stand unserer Kenntnisse und Auffassungen zum illegalen Drogenkonsum zu beforschen? Wir würden so mehr über die sozialen
Prozesse erfahren, in denen etwas als illegaler Drogenkonsum oder Sucht oder
problematischer Konsum etc. definiert wird. Mit James W. E. Sheptycki wäre es
viel ratsamer, weg vom ätiologischen Ansinnen der Suche nach den Ursachen
und folgender Vermessung zu gehen, hin zu einem *„attempt to compare the social, cultural and institutional context in which certain acts become defined as
criminal and measures as crimes"* (2005: 76). Auch aus eigener Perspektive kann
vergleichend gearbeitet werden, die Fragen sind dann: Wie und warum verändern
sich Denkstile? Welche Deutungen setzen sich durch? Dafür gleich zwei aktuelle
Beispiele:

Aktuelle Diskussionen drehen sich um leistungsfördernden Konsum („Neuro-
enhancing"), z. B. bei Studenten. „Nur mit Pillen in die Prüfung" titelt da die
Süddeutsche Zeitung und problematisiert, dass die Zeiten universitärer Selbstbe-
stimmung vorbei und die Umstellung auf ein verschultes und prüfungsintensives
Studium einen neuen Zeit- und Leistungsdruck geschaffen habe, dem die Studierenden nur mit Hilfe aus der Apotheke standhalten könnten: Ob mit Ritalin,
Ephedrin, Amphetamin oder Modafinil, auf Rezept oder aus Schwarzmarktquellen
(Bönisch 2008).[16] Der Gesundheitsreport 2009 der Deutschen Angestellten-Kran-
kenkasse (DAK) widmet sich in seinem Schwerpunktthema demselben Thema,
nur nicht in Bezug auf Studierende, vielmehr geht es hier um das „Doping am
Arbeitsplatz.[17]

Nun ist bei all diesen Thematisierungsversuchen erkennbar, dass es Protagonisten gibt, die sich um eine Problematisierung des Konsums und der spezifischen
Konsumentengruppierungen (betrügerische Studenten sowie überforderte, labile
Arbeitnehmer etc.) bemühen und den Begriff des Dopings verwenden (Gehirndoping oder Doping am Arbeitsplatz[18]), da dieser mit Unfairness und Regelbruch
assoziiert wird. Zugleich werden Rufe laut nach Doping- und damit Drogentests,
auch in den eben benannten Bereichen. Isabella Heuser z. B., Medizinerin der

---

[16] Angeheizt wird das Thema zudem durch einen Report der Techniker Krankenkasse (2009), die
problematisiert, dass 10 % der Medikamente, die Studierende verschrieben bekommen, Psychophar-
maka seien.

[17] Nach den Ergebnissen einer von ihr durchgeführten Bevölkerungsbefragung geht die DAK von
1 bis 1,9 % ‚Dopern' in der Gruppe der aktiv Erwerbstätigen im Alter von 20 bis 50 Jahren aus (DAK
2009: 60).

[18] Siehe dazu ebenfalls die Erhebung der Techniker Krankenkasse aus 2009 zum Coping bei Stress
am Arbeitsplatz (TK 2009).

Berliner Charite, sieht es als durchaus realistisch an, dass Studierende demnächst vor ihren Klausuren Dopingkontrollen unterzogen werden (Schuh 2008). Spannend bleibt die Unentschiedenheit bei diesem Thema, bei dem noch immer mehrere Protagonisten um die Hoheitsdefinition rangeln. So gibt es auch Akteure, die eine undramatische, wenn nicht sogar positive Konnotation des Themas suchen (sei es aus kommerziellen Gründen etc.).[19] Ob nun die öffentliche Thematisierung respektive Problematisierung den Einzug von Drogentests an Universitäten etc. mit sich bringt oder ob die entsprechenden Substanzen kommerzialisiert werden müsste kritisch begleitet und hinterfragt werden. Dies ist m. E. ein Auftrag an die kriminologische Forschung, da Definitions- und Dramatisierungsprozesse mit ihrem Ausgang noch von Beginn an ergründet werden können. Die Gefahr jedoch besteht, dass durch eine Zurückhaltung der interpretativen Forschung normative Studien sich des Themas annehmen und durch ihren Fokus auf die Ätiologie des Konsums, einer weitreichenden Problematisierung Vorschub leisten.

Dieser Prozess hat, wie gezeigt, bei heute illegalen Drogen bereits stattgefunden. Seine Auswirkungen in der Arbeitswelt zeigen sich vor allem seit zwei Jahrzehnten. Seither wurden in Deutschland breit flächig Drogentests in Betrieben implementiert (vgl. Paul 2007). Die deutschsprachige kriminologische Drogenforschung hat es bislang verpasst, sich dieses Themas anzunehmen. Hauptsächlich wird das Thema in Deutschland im Kontext von „betrieblicher Suchtprävention" beforscht (wie z. B. bei Wienemann & Mueller 2005) und dabei gefragt, wie verbreitet Drogenkonsum am Arbeitsplatz ist, um entsprechende Präventionskonzepte entwickeln zu können. Aus den USA liegen dagegen eindrucksvolle, weil neue Einsichten zu Tage bringende, interpretative Studien vor: Kenneth Tunnell (2004) zeigt z. B. mit seiner Studie „Pissing on Demand", mit welcher Haltung Konsumenten den Tests am Arbeitsplatz begegnen und wie sie sich der Kontrolle (durch Sabotage, Manipulation etc.) anpassen. Er zeigt, dass sich bereits eine quasi „Widerstandsindustrie" entwickelt hat: ein Produktzweig, der ganz auf die Verfälschung von Tests ausgerichtet ist und sich mal subtil, mal ganz offen, an die Arbeitnehmer richtet. Während Tunnell sich den Rationalitäten der Widerstandsindustrie und der Konsumenten widmet, haben sich Dorothy Nelkin & Laurence Tancredi (1994) wie auch John Gilliom (1996), Ende der 80er/Anfang der 90er ebenfalls aus einer interpretativen Sichtweise, darauf konzentriert, die Rationalitäten der Arbeitgeber zu ergründen, die Drogentests am Arbeitsplatz

---

[19] Wie z. B. die Pharmaindustrie, die in ihren Produkten verlockende Nebeneffekte entdeckt. So sorgen viele Medikamente (wie z. B. das Parkinsonmedikament Levodopa), wenn sie ohne Indikation genommen werden, für durchaus erwünschte Effekte, die der Leistungsförderung zugeschrieben werden (Sonnabend 2007). Da Nahrungsergänzungsmittel wie Spurenelemente, Vitaminpräparate etc. auch alles andere als verpönte Alltagshelfer sind, liegt die Vermutung nahe, dass sich hier ein angesehener Markt für Förderungsprodukte des Lernprozesses oder der Arbeitsfähigkeit auftun könnte.

implementieren. Sie konnten zeigen, dass es bei der Kontrolle am Arbeitsplatz um die unternehmerische Freiheit sowie die Wirtschaftlichkeit der Unternehmen geht (vgl. auch Paul 2010). Selektion, Imagepflege und die Verschiebung von Verantwortung vom Arbeitgeber auf den Arbeitnehmer, was die Sicherheit am Arbeitsplatz angeht, sind einige der zentralen Funktionen, die sowohl Nelkin & Tancredi wie Gilliom herausarbeiteten.[20]

Wie sich das Kontrollbedürfnis beim Neuroenhancing im Studium und am Arbeitsplatz entwickeln wird, bleibt abzuwarten. Und wie die Kriminologie und ihre Drogenforschung damit umgeht ebenfalls. Geboten wäre meines Erachtens die Beobachtung des Diskurses ebenso wie der damit verbundenen Praktiken, um so herauszufinden, welche Disziplinen und welche Akteure die Definitions- und Kontrollmacht besitzen werden. Studien wie die o. a. zeigen dafür einen Weg auf, spannende Forschung vorzunehmen, da sie sich an der Lebensrealität der betroffenen Subjekte orientiert, hinter gesetzte Definitionen schaut und so Erkenntnisse über neue Entwicklungen von Kontrolle und ihrer Entsprechung bei den so Kontrollierten hervorbringen kann.

Literatur

Austin, Gregory (1998): Die europäische Drogenkrise des 16. und 17. Jahrhunderts, in: Gros, Hans (Hg.). Rausch und Realität. Eine Kulturgeschichte der Drogen. Überarb. Neuaufl, Stuttgart/Düsseldorf/Leipzig, 53–63.

Baecker, Dirk (2003): Wozu Kultur? Berlin, 3. Aufl.

Beck, Jerome E./Rosenbaum, Marsha (1994): Pursuit of Ecstasy: The MDMA Experience, New York.

Bierne, Pierce (1983): Cultural Relativism and Comparative Criminology, in: Contemporary Crises 7, 371–391.

Becker, Howard S. (1973): Außenseiter. Zur Soziologie abweichenden Verhaltens, Frankfurt a. M.

Blum, Alan F./McHugh, Peter (1975): Die gesellschaftliche Zuschreibung von Motiven, in: Sack, Fritz/Lüderssen, Klaus (Hg.): Abweichendes Verhalten II: Die gesellschaftliche Reaktion auf Kriminalität, Frankfurt a. M., 171–196.

---

[20] Nelkin & Tancredi zeigen u. a. auch auf, dass Drogentests ein Image als vermeintlich „wissenschaftlich objektive" Beurteilungstechnik innehätten, wodurch sowohl Arbeitgeber als auch Mediziner geblendet würden (1994: 86). Dabei stünden die innerbetrieblichen Ärzte zwischen den Loyalitätsfronten, einerseits Arbeitgeber, andererseits Mitarbeiter/Patient. Die Tests würden, so Nelkin & Tancredi, den Medizinern in dieser Zwickmühle helfen, eine (vermeintliche) Neutralität und Faktizität zu vermitteln und so in einer neutraleren Position wahrgenommen zu werden. Vergessen würden dabei die der Testpraxis inhärenten Interpretationen.

Blum, Richard H. and Associates (1969): Society and Drugs. Drugs: Social and Cultural Observations, San Francisco.

Blumer, Herbert 1981: Der methodologische Standpunkt des Symbolischen Interaktionismus, in: Arbeitsgruppe Bielefelder Soziologen (Hg.): Alltagswissen, Interaktion und gesellschaftliche Wirklichkeit. Bd.1: Symbolischer Interaktionismus und Ethnomethodologie, Opladen, 80–146.

Böllinger, Lorenz (1992): Verfassungsrechtliche und kriminalpolitische Aspekte eines Ausstiegs aus repressiver Drogenpolitik, in: Neumeyer, Jürgen/Schaich-Walch, Gudrun (Hg.): Zwischen Legalisierung und Normalisierung. Ausstiegsszenarien aus der repressiven Drogenpolitik, Marburg/Berlin, 147–167.

Böllinger, Lorenz (2005): Die ewige Wiederkehr des Biologismus. Über das Verhältnis von Wissenschaft und Interessen am Beispiel des Cannabis. in: KrimJ 37, 23–38.

Bönisch, Julia (2008): Psychisch kranke Studenten: Nur mit Pillen in die Prüfung, in: Süddeutsche.de vom 10.1.2008, Online unter: www.sueddeutsche.de/jobkarriere/758/429511/text/print.html [01.09.2009].

Bourgois, Philippe (1995): In Search of Respect. Selling Crack in El Barrio, New York.

Courtwright, David T. (2001): Forces of Habit. Drugs and the Making of the Modern World, Cambridge/Massachusetts/London.

DAK (2009): Gesundheitsreport 2009. Analyse der Arbeitsunfähigkeitsdaten. Schwerpunktthema Doping am Arbeitsplatz, Berlin.

Fleck, Ludwik (1980 [1935]): Entstehung und Entwicklung einer wissenschaftlichen Tatsache. Einführung in die Lehre vom Denkstil und Denkkollektiv, Frankfurt a.M.

Franzkowiak, Peter (1999): Risikokompetenz und „Regeln für Räusche": Was hat die Suchtprävention von der akzeptierenden Drogenarbeit gelernt? in: Stöver, Heino (Hg.): Akzeptierende Drogenarbeit: Eine Zwischenbilanz, Freiburg i.B., 57–73.

Gelpke, Rudolf (1975): Drogen und Seelenerweiterung. 4. Aufl, München.

Gerth, Hans/Mills, C. Wright (1973): Motivvokabulare, in: Steinert, Heinz (Hg.): Symbolische Interaktion. Arbeiten zu einer reflexiven Soziologie, Stuttgart, 156–161.

Gilliom, John (1996): Surveillance, Privacy, and the Law. Employee Drug Testing and the Politics of Social Control, Ann Arbor.

Hesse, Erich (1953): Die Rausch- und Genußgifte. Stuttgart.

Holyfield, Lori et al. (2005): Adventure without Risk is like Disneyland, in: Lyng, Stephen (Hg.): Sociology at the Edge: Social Theory and Voluntary Risk Taking, New York, 173–185.

Husak, Douglas N. (1992): Drugs and Rights, Cambridge/New York/Oakleigh.

Katz, Jack (1988): Seductions of Crime. Moral and Sensual Attractions in Doing Evil, New York.

Kemme, Stefanie (2010): Die kulturelle Sozialisation als Determinante delinquenten Verhaltens und Suchtmittelumgangs bei westlichen und muslimischen Jugendlichen. Interkulturell-vergleichende Dunkelfelduntersuchung bei Studierenden in Gießen, Madison und Izmir, in: MschKrim 93, 126–146.

Lofland, John (1991): Analysing Social Settings, New York.

Lyng, Stephen (Hg.) (2005): Sociology at the Edge: Social Theory and Voluntary Risk Taking, New York.

Møller, Knud O. (1951): Rauschmittel und Genussmittel, Basel.

Musto, David F. (1987): The American Disease. Origins of Narcotics Control. Rev. ed, New York/Oxford/Toronto.

Nelken, David (2002): Comparing Criminal Justice, in: Maguire, Mike/Morgan, Rod/Reiner, Robert (Hg.): The Oxford Handbook of Criminology. 3rd ed., Oxford, 175–202.

Nelkin, Dorothy/Tancredi, Laurence (1994 [1989]): Dangerous Diagnostics. The Social Power of Biological Information, New York.

O'Malley, Pat/Mugford, Stephen (1991): The Demand for Intoxicating Commodities, in: Social Justice 18, 49–57.

Paul, Bettina (2007): Drogentests in Deutschland oder die Institutionalisierung von Misstrauen, in: KrimJ 39, S. 55–67.

Paul, Bettina (2010): „Pinkeln unter Aufsicht". Zur gesundheitlichen Problematik von Drogen- und Dopingtests, in: Paul, Bettina/Schmidt-Semisch, Henning (Hg.): Risiko Gesundheit. Über Risiken und Nebenwirkungen der Gesundheitsgesellschaft, Wiesbaden, 163–185.

Quensel, Stephan (1991): Leben mit Drogen? Akzeptierende Drogenarbeit als Schadensbegrenzung gegen repressive Drogenpolitik, in: akzept e. V. (Hg.). Leben mit Drogen. Dokumentation des 1. Kongresses des Bundesverbandes für akzeptierende Drogenarbeit und humane Drogenpolitik – akzept e. V., Berlin, 16–24.

Quensel, Stephan (2001): „Weil es gefährlich ist": Jugendlicher Drogenkonsum und Delinquenz. Präventive Konsequenzen aus einer Analyse eines jugendlichen ‚Risikoraumes', in: Wiener Zeitschrift für Suchtforschung 3/4, 55–71.

Quensel, Stephan (2006): Moderne Gladiatoren. Ein Cannabis-Disput, in: MschKrim 89, 291–313.

Reinarman, Craig (1994): The Social Construction of Drug Scares. In: Adler, Patricia A./ Adler, Peter (Hg.). Constructions of Deviance: Social Power, Context and Interaction, Belmont, California, 92–104.

Reuband, Karl-Heinz (2009): Entwicklungen des Drogenkonsums in Deutschland und die begrenzte Wirksamkeit der Kriminalpolitik, in: Soziale Probleme 20 (Duprez, Dominique/Groenemeyer, Axel (Hg.): Drogenkonsum, Drogenprobleme und Drogenpolitik in Europa), 182–206.

Richards, John/Glasersfeld, Ernst von (1990): Die Kontrolle von Wahrnehmung und die Konstruktin von Realität. Erkenntnistheoretische Aspekte des Rückkoppelungs-Kontroll-Systems, in: Schmidt, Siegfried J. (Hg.); Der Diskurs des Radikalen Konstruktivismus, Frankfurt a. M., 192–228.

Rose, Nicolas (2003): The Neurochemical Self and Its Anomalies, in: Ericson, Richard V./ Doyle, Aaron (Hg.): Risk and Morality, Toronto et al., 407–437.

Scheerer, Sebastian/Vogt, Irmgard (Hg.) (1989): Drogen und Drogenpolitik. Ein Handbuch, Frankfurt a. M./New York.

Schmidt-Semisch, Henning (1994): Die prekäre Grenze der Legalität, DrogenKultur-Genuß. München.

Schmidt-Semisch, Henning (1997): Geschichte, Wirrwar und inflationäre Verwendung des Suchtbegriffs, in: Bossong, Horst/Gölz, Jörg/Stöver, Heino (Hg.): Leitfaden Drogentherapie, Frankfurt a. M., 34–55.

Schmidt-Semisch, Henning/Nolte, Frank (2000): Drogen, Hamburg.

Schuh, C. (2008): Universitäten: Doping-Kontrolle für Studenten. In: Süddeutsche.de vom 10.03.2008, Online unter: <http://www.sueddeutsche.de/jobkarriere/916/435663/text/> [01.09.2009].

Sheptycki, James W. E. (2005): Relativism, Transnationalisation and Comparative Criminology, in: Sheptycki, James W. E./Wardack, Ali (Hg.): Transnational and Comparative Criminology, London/Sydney/Portland, 69–88.

Snyder, Solomon H. (1994): Chemie der Psyche. Drogenwirkungen im Hirn, Heidelberg/ Berlin/Oxford.

Techniker Krankenkasse (2009): Kundenkompass Stress. Aktuelle Bevölkerungsbefragung: Ausmaß, Ursachen und Auswirkungen von Stress in Deutschland, Frankfurt a. M.

Thomasius, Rainer (2006): Cannabiskonsum und -missbrauch: Deutschlands Suchtproblem Nr. 3 bei Jugendlichen und jungen Erwachsenen. Mit Prävention und frühen Hilfen der Suchtgefahr entgegenwirken, in: MschrKrim 89, 107–130.

Tunnell, K. D. (2004): Pissing on Demand. Workplace Drug Testing and the Rise of the Detox Industry, New York/London.

Weil, Andrew M. D./Rosen, Winfred (1998): From Chocolate to Morphine. Everything you need to know about Mind-Altering Drugs. Rev. ed., New York.

Wienemann, E./Mueller, P. (2005): Standards der Alkohol- Tabak, Drogen- und Medikamentenprävention in deutschen Unternehmen und Verwaltungen. Expertise. Projekt der Deutschen Hauptstelle für Suchtfragen e. V.).

Wurdak, Mara/Dörfler, Tobias/Eberhard, Martin/Wolstein, Jörg (2010): Tagebuchstudie zu Trinkmotiven, Affektivität und Alkoholkonsum bei Jugendlichen, in: SUCHT 56, 175–182.

Zehentbauer, Josef (2002): Körpereigene Drogen. Die ungenutzten Fähigkeiten des Gehirns. 3. Aufl., Düsseldorf/Zürich.

Raubkopieren tötet?!

Skandalisierung von Mausklick-Delikten am Ende der Utopie

Moritz Rinn

Vorspann: „Raubkopierer sind Verbrecher"!?

> *„In Erwägung, daß wir hungrig bleiben*
> *Wenn wir dulden, daß ihr uns bestehlt*
> *Wollen wir mal feststelln, daß nur Fensterscheiben*
> *Uns vom guten Brote trennen, das uns fehlt"*
>
> Bertolt Brecht: Resolution der Communarden,
> Die Tage der Commune, 1948/1949

„Mach dich nicht zum Dieb", forderte einer der Werbespots, die die Filmindustrie im Rahmen ihrer Kampagne „Hart aber gerecht – Raubkopierer sind Verbrecher" in Kinos ausstrahlen ließ. „Raubkopierer" wurden in diesen Spots gewollt drastisch überzeichnet: Als inhaftierte Väter, denen ihre Kinder das Geburtstagslied über die Gefängnismauer hinweg singen müssen, als aufdringliche Verlierertypen, die nach ihrer sozialen Isolation im Knast ungeschickt und erfolglos nach einer neuen Partnerin suchen, oder als Nerds, die aus Angst vor der Polizei vollkommen paranoid werden und nicht einmal mehr der Postbotin die Tür aufmachen. Zielgruppe dieser Anti-Werbung waren offensichtlich vor allem männliche junge Erwachsene, die mit der „Information", für Filmdiebstahl mit bis zu fünf Jahren Haft bestraft werden zu können, abgeschreckt werden sollten.[1] Komplettiert wurde die Kampagne u. a. durch Poster, die im Stil von Fahndungsplakaten gehalten waren oder schon freudig auf Neulinge wartende Häftlinge darstellten. Traurige Spitze dieser Drohungskaskaden: die „Knast on Tour"-Kampagne, „die mit einer nachgebauten Gefängniszelle durch Deutschland reist, um Menschen auf öffentlichen Plätzen zum ‚Probesitzen' für das Kopieren von Spielfilmen aufzufordern" (Bretthauer 2009: 169). Durch „die ‚breitere Veröffentlichung von bekannt gewordenen Hausdurchsuchungen'" solle ein Klima der Angst unter FilmkopiererInnen

---

[1] Dass es sich dabei um eine deftige Übertreibung handelt wurde dem dramatischen Effekt geopfert. Zwar beträgt die Höchststrafe für Diebstahl fünf Jahre, aber das verhängte Strafmaß unterschied sich bisher deutlich bei kommerziell-gewerblichen und privaten Zwecken (vgl. http://www.raubkopierer-sind-verbrecher.de/welche-strafen-drohen.htm (Stand 2010-10-15). Im Folgenden beziehe ich mich ausschließlich auf sog. „Raubkopieren" zum privaten Gebrauch über das Internet.

erzeugt werden, wie Lars Bretthauer eine brancheninterne Veröffentlichung zitiert (ebd.). Die Bevölkerung solle dahingehend erzogen werden, „dass das Kopieren von Filmen nicht mehr als ‚Kavaliersdelikt' (Copypolice 2005: 1), sondern als Rechtsbruch und Raub geistigen Eigentums identifiziert wird" (ebd: 168). Mittels Skandalisierung sollen also in der Bevölkerung weit verbreitete Praktiken, denen ein relevanter wirtschaftlicher Schaden angelastet wird, als „kriminelle" bewusst gemacht werden.

Neben diesen Kampagnen, die „Raubkopieren" als Verbrechen und die (angeblichen) strafrechtlichen Konsequenzen darstellen, stehen stärker moralisierende Argumentationen, die auf die vermeintlichen Folgen für die Filmwirtschaft (weniger Gewinne – weniger Spielfilmproduktionen – weniger Kinos – weniger Arbeitsplätze etc.) hinweisen. In dieser Argumentationslinie agiert der verwandte bzw. in den gleichen Konzernen angesiedelte Sektor der Musikindustrie schon länger – aus der 1980 angesichts der Markteinführung der *MusiCassette* (MC) lancierten Kampagne „home taping is killing music" wurde nach der Verbreitung von CD-Brennern in den 1990ern „copy kills music". Auch in dieser Kampagne kamen Symbole zum Einsatz, die an die Illegalität des Kopierens (über den privaten Gebrauch hinaus) erinnerten – eine Kassette in Form eines Totenschädels verwies auf Piraterie.

Die konkreten Tathandlungen, die hier angeprangert werden, erscheinen zunächst nicht besonders aufregend: Personen bedienen einen PC per Mausklick oder Befehlseingabe über die Tastatur, setzen so eine Datenübertragung über ein Netzwerk in Gang und kopieren Datenpakete von einem Punkt in diesem Netzwerk an einen anderen. Dabei werden die Daten nicht verschoben, sondern dupliziert. Auch nach einer weiteren Kontextualisierung, die den „Sinngehalt" dieser Handlung genauer erschließbar macht, wird es nicht spannender. Denn was geschieht, wenn die Vervielfältigung von Daten zu „Raubkopieren" wird? Zunächst einmal handelt es sich um zahlreiche unterschiedliche Praktiken, die unter die Kategorie der Delikte gegen Urheberrecht bzw. geistige Eigentumsrechte fallen. Unterscheiden lassen sich darin grundsätzlich zwei verschiedene Akte: das unerlaubte Bereitstellen von urheberrechtlich geschützten Daten und das Herunterladen von offensichtlich illegal bereitgestellten Daten (worunter in den Augen der Content-Industrie eigentlich alle Daten von kommerziellen Produkten fallen, die nicht käuflich erworben werden). „Raubkopieren" wird sowohl für den Up- und Download mittels unterschiedlicher Verfahren (p2p, BitTorrent), aber auch für das Umgehen von Kopierschutz oder das Abfilmen der Leinwand in Kinos verwendet (sog. „Screener"). Auch „Streaming" wird als Raubkopieren behandelt, da bei dieser Form, sich bspw. Filme direkt im Internet anzusehen, jeweils eine temporäre Datei auf dem eigenen PC erzeugt wird.

Nach der individuellen Disposition oder Motivation, den familiären und gesellschaftlichen Bedingungen für diese Handlungen zu fragen, wie eine an „den
Handlungen selbst" interessierte Kriminologie, erscheint wenig erfolgverspre-
chend angesichts der bestechenden Evidenz dieser Taten: Sie sind einfach, ohne
große informationstechnologische Kenntnisse durchführbar, es handelt sich um
naheliegende Möglichkeiten der Verwendung von Internet und PC, um mit praktisch frei verfügbaren Daten die eigene „Medienbibliothek" besser auszustatten.[2]
Wie, wenn nicht auf diese Weise entfaltet die Netztechnologie ihre genuine Produktivität?[3] Die kriminologische Frage nach den Ursachen solcher Handlungen
bleibt „langweilig", egal ob diese bio- oder soziologisch erklärt werden sollen.
„Raukopieren" kann wohl kaum als „abweichendes Verhalten" begriffen werden –
weder mangelhafte Erziehung und Zerfall der Familie, mediale Verführungen und
fehlende positive Vorbilder noch genetische Defekte oder bio-psychische Dispositionen versprechen in irgend einer Weise Aufklärung über spezifische Täter-Sub-
jektivitäten. Die immense Verbreitung illegalisierter Downloads lässt selbst die
Film- und Musikindustrie erkennen: „Raubkopierer" sind keine gefallenen Individuen, sondern „ganz normale Menschen". Seit der massenhaften Verfügbarkeit
der Internettechnologie und der Entwicklung diverser Datentausch-Verfahren
haben sich digitale Diebstahlsdelikte von den Informatik-Halbprofis auf potentiell alle Internet-User ausgeweitet. Mit Abmahnungen und Strafbefehlen belegt
wurden Managersöhne wohl ebenso wie die Hausangestellten von deren Vätern.

Herrschaft als Anachronismus – oder: was wirklich aufregen sollte

Dieser Typus von Delikten – Verstöße gegen ‚geistige Eigentumsrechte' im Medium des Internets – ist also „an sich" langweilig. Dagegen ermöglicht die Analyse
des Umgangs mit ihm spannende Erkenntnisse über die Transformation gesellschaftlicher Verhältnisse sowie kulturellen und ökonomischen Wandel. Dazu
muss zunächst eine ausschnitthafte und selektive Problembeschreibung der historischen Situation vorgenommen werden, vor der sich „Raubkopieren" vollzieht,
denn Kriminalität existiert bekanntlich nie „an sich", spezifische Delikte und ihre
Delinquenten sind immer schon historisch-gesellschaftliche Konstrukte.
    Da es hier um Eigentumsdelikte gehen soll, ist auf zwei unterschiedliche
Zusammenhänge verwiesen: Erstens auf Eigentum als Grundkategorie kapita-

---

[2] Das Herunterladen allein sagt weder etwas darüber aus, ob die Filme oder Musik anschließend
konsumiert werden, noch, ob es den legalen Erwerb (bspw. der DVD oder CD) ersetzt (vgl. Nuss
2006: 54).
[3] Nuss erinnert an die ursprüngliche Verwendung des Internet-Vorläufers Arpanet für den freien
Austausch von Informationen und kollektive Zusammenarbeit (2006: 41 f.).

listischer Vergesellschaftung – die private Form, die gesellschaftlich produzierter Reichtum annimmt – und zweitens auf die Verteilung des gesellschaftlichen Reichtums sowie deren Regulierung vor dem Hintergrund einer spezifischen Entwicklung von Produktionsmitteln bzw. Produktivkräften insgesamt. Eigentumsdelikte kann man dann auch als eine bestimmte Form von Verteilungskonflikten betrachten.

Beginnend mit dem zuletzt genannten Zusammenhang sei zunächst an eine Grundannahme der Kritischen Theorie erinnert: Diese besagt, dass in den (spät-)kapitalistischen Gesellschaften Unfreiheit, Ausbeutung und Repression fortbestehe, obwohl die objektiven Bedingungen der Möglichkeit einer umfassenden Emanzipation schon gegeben seien.[4] Wenn gegenwärtig Arbeit weniger nachgefragt, Integration und Reproduktion der Einzelnen jedoch grundsätzlich über Lohnarbeit vermittelt bleibt, und zugleich die gesellschaftliche Reichtumsproduktion (trotz Krisen) beständig wächst, erscheint das so aufgespannte Abhängigkeits- und Herrschaftsverhältnis selbst anachronistisch. Die gegenwärtig verstärkte Prekarisierung von Arbeitsverhältnissen zeigt dabei die grundsätzliche Unsicherheit der an Lohnarbeit gekoppelten Existenzweisen an. Die Durchsetzung des Zwangs zur Lohnarbeit hat Marx im Kapital als „sogenannte ursprüngliche Akkumulation" beschrieben: Als „Prozeß, der das Kapitalverhältnis schafft", der „nichts anderes sein [kann] als der Scheidungsprozeß des Arbeiters vom Eigentum an seinen Arbeitsbedingungen, ein Prozeß, der einerseits die gesellschaftlichen Lebens- und Produktionsmittel in Kapital verwandelt, andererseits die unmittelbaren Produzenten in Lohnarbeiter" (Marx 1973: 742). Die so Enteigneten sind in dem Sinne doppelt frei, „daß weder sie selbst unmittelbar zu den Produktionsmitteln gehören, wie Sklaven, Leibeigene usw., noch auch die Produktionsmittel ihnen gehören, wie beim selbstwirtschaftenden Bauer usw. [...]" (ebd.). Ihrer Existenzmittel beraubt und nur noch in Besitz ihrer eigenen Arbeitskraft, über die sie formal frei verfügen können, müssen sie diese auf dem Markt verkaufen – und dort in Kauf nehmen, dass sich andere ihre Arbeitsprodukte aneignen und den Mehrwert abschöpfen, oder aber, dass sie überhaupt gar nicht erst ausgebeutet werden „dürfen", wie dies in der Debatte über die sog. „Überflüssigen" disku-

---

[4] Diese These wurde gar noch weiter getrieben – aus dem „obwohl" wurde ein „gerade weil": Gerade aus dem schon verwirklichten Wohlstand selbst resultierte die Repression: „Unter den gegebenen Verhältnissen werden die Glücksgüter selbst zu Elementen des Unglücks" (Horkheimer/Adorno 1969: 5). Herbert Marcuse formulierte in diesem Zusammenhang ein „Ende der Utopie", was zugleich eine Neudefinition von Freiheit möglich und nötig mache (Marcuse 1967: 21). Wie sehr diese Theorien der Epoche fordistischer „Allinklusion" zuzuordnen sind wird gerade heute sichtbar, wo Ausgrenzung und „Desintegration" sozialwissenschaftliche Dauerbrenner zu werden scheinen. War diese Allinklusion zugleich repressiv (Marcuses „eindimensionale Gesellschaft"), so barg sie doch zumindest die Möglichkeit von Emanzipation über die alltäglichen Notwendigkeiten hinaus.

tiert wurde (vgl. Kronauer 2002: 149).[5] Dass Eigentum in diesem Sinne Diebstahl
ist – die private Aneignung der Produkte fremder Arbeit – und Lohnarbeit auf
fortgesetzter Enteignung basiert, ist die Grundlage der Institution Privateigentum.
In der gegenwärtigen Situation, in der die Forderung „Alles für Alle, und
zwar umsonst" in keiner Weise nach utopischem Schlaraffenland klingen müsste,
sind für den eigentlichen Skandal kaum mehr Worte zu finden – dass nämlich
Hunger, Armut und anderes Elend angesichts immenser Reichtumsproduktion
quasi-objektiv überflüssig und dennoch allgegenwärtig sind. Sich angesichts
dessen über denjenigen[6] zu echauffieren, der „[...] eine fremde bewegliche Sache einem anderen in der Absicht wegnimmt, die Sache sich oder einem Dritten
rechtswidrig zuzueignen" (§ 242 StGB), der also einen Diebstahl begeht, erscheint
zynisch – jedenfalls dann, wenn es die Hungerleidenden sind, die stehlen. Vor diesem Hintergrund die Legitimität von extra-legaler „Zueignung" absolut in Frage
zu stellen, gelingt wohl nur politischen Legalisten oder jenen, die an der Annahme
der Rationalität kapitalistischer Produktions- und Eigentumsverhältnisse festhalten. „Mundraub" – den die Brecht'schen Kommunarden selbstbewusst für sich reklamieren – dagegen ist die Praxis einer moral economy, die ein Aneignungsrecht
gelten macht, das gerade nicht auf Paragraphen gestützt ist. Diese Praxis richtet
sich gegen den Zynismus einer Gesellschaft, in der Zugang zu Produktionsmitteln,
Arbeitsplätzen und zum Ertrag der Arbeit selbst durch wenige kontrolliert und
äußerst ungleich gewährt wird mit der Folge, dass wenige viel besitzen und viele
besitzlos oder gar verschuldet sind – auf das grundsätzliche „Bestehlen", das mit
dem Lohn seine Form gefunden hat, sprechen Brechts Kommunarden an. Angesichts von Zwangsintegration und der Koppelung von Existenz an Lohnarbeit[7]
sollte es also nicht empören, wenn dagegen opponiert wird. Auch wenn politisch
produktivere Oppositionsstrategien existieren als die Aneignung fremder beweg-

---

[5] Angesichts dessen bleibt es dringend geboten, die Überflüssigkeit von Hunger, Armut und anderem
Elend und deren struktureller Reproduktion zu betonen – gerade in proklamierten „Krisenzeiten", in
denen der Staat imstande ist, für die Rettung „systemnotwendiger" Banken Milliarden aufzubrin-
gen bei gleichzeitigen Kürzungswellen vor allem auf Landesebene und einer faktischen Nullrunde
bei der Neuberechnung der Hartz-IV-Sätze. Dass bspw. „Mindestlohn" oder ein „bedingungsloses
Grundeinkommen" allein noch nicht „die Befreiung" wäre, ist dahingestellt. Den Umkehrschluss
ziehen jedoch die Apologeten eines „aktivierenden Sozialstaates", die es als Wohltätigkeit ansehen,
Erwerbslose „nicht einfach nur mit Geldleistungen abzuspeisen", sondern sie in angeblich alleinig
sinnstiftende Lohnarbeitsverhältnisse zurückführen zu wollen.
[6] Der Gesetzestext kennt nur männliche Formulierungen, gemeint ist eine „juristische Person".
[7] Diese Zwangsintegration als Lohnarbeitende ist zudem weder historisch freiwillig, noch einmalig
geschehen und abgeschlossen – darauf weist schon Marx hin. „Akkumulation durch Enteignung"
wird auf Dauer gestellt und auch die Produktion von LohnarbeiterInnen und deren Anpassung an sich
verändernde ökonomische Anforderungen muss – durch staatliche Sozialpolitik – gewährleistet werden. Eine Strategie dieser Politiken des Sozialen zur Herstellung einer bestimmten „Arbeitsmoral"
ist das Konzept „Kriminalität", worauf prominent Cremer-Schäfer und Steinert (1998) hingewiesen
haben.

licher Sachen, so wird ohne sie eine Abschaffung des Elends kaum möglich sein, zumal es eben das Eigentumsrecht ist, dass die ausschließende private Verfügung über gesellschaftlich produzierten Reichtum ermöglicht.

Verstöße gegen (geistiges) Eigentumsrecht und deren Bearbeitung

Absurd wird die Anwendung des Eigentumsrechts und der Rechtskategorie „Diebstahl" auf „geistige" Güter, zumal im Zeitalter ihrer digitalen Reproduzierbarkeit.[8] Einem bildenden Künstler eines seiner Werke zu entwenden, ist im physischen Sinne noch möglich[9]. Ein digitales Datenpaket dem oder der legitimen EigentümerIn „wegzunehmen", wie es die Definition eines Diebstahls verlangen würde, gestaltet sich dagegen schwieriger, würde dies doch faktisch bedeuten, die entsprechende Datei auf dessen oder deren Speichermedium zu löschen, so dass sie nicht mehr genutzt werden kann. Bei der Skandalisierung des sogenannten „Raubkopieren" handelt es sich also zunächst einmal um eine sprachliche Dramatisierung. Daten kann man ebenso wenig wie Ideen im landläufigen Sinne „stehlen". Man kann sie sich nur aneignen und nutzen – entweder für den privaten Konsum oder mit Verwertungsabsichten. Und genau darauf reagieren auch legislative Bemühungen zum Schutze „geistigen Eigentums" und deren Exekution, denen ich mich im Folgenden widmen will.

Mit den praktischen Folgen der skizzierten verwirrenden Eigenschaft digitaler Güter sind nun gerade diejenigen Industriezweige konfrontiert, die mit ihnen Profit erwirtschaften wollen. Ist gesellschaftlich weitgehend anerkannt, dass Diebstahl moralisch verwerflich ist (wenn auch die Hemmschwelle, Waren mitgehen zu lassen, unterschiedlich ausgeprägt ist und in manchen Kreisen als eine Art Sport betrieben wird), so trifft das ganz offenbar auf Waren in digitaler Form nicht in gleichem Maße zu. Wie gehen nun jene, die an der Realisierung des Mehrwertes durch Warenverkauf interessiert sind, mit Verstößen gegen geltendes Recht um, wenn diese Verstöße weitgehend als „normal", kaum als unmoralisch oder gar „abartig" wahrgenommen werden? Wenn die entsprechenden Praktiken alles andere als skandalös oder „gefährlich" sind, sondern schlicht und einfach gängig

---

[8] Die Unterscheidung von Original und Kopie eines Werks – eines Films, einer Fotografie, eines Musikstücks – ist schon lange nicht mehr zu halten. Dies hat schon Walter Benjamin in seinem programmatischen Aufsatz „Das Kunstwerk im Zeitalter seiner technischen Reproduzierbarkeit konstatiert (vgl. Benjamin 1939). Auch an autonom-genialer „Autorenschaft" wird schon länger gezweifelt.
[9] Der Kunstraub hat sich dann auch zu einer eigenen Deliktsgattung gemausert, was bei Musik und Film nie der Fall war. Hier ging es wenn dann um Plagiate und nicht gekennzeichnete Zitate, was jedoch bei Filmschaffenden weniger als „Diebstahl" denn als beliebte Entzifferungsaufgabe für Cineasten gilt („Wie viele Zitate aus *High Noon* stecken in *Dead Man*?").

im Umgang mit Medientechnologien und in ihrem Schaden selbst umstritten? Im Interesse der Kapitalverwertung, aber auch im Interesse der Aufrechterhaltung der Institution Privateigentum als Basiskategorie kapitalistischer Produktionsverhältnisse werden diese Praktiken durch moralisierende Kampagnen und Kriminalisierungspraktiken zu unterbinden versucht – gerade dann, wenn wirksame Kontrollen und Sicherheitstechnologien schwierig zu installieren sind.

Nähern wir uns der Institution Privateigentum im Bereich der Kulturproduktion, gilt es zunächst einmal, die AkteurInnen zu differenzieren, die ein Interesse am „geistigen Eigentum" haben. Am Anfang der Geschichte von dessen Verrechtlichung waren das UrheberInnen und VerlegerInnen. Das britische „Copyright" wurde schon im 16. Jahrhundert in England als Verlagsrecht etabliert, später wurde auch dem Urheber ermöglicht, Rechte an seinem Werk zu erwerben (Leganovic/Steffan 2006: 92). Es ging dabei in erster Linie um die Vergabe von Drucklizenzen und die staatliche Kontrolle der Distribution – im Zuge der Veränderung des Copyrights wurde aber auch der Bereich der „Gemeinfreiheit" definiert, also der Zeitpunkt, an dem ein „Werk" in Gemeineigentum übergeht. Von dieser britischen und später amerikanischen ist eine kontinentaleuropäische Version des „Urheberrechts" zu unterscheiden: In Frankreich wurde nach der Revolution das Recht des Schöpfers an seinem Werk naturrechtlich begründet: „Das Urheberrecht ist in dieser Tradition ein dem Autor natürlich zufallendes Recht, das ihn für seine Arbeit und Kreativität belohnt. Das Werk ist somit untrennbar mit dem Autor verbunden, das Urheberrecht nicht veräußerbar, der Autor kann dem Verleger nur Nutzungsrechte einräumen." (Leganovic/Steffan 2006: 97; vgl. Bretthauer 2009: 17). Bei komplexen, kollektiven Spielfilmproduktionen können nur bestimmte Beteiligte eine AutorInnenschaft beanspruchen – „in der deutschen Rechtsprechung vor allem Regisseure, Schnittmeister und kameraführende Personen" (Bretthauer 2006: 499) – zugleich werden aber auch die geistigen Eigentumsrechte der Spielfilmunternehmer im Urheberrecht begründet: „Dieses verfügt, dass Filmunternehmer als Investoren die Nutzungsrechte an Spielfilmen erhalten sollen, um mit diesen zu handeln [...]" (Bretthauer 2009: 17). Das Urheberrecht verrechtlicht Spielfilme also zugleich als Kulturprodukte und als Waren: „Es begründet zwei parallele Eigentumsansprüche am Spielfilm: den der UrheberIn und den des Filmunternehmens." (ebd.).

Das Urheberrecht teilt sich hier also in ein Recht an der „Idee" (gewissermaßen der „Gebrauchswert", die Qualität eines Films) und deren Verwertung. Diese klassisch-warenförmige Verdoppelung ermöglicht nun eine besonders produktive ideologische Strategie der Spielfilmindustrie: allein am Tauschwert orientierte Unternehmen kämpfen für ihre Profitinteressen im Namen des Gebrauchswertes und argumentieren in ihren Kampagnen bspw. mit der durch Raubkopieren bedrohten „kulturellen Vielfalt". Mittels des Appells an die Vernunft der Konsu-

mentInnen, sich mit dem eigenen „egoistischen" Verhalten langfristig selbst zu
schaden, soll die Institution „geistiges Eigentum" und zugleich die Existenz der
Film- und Musikindustrie als deren VerwalterInnen legitimiert werden.[10] Sug-
geriert wird, dass ein Jenseits kapitalistischer Produktion und Verwertung von
Filmen und Musik schlicht nicht denkbar wäre.

Wenn die Produktivkräfte die Produktionsverhältnisse attackieren: Kulturproduktion, Krise und Kriminalisierung

Aus der Zunahme von Kampagnen wie den oben dargestellten lässt sich schließen,
dass die Kapitalverwertung im bestehenden hegemonialen Modus der Kulturproduktion gefährdet ist. Delikte gegen „geistiges Eigentum" anderer waren offensichtlich über weite Strecken der Entwicklung des bürgerlichen Rechtssystems
kein *großes* Thema – es handelt sich um ein in dieser Breite recht junges Problem,
das aus neuen kulturellen Praktiken und Kommunikationstechnologien resultiert,
dem nun zunehmend legislativ und exekutiv begegnet wird. Dies verweist auf die
Historizität von Kriminalisierungspraktiken, die in ihrer strategischen Implementierung analysiert werden müssen. So ist die angesichts der Umsatzrückgänge seit
den späten 1990er Jahre proklamierte Krise der Musikindustrie eingebettet in jene
der kapitalistischen Produktionsweise, mehr noch: Sie ist Teil derselben. Schreibt
man die Geschichte kapitalistischer Kulturproduktion auch als eine Geschichte
ihrer Medien(technologien), gerät ihre gewissermaßen dialektische Beziehung als
permanente Revolutionierung in den Blick[11]: Technologien der Kulturproduktion,
-distribution und -konsumtion werden angeeignet und weiterentwickelt, was wiederum spezifische kulturelle Produktions-, Konsumtions- und Distributionsprak-
tiken hervorbringt, die sich in die Technologien einschreiben und Kulturgüter (als
Waren) produzieren. Auch hier gilt: Alles Stehende und Ständische verdampft
angesichts der permanenten Erneuerung der Produktivkräfte.[12] Dass diese selbst

---

[10] „In kontinuierlichen Abständen veröffentlichte die Filmindustrie wirtschaftliche Schadenszahlen,
die die negativen Effekte des Filmkopierens auf ihre Unternehmensgewinne – und damit auch auf die
Beschäftigungslage in Deutschland – belegen sollen." Daneben wurde postuliert, „dass nicht-lizen-
sierte Filmkopien mittelfristig zu einem Ende der ausdifferenzierten Kinolandschaft in Deutschland
führen würden [...]" (Bretthauer 2009: 170).
[11] In diesem Sinne schreiben Leganovic und Steffan: „Die Explosion des gedruckten Schrifttums und
die zunehmende Alphabetisierung der Bevölkerung waren Aspekte einer Entwicklung, die uns das
heutige Urheberrecht beschert hat." (2006: 92). Ein anderer, in keiner Weise zu vernachlässigender
Aspekt ist, dass sich diese Entwicklung unter kapitalistischen Vorzeichen vollzogen hat, worauf
Nuss hinweist, wenn sie „ahistorische Rückgriffe auf die Entstehung des Urheberrechts" kritisiert
(2006: 213 f.).
[12] Diese Dialektik der Entwicklung von Produktivkräften und Produktionsverhältnissen wurden
aus kritisch-materialistischer Perspektive zuletzt bspw. von Nuss und Bretthauer beschrieben: Sie

die Bedingungen der Kapitalakkumulation untergräbt, eine permanente Transformation der Produktions- und Aneignungsverhältnisse erfordert, und zugleich über ihre spezifisch *kapitalistische* Organisation hinausweisen kann, wird sehr anschaulich deutlich, betrachtet man den fordistisch-kulturindustriellen Komplex, aus dem heraus die heutige Musik- und Filmindustrie entstanden ist. Was Horkheimer/Adorno als „Massenbetrug", also gerade als (angeblichen) Betrug der Massen um Kultur, beschrieben, ist längst abgelöst: Die kulturindustrielle Maschine rotiert nicht mehr auf der ewig gleichen Stelle, vielmehr explodierte sie gerade im Zuge ihrer technologisch-kulturpraktischen Transformation in eine Vielzahl von Produktionsstätten mit angeschlossenen Distributions- und Aneignungsweisen. Manche nannten das Differenzkapitalismus, andere sprachen von einem Mainstream der Minderheiten (vgl. Holert/Terkessidis 1996). Dennoch: Wenn die genuine Kultur des Fordismus Pop ist, verweisen die Krisen beider aufeinander. In beiden Fällen lassen sich noch keine stabilen Formation ausmachen, die dauerhafte Lösungen für ihre problematisch gewordene hegemoniale Produktionsweise und Subjektkonstitution anbieten.[13] Und damit zusammen hängt auch das Ringen um eine Stabilisierung kapitalistischer Eigentumsordnung angesichts neuer Potenziale der Kommodifizierung wie deren Subversion.[14] Die massenhafte und niedrigschwellige Zugänglichkeit von urheberrechtlich geschütztem Material – Filme, Musik, Software, neuerdings auch E-Books – ermöglichte ganz neue Umgangsweisen mit den kulturellen „Archiven" der Moderne.

Die Grundannahme der Kritischen Theorie wiederholt sich auch hier: „Das Glücksversprechen der popkulturellen Industrien", wie Bretthauer es nennt, soll an dem Punkt, an dem es endlich massenhaft eingelöst werden könnte, quasi-künstlich juristisch wieder eingehegt werden. Medientechnologisch naheliegende Verbreitungs- und Aneignungsweisen werden kriminalisiert: „Bemerkenswert ist, dass sich diese Aneignungsprozesse im Bereich der Popkultur vollziehen, also dort, wo die Konsumierenden mit ihren Spaß- und Unterhaltungsbedürfnissen im Mittelpunkt erschwinglicher Produktentwicklungen stehen. […] Den KonsumentInnen wird durch alle Poren des Alltags vermittelt, dass Unterhaltungsinhalte zuallererst auf ihren Lustgewinn angelegt sind. Dies scheint ihnen den

---

widmen sich „Copyright & Copyriot" bzw. „geistigem Eigentum im digitalen Zeitalter", und dabei insbesondere „Aneignungskonflikten", „staatlichen Regulierungen" und „alltäglichen Kämpfen" im „informationellen Kapitalismus" bzw. der Spielfilmindustrie.

[13] Ebenso wie der Fordismus wird auch Pop seit Jahren regelmäßig für tot erklärt – beide haben aber in den Subjektivitäten, die sie prägten, eine stabile Fortexistenz: So ist Post- eben auch -Punk, -Rock etc.

[14] Gerade weil digitale Medientechnologien Renditeerwartungen in der Musikindustrie in die Höhe schnellen ließ – die Wiederveröffentlichungen ihrer Backkataloge auf CD hatte den Musiklabels nach deren erfolgreicher Markteinführung ein immenses Wachstum beschwert – fiel die „Krise" danach so deutlich aus.

Eindruck zu vermitteln, dass sie umgekehrt auch ein legitimes ‚privates Recht als Konsument' auf das Produkt haben, wenn es ihnen umsonst angeboten wird. Jenseits aller eigentumsbezogenen Rechtsvorschriften, politischen Motivationen oder moralischer Skrupel" (Bretthauer 2007). Kapitalistische Kulturproduktion kann ihre Versprechungen abermals nicht einlösen, da dies die Grundlage ihrer Wertschöpfung – die Existenz eines Marktes für ihre Waren – sprengen würde.[15] Dieses Grundproblem wird im Spannungsfeld zwischen den technischen Möglichkeiten digitaler Informations- und Kommunikationstechnologien und deren eigentumsrechtlicher Regulierung angesichts ökonomischer Verwertungsinteressen rekonfiguriert. „Dem technologischen Potential des Internet steht [...] das Interesse der Verwertung der Bits und Bytes entgegen, wobei die Kontrolle dieser Informationsströme bislang noch an den spezifischen Eigenheiten digitaler Technologie seine Schranken findet. Generell ist umstritten, ob beispielsweise Kopierschutz von digitalen Gütern überhaupt möglich ist, da die Daten zum Konsum letztendlich immer in entschlüsselter Form vorliegen müssen, ergo immer irgend einer anderen Art von Kopiermöglichkeit zur Verfügung stehen." (Nuss 2002: 11).[16]

Das Recht als Schutz geistigen Eigentums, das auf das Verlagswesen des 19. Jahrhunderts gemünzt war, scheitert an den mit neuen Produktions- und Distributionsweisen verbundenen Aneignungspraktiken. Die Implementierung des „Property Rights Regime" auch für „geistiges Eigentum" in digitaler Form erweist sich als hochproblematisch, wie an der Novellierung des Urheberrechts deutlich wird: Der Gebrauchswert digitaler, internet-gestützter Technologien, die ihnen innewohnenden Nutzungspotentiale, die evidenten Verwendungsmöglichkeiten des Datentransfers, sollen der Orientierung an der Verwertung untergeordnet werden, d. h. konkret: Wird sonst mit der „natürlichen" Knappheit von Gütern argumentiert, muss diese in Bezug auf die einzelne, verlustfrei und beliebig oft kopierbare Datenmenge erst hergestellt werden. Künstliche Knappheit wird durch geistige Eigentumsrechte juristisch erzeugt, informationstechnologisch umzusetzen versucht (durch Kopierschutz bzw. Digital Rights Management (DRM), vgl. Nuss 2006: 57 ff.) und durch InternetfahnderInnen bspw. von der Gesellschaft zur Verfolgung von Urheberrechtsdelikten (GVU) und in spektakulären Gerichtsver-

---

[15] „Entsprechend lässt sich das hohe Interesse von Jugendlichen an kopierten Spielfilmen als eine Fortführung der durch die Medienunternehmen etablierten Konsumstrategien interpretieren, jedoch ohne dass die Unternehmen davon ökonomisch profitieren würden" (Bretthauer 2009: 171).
[16] Das liegt auf der Hand: Digitale Daten können an zahlreichen Schnittstellen „abgefangen" werden – letztlich steht am technologischen Ende der Datenverarbeitungskette immer ein Digital-Analog-Wandler bzw. ein Bildschirm, die den binären Code in audiovisuelle Ereignisse umwandeln. Spätestens hier wird der Schutz vor Aufzeichnung und Vervielfältigung technisch problematisch, wie bspw. das screening, d. h. dem Abfilmen der Leinwand im Kino deutlich gemacht hat

fahren mit Strafbefehlen in Höhe mehrerer zehntausend Euro gerichtlich-exekutiv durchgesetzt. Die Absurdität für etwas bezahlen zu sollen, was man niemandem wegnimmt, was man nicht einmal im klassischen Sinne konsumiert, also nicht „verbraucht", wird dabei in Kauf genommen.

Kriminalisierung als systemerhaltende und strukturkonservative Strategie

Angesichts der Möglichkeiten digitaler Datenverarbeitung, beliebig viele verlustfreie Kopien von einer Datei zu erstellen, wird die Originalität des „Originals" vollends problematisch, und damit auch die Verwertungskonstruktion des Urheberrechts: Sie war auf eine andere, gewissermaßen handwerklich-künstlerische Produktions- und Distributionsweise bezogen, die noch das materiell greifbare Unikat kannte oder, wenn es um immaterielle, „geistige Werke" ging, zumindest das ausschließliche Recht auf deren Druck und Vertrieb.[17] Von daher sind die Kampagnen der Content-Industrien vor allem strukturkonservativ – was in der Geschichte der Popkultur und ihrer Medientechnologien nichts Neues ist. Schon die Einführung des Tonfilms führte zum weitgehende Verschwinden des Berufsfeldes der Stummfilmbegleitung. Die massenhafte Einführung der privaten TVs hatte ein Kinosterben zur Folge, und „video killed the radio star". Gegen all diese Entwicklungen wurde protestiert und z. T. erfolgreiche staatliche Subventionen erkämpft – im Interesse an der jeweiligen Kulturpraxis, aber eben auch immer an deren Verwertung. So sind auch die gegenwärtigen Kampagnen und Debatten zum Schutz geistigen Eigentums im digitalen Zeitalter nicht orientiert an den evidenten Möglichkeiten von Medientechnologien und den Bedürfnissen der Mehrzahl der Bevölkerung, sondern an der Aufrechterhaltung eines quasi-monopolistischen Wirtschaftszweiges und seines entsprechenden Marktes. Die kulturellen und sozialen Möglichkeiten und Praktiken weisen schon längst über Urheber- und Eigentumsrechte hinaus, die nach jeder technologischen Neuerung verzweifelt angepasst werden sollen. Weder fehlendes Wissen über den verbrecherischen Charakter des Up- oder Downloads von eigentumsrechtlich geschützten Daten, auch nicht die neuen Technologien selbst sind die Ursachen des „Problems", sondern die Institution Privateigentum in Gesellschaften mit kapitalistisch organisierter Warenproduktion und -distribution. Auf das Argument, Raubkopieren führe zu einem Verlust von Arbeitsplätzen in der „Kreativwirtschaft" lässt sich nur antworten, dass es eben keine „Naturgesetzlichkeit ist", mit „Kreativität"

---

[17] Es wird daher auch versucht, die am Kulturschaffen des 19. Jahrhunderts orientierte Gesetze an die neue Produktions- und Distributionsweise der „digitalen Mediamorphose" (Smudits 2002) anzupassen – über die Novellen des Urheberrechts.

Geld verdienen zu können und zu dürfen, sondern dass es gerade zu kritisieren wäre, dies zu müssen!

Abspann: Wissensproduktion als Kritik der Kriminalisierung

> *„Ich bin eine Idee, und gehöre keinem*
> *Außer mir selbst und allen die es gut mit mir meinen*
> *Copy me, I want to travel"*
> Bernadette La Hengst: Copy Me, I Want to Travel;
> La Beat: Trikont 2005

Jene WissenschaftlerInnen, die sich mit Politiken des Kriminellen und der Kriminalisierung beschäftigen, sollten sich die Frage nach der eigenen Positionierung stellen. Im vorliegenden Falle: Stellten wir uns auf den Standpunkt der Content-Industriellen oder allgemeiner noch, derjenigen gesellschaftlichen Klassen, die vom bürgerlich-kapitalistischen Eigentumsrecht in der Hauptsache profitieren, wäre es natürlich höchst spannend, Wissen über die TäterInnen und ihre Praktiken zu produzieren. Illegalisierte Verbreitungswege wie Tauschnetzwerke müssten durch wirksame Kontrollen samt prompter Löschung der Daten und Identifizierung der jeweiligen TäterInnen „trockengelegt" werden, Tätertypologien würden der Installation von zielgenauen Präventionsstrategien nutzen. Erkennen wir dagegen das Übel nicht in Verstößen gegen das Urheberrecht, sondern in diesem selbst, müssen wir uns grundsätzlich anders positionieren. Es gibt daher gute Gründe, sich hier der „Täterforschung" im Interesse der Film- und Musikindustrie fundamental zu verweigern.

Die Frage Helge Peters', warum sich linke KriminologInnen großenteils an der „Definitionsannahme" orientieren, stellt und beantwortet sich aus einer politikwissenschaftlichen Sicht ein wenig anders. Es geht weniger um eine „soziologischere Erklärung" für Kriminalität, wie sie bspw. die Bezugnahme auf den Symbolischen Interaktionismus motivierte, aber auch nicht um eine Positionierung für mehr „soziale Gleichheit" in sozialdemokratischer Perspektive. Ich interessiere mich vielmehr für „Kriminalität" als Strategie innerhalb von Politiken des Sozialen, mittels derer die Integration von Individuen und die Stabilisierung und Integrität von Gesellschaft hergestellt werden soll (vgl. Rinn 2009: 218). Dabei begreife ich das „Soziale" durchaus auch als Herrschaftsform – man denke an staatliche Pädagogisierung, Pathologisierung und Kriminalisierung in reintegrativer Absicht bzw. den „penal welfarism" – und den „Sozialstaat" als ein „institutionelles Arrangement gesellschaftlicher Krisenbearbeitung" (Lessenich, 2008: 57). Es geht dabei aber nicht nur um eine „Thematisierungsperspektive", wie dies Peters in der Einleitung beschreibt. Kriminalisierung ist nicht nur eine Ablenkung

von Herrschaftsverhältnissen oder verspricht wie nebenbei einen „Herrschaftssicherungsmehrwert". „Kriminalität" ist ein produktives Verhältnis, weil sie Abweichungen von gesellschaftlichen Normen kategorisier- und bearbeitbar macht,
damit disziplinarische Normalisierungsstrategien zum Einsatz bringt, aber auch
legalistische bzw. risikobewusste Selbstführung anleitet.[18]
  Staatliche Kriminalisierungspraktiken verweisen, wie wir gesehen haben,
auch im Falle der „Raubkopierer" auf Herrschaft: Über die Interessen der Ein-
zelkapitale im Sektor Film- und Musikindustrie hinaus geht es um die Aufrechterhaltung des Eigentumsrechts und Marktprinzips. Zugleich sind sie punktuelle
Ergebnisse von Auseinandersetzungen innerhalb der „herrschenden Klassen"
um moralische Standards und die Absicherung von Verwertungsbedingungen.
Kriminalisierung dient damit in umfassendem Sinne der Aufrechterhaltung und
Organisation von Transformationen der Produktions- und Lebensweise. „Kriminelle" sind dieser Perspektive entsprechend immer schon Objekte staatlich-
gesellschaftlicher Zuschreibungspraktiken, nicht mehr aktive „Täter", sondern
„Kriminalisierte". „Ursachen" oder „persönliche Motive" für eine Tat und diese
Tat selbst, mögen sie selbst der ForscherIn noch so verwerflich, gewaltvoll erscheinen, sind deshalb außerhalb des Problematisierungshorizontes sozialwissenschaftlicher Forschung zu „Kriminalität". An dieser interessiert viel mehr, was
die Transformation ihrer Politiken über die Krisen und subversiven Praktiken
innerhalb der gegenwärtigen Gesellschaftsformation verrät. Mögen sich andere
mit den „geheimen und dreisten Praktiken der Datendiebe" beschäftigen – von
mir aus jene, die sich „wirklich" für „Kriminalität an sich" interessieren.

Literatur

Benjamin, Walter [1937] (2002): Das Kunstwerk im Zeitalter seiner technischen Reprodu-
    zierbarkeit, in: Ders.: Medienästhetische Schriften, Frankfurt a. M.
Bretthauer, Lars (2009): Geistiges Eigentum im digitalen Zeitalter. Staatliche Regulierung
    und alltägliche Kämpfe in der Spielfilmindustrie, Münster.
Bretthauer, Lars (2007): „Raubkopierer sind Verbrecher"? Zu den Konflikten um digitalisier-
    te Spielfilme; in: Sul Serio # 12: Netzwelten, http://www.reflect-online.org/magazin/
    archiv/ausgabe-12/raubkopierer/ (Stand 2010-10-9).

---

[18] Politiken der Kriminalisierung lassen sich grundsätzlich als Reaktionen auf (proklamierte) Krisen
der bürgerlichen Gesellschaft lesen, die – zumindest für bestimmte ihrer Teilbereiche – bestands-
bedrohend zu werden drohen: Krisen der Verwertungsbedingungen in bestimmten Sektoren oder
der Reproduktion von Arbeitskraft, Krisen der Moral, der Familie, der Männer, des Bildungswesens
etc., deren diskursive Proklamation mit Veränderungen innerhalb von Herrschaftsverhältnissen kor-
respondiert und diese zugleich produktiv vorantreibt (zur Produktivität von Krisendiskursen vgl.
Krämer/Mackert 2010).

Bretthauer, Lars (2006): „Film ab": zur Transformation der Distributions- und Konsumverhältnisse in der digitalisierten Spielfilmindustrie; in: PROKLA. Zeitschrift für kritische Sozialwissenschaft, Nr. 145, 497–518.

Cremer-Schäfer, Helga; Steinert/Heinz (1998): Straflust und Repression. Zur Kritik der populistischen Kriminologie, Münster.

Holert, Tom/Terkessidis, Mark (Hrsg.) (1996): Mainstream der Minderheiten. Pop in der Kontrollgesellschaft, Berlin/Amsterdam.

Horkheimer, Max/Adorno, Theodor W. [1947] (2003): Dialektik der Aufklärung. Philosophische Fragmente, Frankfurt a. M.

Krämer, Felix/Mackert, Nina (2010): Wenn Subjekte die Krise bekommen. Hegemonie, Performanz und Wandel am Beispiel einer Geschichte moderner Männlichkeit. In: Landwehr, Achim (Hrsg.): Diskursiver Wandel, Wiesbaden, 265–279.

Kronauer, Martin (2002): Exklusion. Die Gefährdung des Sozialen im hoch entwickelten Kapitalismus, Frankfurt a. M.

Leganovic, Oona/Steffan, Philip (2006): „Meistens sollte das Buch aufklappbar sein". Filesharing zwischen technischen Möglichkeiten und gegenwärtigem Recht, in: Testcard. Beiträge zur Popgeschichte, Nr. 15: The Medium ist the mess, 90–97.

Marx, Karl (1973): Das Kapital. Kritik der politischen Ökonomie. Erster Band, Berlin.

Nuss, Sabine (2006): ©opyright & Copyriot. Aneignungskonflikte um geistiges Eigentum im informationellen Kapitalismus, Münster.

Nuss; Sabine (2002): Download ist Diebstahl? Eigentum in einer digitalen Welt; in: PROKLA. Zeitschrift für kritische Sozialwissenschaft, Nr. 126, 11–35.

Rinn, Moritz (2009): Aktivieren und Strafen. Integrative und Ausschließende Strategien gegenwärtiger Arbeitsmarkt- und Kriminalpolitik, Oldenburg.

Smudits, Alfred (2002): Mediamorphosen des Kulturschaffens, Wien.

4. Aparte Bestätigungen und Widersprüche

Reinhard Kreissl *beschreibt Kriminalität in seinem Beitrag als eine spannende und interessante Sache. Allerdings sähen das viele Kriminologen nicht so. Sie fänden Kriminalität langweilig. Kreissls Erklärung dieser Einschätzungen besteht in einer Art Selbstbezichtigung: Ein Großteil der Kriminologen scheue die Nähe zur wirklichen Kriminalität. Diese Kriminologen zögen sich lieber ins Ghetto zurück, in die beschützenden Werkstätten des Geistes. Sie ermöglichten es ihnen, der Kriminalität in interaktionstheoretischer Manier die Verhaltensqualität abzusprechen. Dabei stünden sie auf der Seite der Ordnung und dienten sich den Herrschenden an.*

Michael Schetsche *bestätigt zunächst einmal die Beobachtung, dass so genannte Kritische KriminologInnen den Umgang mit Kriminalität spannender finden als die Kriminalität. Das aber bemängelt er. Zwar zeigt Schetsche ein gewisses Verständnis für diese KriminologInnen. Ihre Abneigung, sich mit Kriminalität zu befassen, sei auch mit der Eigenart der verbreiteten quantitativ orientierten Kriminologie zu erklären, „soziale Wirklichkeit durch Zahlenwerte (zu) vermessen." Dies habe es erschwert, konstruktionstheoretisch interessante Fragen etwa danach zu stellen, weshalb bestimmte Handlungen strafbewehrt sind, andere jedoch nicht. Übersehen aber werde bei einer solchen Orientierung des kriminologischen Interesses, wie spannend Kriminalität, wie interessant z. B. die Lebenswelt Pädophiler eigentlich seien. Schetsche empfiehlt KriminologInnen die Bearbeitung derartiger Themen und folgt damit impliziten Anregungen der von ihm bemängelten Kritischen Kriminologie, die ja den Blick für „die andere Seite" erst geöffnet hat. Dabei unterstellt Schetsche die Existenz einer unabhängig von Instanzen bestehende Kriminalität – dies im Widerspruch zu zentralen Annahmen dieser Kriminologie, für die ja diese Phänomene mit Kriminalität nichts zu tun zu haben brauchen. Die Beschäftigung mit ihnen sei viel spannender als die Erörterung des Kriminalitätsumgangs und die ihn thematisierenden Diskurse. Hier werde immer dasselbe hergestellt.* Das sei langweilig.

(HP/MD)

Langweiliges Verbrechen?

Unsortierte Vermutungen zu einer möglicherweise
fragwürdigen Behauptung

Reinhard Kreissl

Wer Verbrechen als langweilig bezeichnet, setzt sich in Widerspruch zum Alltagsverstand. Mord und Totschlag, Menschenhandel und Prostitution, das organisierte und das spontane Verbrechen sind erregende Phänomene, die den moralischen Schauder und die Neugier des gemeinen Konsumenten befeuern. Auch die Wissenschaft hat sich mit Verbrechen beschäftigt und eine Vielzahl von Einsichten produziert, die nicht immer als langweilig bezeichnet werden müssen. Man könnte sich also die Frage stellen: wieso soll Verbrechen langweilig sein? Wie kommt man darauf, ein theoretisch derartig zentrales und lebensweltlich aufregendes Phänomen als langweilig zu bezeichnen?

Man könnte gegen die These des langweiligen Verbrechens auf zwei Arten argumentieren und dabei den Weg über die Empirie oder die theoretische Analyse wählen. Zum einen wäre zu zeigen, dass viele Ereignisse, die als Verbrechen bezeichnet werden, durchaus einen hohen Grad an Erregung hervorrufen können. Es eignet dem Verbrecherischen also gleichsam eine immanente Qualität des erregenden Schauders. Das wäre das empirische Gegenargument zur These des langweiligen Verbrechens. Andererseits – und dies ist wohl die Art, in der man die Kritische Kriminologe hinter dem Ofen ihrer theoretischen Bollwerke hervorlocken kann – könnte man in konstruktivistischer Manier vorgehen nach dem Motto: Verbrechen – es kommt darauf an, was man daraus macht. Hier wäre zu zeigen, dass Verbrechen sich durchaus in interessanten, ganz und gar nicht langweiligen theoretischen Zusammenhängen betrachten lässt, dass sich gesellschaftliche Formationen über die Art und Weise ihres Umgangs mit Verbrechen theoretisch erschließen lassen. Das wäre der Gang über die Theorie der Gesellschaft.

Plausibel erscheint die These von einer dem Verbrecherischen eignenden Langeweile vermutlich nur dann, wenn man apodiktisch die Verhaltensqualität ausklammert, was die immer wieder gleichen Kamellen produziert und am Ende der bekannten akademischen Schlachten stehen zwei Sieger da, die von sich behaupten im Recht zu sein, während die jeweiligen Gegenseite bar jeder Satisfaktionsfähigkeit ist.

Wie nun lässt sich das Verbrechen interessant gestalten, wie lässt sich Langeweile in intellektuell erfrischende Kurzweil überführen? Beispiele für die erste Strategie finden sich durchaus in der Literatur. Jack Katz etwa zeigt in seinem Buch „Seductions of Crime" (1988), wie Verbrechen zu einem spannenden Thema werden kann. Der Untertitel „Moral and Sensual Attractions in Doing Evil" deutet an, in welcher Richtung der Autor zu argumentieren gedenkt. Katz konzentriert sich auf den Akt des Verbrechens, nicht auf den Kontext oder den Hintergrund oder die Rahmenbedingungen. In der Einleitung zu diesem sehr lesenswerten Buch schreibt er: „The study of crime has been preoccupied with a search for background forces, usually deficits in the offenders' psychological backgrounds or social environments, to the neglect of the positive, often wonderful attractions within the lived experience of criminality. The novelty of this book is its focus on the seductive qualities of crimes: those aspects in the foreground of criminality that make its various forms sensible, even sensually compelling, ways of being" (Katz 1988: 3). Katz zeigt, dass Verbrechen sinnlich aufregende Qualitäten hat, man muss sich ihnen nur stellen. Und da liegt das Problem. Die Kriminologie, wie die Sozialwissenschaften insgesamt, haben sich im Prozess der Akademisierung weit von ihren Gegenständen entfernt. Anstatt das soziale Feld, mit dem sie sich beschäftigen, selbst in Augenschein zu nehmen, sich der sozialen Wirklichkeit, die zu verstehen und erklären sie vorgeben, auszusetzen, ziehen sich Sozialwissenschaftler gemeinhin in Bibliotheken zurück, oder lassen durch unter- oder nachgeordnetes Personal Fragebogen verteilen, aus denen dann jener Kaffeesatz angerührt wird, in dem die Soziologie gerne liest. Im Bereich der Kriminologie gibt es rühmliche Ausnahmen wie John Irwins Buch The Felon (1987). Der leider vor kurzem verstorbene Irwin hat selbst lange Zeit gesessen und hat seine sehr handfeste Erfahrung in kriminologisch bedeutsamer Weise aufgearbeitet. In der Regel aber verlassen Kriminologen selten ihre wohlbehütete Umgebung, um sich auf die Suche nach dem zu begeben, was sie beforschen wollen.

Halten wir also als erste Vermutung fest, dass die meisten Kriminologen möglicherweise keine Ahnung haben, wovon sie reden, dass sie, wenn sie über das Verbrechen forschen, in der Position des Blinden sind, der von der Farbe redet.

Das ist ein Problem, das nicht nur die Kriminologie betrifft. Die Soziologie als Disziplin leidet ebenfalls unter dieser Art der Realitätsferne. Sehr schön bringt dies ein Bild auf den Punkt, das ein geschätzter Kollege im Rahmen eines Methodenseminars entwarf. Stellen wir uns den berühmten Besucher vom Mars vor, dem wir ein Buch über die Sozialstruktur unserer Gesellschaft in die Hand drücken und den wir dann zum Beispiel am Bahnhof von Bielefeld aussetzen. Wird der Fremde in dem Kompendium, das im Untertitel vielleicht noch mit dem Hinweis wirbt, hier würde die Gesellschaft Deutschlands in umfassender Manier erklärt, eine Anleitung finden, wie er eine Fahrkarte kauft, eine Bockwurst mit Bier erwirbt, oder den Weg zum Campus der Universität erfragt? Vermutlich nicht. Den Anspruch, eine empirische Wissenschaft zu sein, lösen die Sozialwissenschaften in aller Regel nur auf eine sehr verquere Weise ein. Natürlich gibt es Autoren, gerade auch im Bereich der Erforschung abweichenden Verhaltens, die auf dieses Manko immer wieder hingewiesen haben. Erving Goffman meinte, dass die Insassen eines psychiatrischen Krankenhauses oder eines Gefängnisses vermutlich wenig gemein hätten außer der Tatsache, dass sie in diesen totalen Institutionen untergebracht sind. Daher sei die Suche nach den Persönlichkeitsmerkmalen, den „background forces", wie Katz es nennt, die ursächlich dafür seien, dass die Personen zu Insassen dieser Einrichtungen geworden sind, vermutlich ein sinnloses Unterfangen. Die übliche Art der Erforschung des Verbrechens (oder auch des Wahnsinns) aber nimmt diesen Weg. Sie vermisst, wiegt, untersucht und befragt die Insassen von Psychiatrie und Gefängnis in der Hoffnung Gemeinsamkeiten zu finden. Die Ergebnisse solcher Forschungen sind – ganz im Sinne des Titels – langweilig. Goffman schlug bekanntlich vor, das Leben in den Institutionen zum Thema der Forschung zu machen und sich mit den institutionellen Zurichtungsprozessen zu beschäftigten, um zu verstehen, wie ein Überleben (besser vielleicht ein „Unterleben") dort möglich ist. Die Forschungstradition, die aus dieser ebenso trivialen wie grundlegenden Einsicht erwuchs, hat eine Reihe von wichtigen Ergebnissen hervorgebracht. Allerdings führte die Konzentration auf die Zurichtungsprozesse, die Etikettierung von Personen als verrückt und oder kriminell, zu einer epistemologischen Haltung, die genau jene Phänomene ausblendete, auf die Jack Katz in seiner Analyse abstellt. Egal was einer tut, sobald er in die Fänge der Institutionen gerät, hat er verspielt, so in stark verkürzter Form das Credo derjenigen, die dem Ratschlag von Goffman und anderen gefolgt waren. Und, im Hinblick auf die Frage „Langweiliges Verbrechen?" – natürlich erscheint dann alles, was diejenigen tun, die als Verbrecher etikettiert werden, als langweilig oder zumindest für den kriminologischen Erkenntnisprozess irrelevant.

Man könnte hier leicht den Gegenbeweis antreten, indem man eine Zufallsauswahl wohlbestallter akademischer Kriminologen mit Pensionsberechtigung auffordert, ein Päckchen Kokain von A nach B zu transportieren, oder nach einer kurzen Einweisung und Bereitstellung der entsprechenden mechanischen Hilfsmittel in eine Wohnung einzubrechen oder in einer übel beleumundeten Kaschemme die weibliche Begleitung eines männlichen Gastes anzuflirten. Vermutlich würden die Kollegen ein solches Ansinnen empört von sich weisen – vermutlich aber nicht mit dem Hinweis, dergleichen sei doch schließlich langweilig und wenig erkenntnisfördernd. Vermutlich würde demjenigen, der einen solchen Vorschlag vorbringt, noch unterstellt, er sei selbst ein Kandidat für die entsprechenden Institutionen. Die Erfahrung mit der akademischen Form der Kriminologie zeigt immer wieder aufs Trefflichste, dass die Beschäftigung mit den Außenseitern, mit abweichendem Verhalten, mit dem ach so langweiligen Verbrechen nur dann ertrag- und erfolgreich möglich ist, wenn man einen cordon sanitaire um das eigentliche Thema und Objekt des wissenschaftlichen Interesses legt und jede Berührung vermeidet. Es ist hier nicht der Ort, um anekdotische Evidenz auszubreiten, aber die Kriminologie (wie die Sozialwissenschaft im Allgemeinen) steht lieber auf der Seite der Ordnung und dient ihre Deutungen den Herrschenden an und sei es nur in der oft putzigen Haltung einer radikalen Kritik an eben jenen Kräften, die dafür sorgen, dass im Fall des Falles schnell die Polizei vor Ort erscheint und einem vermeintlich bedrohlichen Spuk – z. B. in der Form ausländischer Jugendlicher, die den manikürten Vorgärten bedrohlich nahe kommen – ein Ende macht.

Gut, mag mancher hier einwenden, man muss nicht Napoleon sein, um Napoleon zu verstehen und das Postulat der wissenschaftlichen Objektivität verbietet die allzu große Nähe zu den Objekten des akademischen Interesses. Die Diskussion ließe sich weiterführen, man könnte auf Pioniere der medizinischen Forschung verweisen, die neue Wirkstoffe und Heilverfahren zuerst an sich selbst ausprobierten, weil sie davon überzeugt waren, man könnte das Beispiel von Naturforschern ins Feld führen, die einiges aufs Spiel gesetzt haben, um ihre Idee zu überprüfen. Man könnte auf Figuren wie den Psychiater David Rosenhan verweisen, der in den sechziger Jahren seine Studenten aufforderte, sich als „Scheinpatienten" in psychiatrische Kliniken einweisen zu lassen. Es gäbe eine Reihe von Argumenten dafür sich mit dem Verbrechen etwas genauer und empirischer zu beschäftigen und die damit entlang strikt empirischer Betrachtungsweise gegen die These sprächen, Verbrechen sei langweilig. Diese Strategie aber wird scheitern, denn: wo kämen wir denn hin, wenn wir das Verbrechen als Ereignis ernst nähmen und wie sollte man es anstellen, Mord, Totschlag, Körperverletzung, Rauschgiftschmuggel, Bankgeschäfte und dergleichen in vivo zu beobachten. Entlassen wir also die Anhänger der These vom langweiligen Verbrechen aus dieser unangenehmen Situation, die sie dazu zwingen würde, das sichere Terrain ihrer beschützenden Werkstätten des Geistes zu verlassen und wenden uns der Frage zu, ob das Verbrechen nicht auch ein theoretisch, ja sogar gesellschaftstheoretisch interessantes Phänomen sein könnte.

Hier könnten wir dann zum Beispiel bei Thomas Hobbes beginnen, der letztlich seinen Leviathan als Lösung für ein allgemeines soziales Chaos entwirft. Wie ist es anzustellen, dass wir nicht von unseren Nachbarn dauernd bedroht und schlimmstenfalls gar gemeuchelt werden? Hobbes ordnungspolitisches Programm, das im Übrigen auf eine sehr pfiffige Weise an das Eigeninteresse des

Einzelnen appelliert, lässt sich für kriminologische Fragestellungen fruchtbar machen. Insgesamt bietet die gesamte politische Theorie und politische Philosophie unter dem Gesichtspunkt der Verbrechensverhütung ein unerschöpfliches Reservoir an interessanten Ideen. Langweiliges Verbrechen? Eher nicht. Man könnte aber auch auf Klassiker der Soziologie wie George Herbert Mead verweisen, dessen erhellender Aufsatz zur Psychologie der Strafjustiz aus dem Jahr 1917 noch heute jedem, der sich mit dem Problem von Verbrechen und Strafe aus gesellschaftswissenschaftlicher Perspektive beschäftigt, ans Herz zu legen ist. Mead argumentiert unter Bezugnahme auf seine gesellschaftstheoretischen Prämissen, dass jeder Versuch, eine humane Strafjustiz zu etablieren, zum Scheitern verurteilt ist, da Verbrechen und Strafe eine sozial integrativ wichtige Funktion erfüllen und die Idee der Resozialisierung damit in Widerspruch gerät. Auch andere kanonisierte Autoren wie Emile Durkheim haben entlang einer Analyse von Verbrechen und Strafe zentrale Probleme des gesellschaftlichen Zusammenhalts analysiert. Man könnte auf Autoren wie René Girard verweisen, der mit seinem Buch „Das Heilige und die Gewalt" zeigt, wie das sogenannte „ursprüngliche Verbrechen" den konstitutiven Nullpunkt jeder Form der Gemeinschaftsbildung darstellt und gleichzeitig in religiös-rituell sublimierter Form erinnert wird. Man könnte sich die Befunde der Primatenforschung unter kriminologischer Perspektive genauer betrachten um der Vermutung nachzugehen, dass Intraspeziesgewalt (oder Gewaltverbrechen) erst mit der Entstehung von kulturell überformten Herrschaftsordnungen entstehen, dass also Verbrechen keineswegs eine „natürliche" Tatsache ist, die sich aus irgendwelchen unkontrollierten Aggressionstrieben ableiten lässt.

Das führt zur zweiten Vermutung, dass die Beschäftigung mit dem Verbrechen im Rahmen normalwissenschaftlicher Forschung eine Haltung theoretischer Selektivität befördert, die sowohl Anschlusspunkte an weiterführende Überlegungen als auch unausgeschöpfte Traditionspotentiale ignoriert. Oder anders formuliert: Man könnte das Verbrechen interessant machen, wenn man über den Tellerrand der eingelebten Selbstverständlichkeiten hinaus blickt.

Es gäbe also im Bereich der theoretischen Analyse einiges zu tun, was die Vermutung Verbrechen sei langweilig widerlegen könnte. Allerdings wäre dazu der Ausbruch aus dem intellektuellen Ghetto einer Forschungs- und Reflexionstradition erforderlich, die den Blick auf empirische Phänomene und theoretische Argumente hinter dem Horizont der Orthodoxie behindert.

Literatur

Irwin John (1987): The Felon, San Francisco
Katz Jack, (1988): Seductions of Crime, New York
Mead George H. (1917/1987): Psychologie der Strafjustiz, in: ders., Gesammelte Werke
    Bd. 1. Hg. Hans Joas, S. 253–284.

Diskursive Tristesse

Ein (persönliches) kriminalsoziologisches Resümee

Michael Schetsche

Der Sammelband, in dem dieser *Essay*[1] erscheint, tritt mit einer ganz konkreten Frage und einer untrennbar mit dieser verbundenen Ausgangsthese an. Die Herausgeber wollen klären, warum die Kriminologinnen und Kriminologen in Deutschland – namentlich jene, die sich der Schule der so genannten Kritischen Kriminologie zurechnen – den gesellschaftlichen Umgang mit Kriminalität spannender finden als die Kriminalität selbst... Ich werde in meinem Beitrag versuchen, diese Ausgangsthese und die von ihr generierte Leitfrage in eine spezifische Richtung zuzuspitzen und damit auch etwas zu modifizieren: Ist die Beschäftigung mit Kriminalitätsdiskursen tatsächlich weniger langweilig als die mit dem Kriminalitätsgeschehen? Und: Wie muss Letzteres verstanden werden, um die Langeweile des oder der kriminologisch Forschenden zu minimieren? Dazu zunächst einige Vorbemerkungen.

Wenn die Herausgeber nach Erklärungen suchen, warum die Vertreter(innen) der Kritischen Kriminologie sich von der klassischen Arbeit mit ‚der Kriminalität selbst' abgewandt und der Arbeit an und mit gesellschaftlichen Kriminalitätsdiskursen zugewandt haben, so hat die entsprechende Frage – so jedenfalls interpretiere ich sie – zumindest auch *rhetorischen* Charakter. Die Verfechter des Labeling Approach und der konstruktivistischen Kriminalitätstheorie wissen selbstredend genau, warum sie (und ihre Mitstreiter und Mitstreiterinnen) die scheinbar ‚weichen' Diskurse den scheinbar ‚harten' Daten vorziehen. Dies hat wenig mit Langeweile, jedoch viel mit paradigmatischen, aber wohl auch mit politischen Grundüberzeugungen zu tun. Ich werde hier trotzdem einmal so tun, als wären solche strukturellen Ursachen und persönlichen Motive gar nicht so wichtig, und werde zunächst die Fiktion aufrechterhalten, Kriminologinnen

---

[1] In meinem Beitrag werde ich eher assoziativ als systematisch argumentieren, auf die übliche Zitationsorgie verzichten, stattdessen nur die notwendigsten Literaturstellen benennen – und dabei auch noch, entsprechend der gewählten Form eines eher *persönlichen* Rückblicks, den eigenen Arbeiten einen unverschämt großen Stellenwert einräumen.

und Kriminologen würden aus rein hedonistischen Gründen das tun, was sie tun:
Minimierung der individuellen Langeweile, Maximierung jener speziellen Lust,
die beim forschenden Suchen gelegentlich zu finden ist.

Ausgehend von dieser Fiktion werde ich – als jemand, der sich seit nunmehr
25 Jahren[2] mit der (im weitesten Sinne) diskursanalytischen Rekonstruktion der
kriminellen Wirklichkeit beschäftigt – jene ‚kriminologische Langeweile' zu vermessen versuchen. Mir persönlich[3] erscheint es dabei allerdings eher so, als würde deren etwas nebelige Gestalt mehr durch jene weichen Diskurse als durch die
harten Fakten inspiriert und generiert – was aber auch daran liegen könnte, dass
ich ein etwas anderes Verständnis von ‚Fakten' präferiere, als es die Herausgeber
des Bandes wohl unterstellt hatten. Ich werde mit der (wie sich im Laufe meiner
Argumentation zeigen wird: scheinbaren) Gegenthese beginnen, dass die Vertreter und Vertreterinnen jener ‚Kritischen Kriminologie' sich weniger angesichts
von Kriminalität als solcher langweilen – sondern überhaupt nur deshalb in den
Zustand andauernder motivationaler Tristesse geraten sind, *weil* sie zu häufig die
Kriminalitätsdiskurse und zu selten das tatsächliche Kriminalitätsgeschehen in
ihren wissenschaftlichen Blick genommen haben. *Meine* Ausgangsthese lautet
entsprechend: Aus kriminalsoziologischer Sicht werden die Kriminalitätsdiskurse viel schneller langweilig als das tatsächliche Kriminalitätsgeschehen.

Meiner These und den mit ihr verbundenen sehr grundsätzlichen Fragen
(etwa nach dem Verhältnis zwischen kriminalitätsbezogenen Daten und Diskursen oder auch nach jenem von Ontologie und Epistemologie ‚der Kriminalität') wollte ich zunächst exemplarisch anhand eines DFG-Projekts zur Figur
des „Lustmords" nachgehen, das ich zur Jahrhundertwende gemeinsam mit Maren Hoffmeister, Christine Plaß und Rüdiger Lautmann durchgeführt hatte (vgl.
Schetsche 2004a). Bei den Vorüberlegungen zu meinem Essay bin ich jedoch von
einem hochaktuellen Kriminalitätsdiskurs nicht nur eingeholt, sondern eben auch
überholt worden. Gemeint ist hier die politisch und moralisch äußerst vehement
geführte öffentliche Debatte über den *sexuellen Missbrauch in Institutionen*. Ich
habe schnell gemerkt, dass sich dieser ‚diskursive Fall' (und die mit ihm verbundenen strafrechtlich relevanten Handlungen) deutlich besser als Einstiegsbeispiel
eignen, mit dem ich illustrieren kann, was meine Ausgangsthese meint. Ich werde
deshalb zunächst anhand des Themas sexueller Missbrauch (im Allgemeinen wie
im Besonderen) aufzeigen, warum Kriminalitätsdiskurse zumindest aus meiner

---

[2] Es begann mit meiner politikwissenschaftlichen Diplomarbeit aus dem Jahre 1986, in deren Zentrum eine Art diskursanalytische Untersuchung der Debatten um die Große Strafrechtsreform stand
(zentrale Ergebnisse wurden Jahre später veröffentlicht: Schetsche 1990).
[3] Es kann durchaus sein, dass, immer wenn im Text vom ‚kritischen Kriminologen' gesprochen wird,
letztlich nur der Autor selbst gemeint ist. Aber wer weiß das immer schon so genau... (Solidarität
wird hier ausnahmsweise einmal nicht eingefordert, sondern lediglich erbeten).

Warte ,entsetzlich langweilig' sind (Kapitel 1). Anhand eines inhaltlich passenden Beispiels – die Analyse pädophilen Handelns – werde ich dann (Kapitel 2) aufzeigen, was *ich* unter Rekonstruktion der ,Kriminalität selbst' verstehe – nämlich die Mikrosoziologie des Kriminalitätsgeschehens (die Frage nach der möglicherweise ,noch langweiligeren' Kriminalstatistik wird dort nur eine Nebenrolle spielen). Anschließend (Kapitel 3) werde ich, eher theoretisch argumentierend, zu begründen versuchen, warum nach meinem Verständnis kulturelle Diskurse *notwendig* ,langweiliger' sein müssen als alltägliches Handeln und die sozialen Situationen, in denen es sich ebenso realisiert wie es sie konstituiert. Im abschließenden vierten Kapitel werde ich schließlich kurz skizzieren, wie hedonistische Bedürfnisse und gesellschafts- und professionspolitische Notwendigkeiten *vielleicht* in Einklang zu bringen sein könnten. Mit diesen Vorschlägen für eine wissenssoziologische Reformulierung des kriminologischen Forschungsprogramms verlasse ich schließlich auch die Ebene der zunächst akzeptierten Fiktion.

Kriminalitätsdiskurse – das Beispiel sexueller Missbrauch

Beginnen wir mit einem unerhörten Exempel. Seit vielen Monaten erschüttert ein neuer sexualpolitischer Skandal die Republik: *Der sexuelle Missbrauch in pädagogischen Institutionen* ... zunächst in kirchlichen und dann auch in allen anderen (vgl. Schetsche/Schmidt 2010: 8 f.). Wir sehen uns mit neuen Opfern konfrontiert (den institutionell missbrauchten Kindern und Jugendlichen), mit neuen Gruppen von Tätern (Pfarrer und Lehrer, aber auch Erzieher*innen*[4]), mit neuen Formen der sexuellen – wenn man analytisch werden will auch: sexualisierten – Gewalt (die Ausnutzung pädagogischer Macht zu sexuellen Zwecken), mit einer neuen Aufdeckungskultur (Schulerinnerungen als Albtraum) und mit neuen Bekämpfungsmaßnahmen (von Runden Tischen bis hin zu jenen ,Missbrauchsbeauftragten', die als erste an ihnen Platz nehmen). Für die kritische Kriminologin oder den rekonstruktiv operierenden Problemsoziologen äußerst spannende Phänomene – auf den ersten Blick jedenfalls. Ein zweiter Blick zeigt schnell, dass man es – etwas lässig formuliert – einmal mehr mit altem Wein in neuen Schläuchen zu tun hat. Diskursanalytisch betrachtet, folgt die neue sexualpolitische und sexualmoralische Debatte (von ,Moralpanik' zu sprechen scheint sich angesichts der Vielzahl der Betroffenen und des von ihnen Durchlittenen von selbst zu verbieten) exakt jenen Mustern, die wir nicht nur von zwei anderen

---

[4] Über die Gefährlichkeit von Erzieher*innen* wussten bereits, lange bevor der uns hier interessierende Diskurs das Licht der medialen Welt erblickte, David Finkelhor u. a. im Jahre 1988 ausführlich zu berichten.

Themenkonjunkturen in diesem Feld (das Triebverbrechen und der intrafamiliale
Missbrauch – vgl. dazu ausführlich Schetsche 1993: 127–203), sondern auch von
einer Vielzahl anderer Kriminalitäts- und Problemdiskurse kennen.

In der analytischen Zusammenschau folgen alle diese, in ihrer Zeit jeweils
‚neuen' Gefahrendiskurse nicht nur einer absolut identischen inneren Struktur-
logik, sondern bieten sich dem soziologischen Blick auch äußerlich weitgehend
homogen dar (vgl. zu den Details Schetsche 1996, 2000, 2008 – jeweils: passim):
Die Problemkarriere beginnt mit der Thematisierung eines unerwünschten sozialen Sachverhalts durch kollektive Akteure, seien es Betroffene oder ihre Advo-
katen, wissenschaftliche Experten oder Moralunternehmer. Je nach primärem
Akteur findet das neue Thema seinen Platz zunächst in den spezifischen Medien
einer Fach- bzw. Bewegungsöffentlichkeit oder aber im investigativen Journa-
lismus der ‚kritischen' Leitmedien unserer Gesellschaft. In ihren mal mehr, mal
weniger öffentlichkeitswirksamen Aktivitäten formulieren und konstituieren die
Akteure eine Problemwahrnehmung, die den inkriminierten sozialen Sachverhalt
(im aktuellen Beispiel: sexuell konnotierte Übergriffe auf Heranwachsende in
den Institutionen, denen sie von ihren ahnungslosen Eltern anvertraut wurden)
wegen des Verstoßes gegen die von der Gesellschaft – oder zumindest jenen Akteuren – postulierten Werte inakzeptabel erscheinen lässt. Um ihre Deutung in der
Öffentlichkeit durchzusetzen, bedienen sich die Akteure regelmäßig spezifischer
Diskursstrategien (wie Dramatisieren, Moralisieren und Mythenbildung). Sie
schreiben Emotionen in die Problemwahrnehmung ein, die den Wirkungsgrad der
kognitiven Mechanismen reduzieren, mit deren Hilfe neue Deutungen im Alltag
auf Rationalität und Angemessenheit überprüft werden können. Die Emotionali-
sierung lässt die Subjekte die Problemwahrnehmung schneller und nachhaltiger
akzeptieren, gleichzeitig steigert sie das Interesse der Massenmedien am Problem.
Wenn die Thematisierung gelingt, entsteht eine Problemwahrnehmung, die die
öffentliche Meinung ebenso adressiert wie die Instanzen sozialer Kontrolle und
nicht zuletzt das politisch-administrative System. Letzterem signalisieren eine
kontinuierliche Berichterstattung der Massenmedien und die von diesen geschür-
te öffentliche Empörung, dass dringender politischer Handlungsbedarf besteht.
Primär nach politischer Opportunität wird nun entschieden, wie mit dem Problem umzugehen ist. Durch die staatliche Akzeptanz wird die Problemwahrnehmung schließlich in doppelter Weise reproduziert: ideell durch die systematische
Weiterverbreitung des Problemmusters (etwa Aufklärungskampagnen), faktisch
durch finanzielle, rechtliche oder auch symbolische Maßnahmen, mit denen die
behaupteten Ursachen oder deren Folgen bekämpft werden sollen (etwa die Ein-
richtung jener Runden Tische). Gleichzeitig bewährt sich das Problem immer wieder aufs Neue als soziale Realität, weil durch die öffentliche Aufmerksamkeit und
den erzeugten moralisch-emotionalen Denk- und Handlungsdruck immer mehr

Menschen ihren Status als Betroffene[5] vor den zuständigen Experten (oder auch in Talkshows usw. vor aller Welt) bekennen und sich so vom heimlichem zum öffentlichen Opfer wandeln (vgl. Plaß/Schetsche 2000). In jenem letzten Schritt, dem Bekenntnis, vollendet sich der Zyklus der Problemkonstituierung – die Wirklichkeit des sozialen Problems ist im Alltag erfolgreich hergestellt.

Exakt dieser Logik folgten die Sexualkriminalitätsdiskurse über den fremden Triebverbrecher in den fünfziger und sechziger Jahren des vergangenen Jahrhunderts, über den sexuellen Missbrauch in der Familie (Stichwort: „Väter als Täter"[6]) in den achtziger und neunziger Jahren jenes Jahrhunderts und folgt nun auch die aktuelle Debatte über den Missbrauch in Institutionen. Ihr folgt auch eine Vielzahl anderer Diskurse, in deren Zentrum moralische und/oder politische Probleme stehen, die mit den Mitteln des *Strafrechts* zu lösen versucht werden. Welchen dieser Kriminalitätsdiskurse man sich auch immer anschaut, stets finden sich eine Thematisierungsgeschichte, diverse kollektive Akteure, ein Problemmuster, sich bis ins Detail ähnelnde Diskursstrategien, eine nach dem gleichen Muster verlaufende öffentliche Themenkarriere, bestimmte (gut vorhersagbare!) Reaktionen der staatlichen Instanzen – sowie soziale Sachverhalte, von denen spätestens auf dem Höhepunkt der Thematisierung kaum noch gesagt werden kann, welche davon vom Diskurs vorgefunden und genutzt, welche von ihm produziert worden sind[7]. Was sich unterscheidet – etwa bei den genannten drei Thematisierungen sexueller Gewalt gegen Kinder und Jugendliche –, sind lediglich ihre *Zeitgestalten*, also die äußerliche Form, welche die Diskurse jeweils aufgrund des aktuellen ideologisch-politischen Zeitgeistes anzunehmen gezwungen sind. In den fünfziger Jahren des vergangenen Jahrhunderts galt es, nach den Verheerungen des Zweiten Weltkrieges, die Rolle der Familie in Staat und Gesellschaft und deren besondere Schutzfunktion gegenüber den Gefahren einer unübersichtlich gewordenen Umwelt neu zu konturieren – hier war der Täter entsprechend immer der gänzlich ‚Fremde', der das Kind in den Gefahrenräumen düsterer Waldränder und unübersichtlicher Ruinengrundstücke im ‚schnellen Zugriff' zu überwältigen suchte. In den achtziger Jahren jenes Jahrhunderts hingegen war es die ‚bürger-

---

[5] Insbesondere bei einem lange zurückliegenden Primärereignis lässt sich dabei aufgrund des rekonstruktiven Charakters von Erinnerung schließlich weder von zuständigen Experten noch von den Betroffenen selbst mit Sicherheit sagen, was sich von den erinnerten Erlebnissen tatsächlich in der nun gedachten Weise zugetragen hat – und was eher Folge einer dem öffentlich anerkannten Deutungsmuster folgenden individuell-kollektiven Konstruktionsleistung ist (vgl. dazu auch Schmied-Knittel/Schetsche 2011).
[6] So der ebenso eingängige wie irreführende Titel des Buches von Kavemann und Lohstöter aus dem Jahre 1984, welcher den Diskurs über intrafamilialen Missbrauch im deutschsprachigen Raum initiiert und nachhaltig geprägt hat.
[7] Zum erkenntnistheoretischen Problem der Ununterscheidbarkeit vorgefundener und produzierter ‚Fakten' vgl. Schetsche 2008: 38–41.

liche Kleinfamilie', die vor dem Hintergrund der feministischen Debatten über
patriarchale Herrschaftsstrukturen suspekt geworden war. Obwohl nichts dafür
sprach und spricht, dass sich während jener Jahrzehnte am realen Geschehen der
sexuellen Gewalt auch nur das Geringste geändert hätte[8], waren es nun plötzlich
fast ausschließlich die intrafamilialen Sexualkontakte, die in den Blick gerieten.
Namentlich die Väter und Stiefväter waren es, die jetzt für sexuelle Gewalt gegen ,Kinder' (hier lange nur gemeint: Mädchen) verantwortlich und in jener Dis-
kurslogik gleichsam auch ,zuständig' waren: „Papis Liebe tut weh!"[9]

   Vor dem Hintergrund der konservativen Restauration im gesellschaftspoli-
tischen Denken wird am Beginn des einundzwanzigsten Jahrhunderts nun wieder die Familie zum Schutzideal. Entsprechend der Konfliktlinien öffentlicher
Auseinandersetzungen über den Primat der Erziehung, stehen diesmal nicht die
fremden Täter am Pranger, sondern die Vertreter eben jener Institutionen, denen
in den Jahrzehnten zuvor trotz des erbitterten Widerstandes konservativer Eliten
immer mehr Erziehungsmacht zugekommen war: Die Pädagogen bzw. die im
weiteren Sinne pädagogisch Tätigen[10]. (Dass die Debatte dabei mit einem kirchen-
kritischen Zungenschlag an den Start ging, hat weniger mit den ,Tatsachen' der
sexuellen Gewalthandlungen selbst, als mit innerem Reformdruck insbesondere
in der katholischen Kirche zu tun, bei der sich lange sehr erfolgreich unterdrück-
te Kritik in einem aus moralischen Gründen unabweisbaren Diskursfeld Bahn
bricht.) In jedem dieser drei Fälle resultierte die Durchschlagskraft des Diskurses
allein aus der Tatsache, dass in ihm einige der stärksten Verdichtungssymbole
(vgl. Cremer-Schäfer/Stehr 1990) unserer Kultur zusammentreffen und zu einem
wohl einmaligen Gefahrentopos mit absoluter Wahrnehmungs- und Handlungs-
priorität verschmolzen werden: *Kind, Sexualität, Gewalt*. Und so muss es nicht
verwundern, dass sich bei allen drei Diskursen zwar die primären Akteure und die

---

[8] Ob diese These aus konstruktionistischer Warte überhaupt so formuliert werden darf, ist seit Jahrzehnten Gegenstand heftiger Debatten, die im englischsprachigen Raum unter dem Schlagwort des
„ontological gerrymandering" geführt werden (vgl. Woolgar/Pawluch 1985, Albrecht 1990, Schetsche
2000: 18–23). Ich klammere diese Debatte hier ein und gehe ausnahmsweise einmal ganz naiv von
der Kriminalstatistik aus.
[9] In einer Plakataktion des Deutschen Kinderschutzbundes mit dieser Überschrift kulminierte Ende
der achtziger Jahre der – heute von seiner Intention her kaum noch nachvollziehbare – Versuch, eine
gedankliche Identität zwischen Vaterschaft und Täterschaft herzustellen.
[10] Gleichsam nur das i-Tüpfelchen der Beobachtungen ist es, dass die kriminalstatistisch hoch aggre-
gierte Kategorie der ,Nahraumkontakte' beim sexuellen Missbrauch, die in der Debatte der achtziger
und neunziger Jahre dazu benutzt wurde, um zu belegen, dass die große Mehrheit der sexuellen
Übergriffe eben im bis dahin als Schutzraum (miss-)verstandenen Bereich der Familie und ihrem
direkten sozialen Umfeld stattfinden, zwanzig Jahre später dazu dient, die Familie gerade von allen
Vorwürfen zu entlasten: Die sexuelle Gewalt fände statistisch betrachtet eben in der Mehrheit der
Fälle gerade nicht in der Familie, sondern im sozialen Nahraum statt, worunter plötzlich *nur noch*
Schule, Kirche und ähnliche Institutionen verstanden werden.

von ihnen jeweils favorisierten Erklärungen, die Tätergestalten und die generellen Lösungsvorschläge unterscheiden, die Diskurse selbst jedoch den immergleichen Pfaden folgen und eine identische Grundstruktur aufweisen. Und in dieser unterscheiden sie sich, auch wenn ihre moralische und politische Durchschlagskraft aus dem geschilderten Grund eine deutlich höhere sein mag, letztlich in keiner Weise von den Diskursen etwa über Korruption (vgl. Höffling 2002: passim) oder Internetkriminalität (vgl. Schetsche 2004b). An ihrem Ende steht stets – wenn der Gefahrendiskurs denn erfolgreich ist – die Einführung neuer oder die Verschärfung/Ausdehnung alter Strafnormen. Nur selten wird entpönalisiert – und dann liegen dem Problemdiskurse ganz ähnlicher Art zugrunde[11].

Wohin man also auch blickt: Diskursanalytisch nichts Neues. Dass die (Diskurs-)Kritische Kriminologie angesichts der immergleichen Strukturen und Prozesse, die seit mehr als zwei Jahrzehnten theoretisch *hinreichend* erklärt sind, und deren weitere empirische Untersuchung keinen nennenswerten Erkenntnisgewinn mehr erwarten lässt, in nur schwer zu verbergender Tristesse versinkt[12], ist da nur zu verständlich. Da verschafft die hundertste Re-Konstruktion eines vermeintlich neuen Diskurses, der ja aus analytischer Sicht tatsächlich immer nur der gleiche alte ist, keinerlei Befriedigung mehr. Und die kritische Kritik am ewig Gleichen (etwa an den ach so ‚tückischen‘ Diskursstrategien der primären Akteure) steigert ihren schon lange faden Beigeschmack schließlich zur Bitternis und wird zuletzt zur Giftsuppe für die ganze Disziplin.

Kriminalitätsgeschehen – das Lob der Mikrokriminalsoziologie

Aber muss das so sein? Wie können wir uns als *kritische* Kriminologinnen und Kriminalsoziologen mit Kriminalität beschäftigen, ohne jener ‚Tristesse der Diskurse‘ anheim zu fallen? Schauen wir uns dazu noch einmal das bereits eingeführte Beispiel der sexuellen Gewalt gegen Kinder an. Gerade dieses Exempel macht deutlich, wie vielfältig die Fragestellungen sein können, die an ‚reales Kriminalitätsgeschehen‘ herangetragen werden können. Wie die Perspektive einer nicht-trivialen und deshalb auch eben nicht-langweiligen Analyse hier aussehen könnte, zeigt etwa der Mitte der neunziger Jahre der vergangenen Jahrhunderts erschienene Band des Bremer Soziologen Rainer Hoffmann „Die Lebenswelt der Pädophilen" (Hoffmann 1996). Der Band fasst die Ergebnisse eines kriminal-

---

[11] Entpönalisierungen stehen wie die Pönalisierungen am Ende eines kriminalpolitischen Diskurses, in dem es um Werte und Moral, Opfer und Täter sowie die Verantwortung der Gesellschaft und die Zuständigkeit oder eben Nichtzuständigkeit des Staates geht.
[12] Die Existenz des vorliegenden Sammelbandes erscheint *mir* in diesem Kontext lediglich als ein weiteres Indiz für diese Tristesse.

soziologischen Forschungsprojekts zusammen, an dem der Autor dieser Zeilen in beratender Funktion beteiligt war. Das von der DFG finanzierte, empirische Projekt wurde – wenn ich mich richtig erinnere – zwischen 1989 und 1993 unter Leitung von Rüdiger Lautmann am EMPAS in Bremen durchgeführt. Es handelt sich um eine bis heute einmalige *Dunkelfeldstudie*, in der mittels themenzentrierter Interviews mehr als 40 sich selbst als ‚pädophil‘ einordnende Männer befragt wurden, die seit Jahren, manchmal Jahrzehnten, außerfamiliale Sexualkontakte zu Kindern gehabt hatten – und zwar ohne deswegen ein einziges Mal mit Instanzen sozialer Kontrolle (wie Polizei, Gericht, Psychiatrie) in Kontakt gekommen zu sein. Die Studie bot seinerzeit einen einmaligen Einblick in die Lebenswelt, die Motive und Wünsche, die Handlungs- und Absicherungsstrategien (und vieles mehr) jener Männer. In der Arbeit von Reiner Hoffmann (1996: 208) heißt es zusammenfassend dazu:

> „Das deutliche Interesse der Befragten, eine Beziehung zu einem Jungen aufzubauen, führte zu ausführlichen Erzählungen über den Handlungsverlauf. Daraus läßt sich ein Bild der Interaktionsstrukturen ableiten, das erklärt, wie trotz der Ungleichartigkeit der Handlungsbeiträge und des ungeheuren Gefälles zwischen Mann und Junge eine Interaktion entstehen kann [...]. Grundmerkmal dieses Prozesses ist ein vorsichtiges Agieren des pädophilen Mannes, wobei er sich in einer ständigen Bezugnahme der erlebten und wahrgenommenen Reaktionen und Aktionen des Jungen immer wieder neu versichert.“

Wir finden in dieser Arbeit detaillierte Rekonstruktionen der Kontaktaufnahmen, der alltäglichen und der sexuellen Interaktionen sowie der Grenzen solcher höchst asymmetrischen ‚Beziehungen‘. Es leuchtet *heute* unmittelbar ein, dass diese Befunde aus dem Dunkelfeld des Phänomens von außerordentlicher Bedeutung für alle Fragen der Prävention solcher Delikte hätten sein können: psychosoziale Merkmale der Täter, ihr Vorgehen bei der Suche nach und der Kontaktaufnahme mit dem kindlichen Opfer, die Transformation der aufgebauten Sozialbeziehung in Richtung sexueller Handlungen, die zielgerichteten Strategien der Männer zur Vermeidung der Aufdeckung der Taten (die oftmals noch Jahre nach dem Ende des Kontakts zwischen Täter und Opfer griffen) und vieles andere mehr. Überraschenderweise sind jene Befunde jedoch bis heute nicht oder nur höchst rudimentär für die kriminalpolizeiliche Arbeit oder zur Prävention außerfamilialer Übergriffe dieser Art genutzt worden. Die empirischen Ergebnisse und die aus ihnen ableitbaren praxisrelevanten Folgerungen gingen vielmehr in einem diskursiven Sturm moralischer Vorwürfe unter, die damals gegen die Bearbeiter des Projekts, insbesondere aber den Projektleiter erhoben wurden. Besonders irritierend ist dabei aus heutiger Sicht, dass gerade jene Vertreter (und Vertreterinnen) des Opferschutzes, die immer wieder die *alleinige* Verantwortung der Erwachsenen für sexuelle Übergriffe dieser Art betont hatten, der Studie vorwarfen, sie hätte in geradezu unmoralischer Weise ausschließlich die Sicht der Täter in den Mittelpunkt wissenschaftlichen Interesses gerückt – die Opferperspektive hingegen geradezu sträflich vernachlässigt. Wie aber sollen denn, so ist zu fragen, bei Annahme einer *stets von den Erwachsenen ausgehenden Initiative und einer im Rahmen einer eindeutig asymmetrischen Sozialbeziehung primär den Erwachsenen zukommenden Handlungsmacht* jene Prozesse, die zu den sexuellen Handlungen geführt haben, rekonstruiert werden, wenn nicht über die Motive, Handlungsskripte und Kontrollstrategien der Täter? Letztlich hat der Protest der Opferschützer, sicherlich ohne dass dies von ihnen gewollt war, ja ihnen überhaupt bewusst wurde, die alte Viktimologie mit ihren bis heute moralisch vielfach in Zweifel gezogenen Fragestellungen in ihr Recht eingesetzt: Fragt doch die *Opfer*, wie sie wurden, was sie sind!

Was die moralische Empörung über jene ‚Pädophilie-Studie' – und darum bin ich auf dieses Beispiel etwas ausführlicher eingegangen – letztlich gleichermaßen verschüttet wie dann eben zumindest im Rückblick doch wieder ans Licht gebracht hat, sind jene vielfältigen Fragen einer *Mikrosoziologie* der kriminellen Handlung: Welche Beteiligten treffen hier aufeinander? Wie sind ihre jeweiligen Motive[13], Deutungen, Handlungsskripte und Strategien zu verstehen? Wie wird die Situation, in der sie aufeinandertreffen, von den Beteiligten gerahmt? Wie von einer unbeteiligten Beobachterin – und wie später vom soziologischen Rekonstrukteur? Welche Handlungsabläufe sind beobachtbar, welche imaginierbar? Wie sehen die Machtpositionen der Beteiligten aus und als wie symmetrisch oder eben auch asymmetrisch muss die Situation beschrieben werden? Was folgt daraus für die Frage nach den (auch moralischen) Verantwortlichkeiten der Beteiligten? Und wie sind die institutionellen Rahmenbedingungen zu beschreiben, in denen das Zusammentreffen stattgefunden hat? usw. usf. Was auf Basis solcher Fragen entsteht, ist eine komplexe Rekonstruktion eines noch komplexeren *sozialen Sachverhalts*. Dabei sind – aus methodologischen Gründen – bereits die phänomenologischen Beschreibungen dessen, ‚was geschehen' ist, alles andere als sicher oder gar eindeutig. Dies gilt umso mehr, wenn der soziologische ‚Beobachter' (was in Fällen sexueller Interaktionen, namentlich der gewalthaltigen, aus guten Gründen anzunehmen ist) *nicht* zugegen war, sondern seine Rekonstruktion der Ereignisse wiederum nur aus den (retrospektiven) Rekonstruktionen der Beteiligten abgeleitet ist. Und hier macht der Vorwurf der Einnahme einer einseitigen ‚Täterperspektive' an das vorgestellte Projekt durchaus Sinn – allerdings

---

[13] Gemeint sind an dieser Stelle die Um-zu- ebenso wie die Weil-Motive entsprechend der Diskussion bei Schütz 1971: 80 ff.

einen gänzlich anderen als die Kritiker und Kritikerinnen von damals gemeint hatten. Fruchtbar zu wenden ist ihre Kritik, indem man die moralische in eine methodologische Frage transferiert. Doch hier läuft der Vorwurf im konkreten Falle weitgehend ins Leere, weil der Verzicht auf Interviews mit kindlichen Opfern seinerzeit aus wohlerwogenen forschungsethischen wie forschungspragmatischen Gründen erfolgt war. Es war allen Beteiligten damals bewusst, dass eine nachträgliche phänomenologische Rekonstruktion der Begegnung zweier Menschen tendenziell halbiert ist, wenn nur einer der Beteiligten befragt wird. Genau deshalb trägt die Arbeit von Rainer Hoffmann ja auch den Haupttitel „Die Lebenswelt der Pädophilen". Unter der – nur handlungstheoretisch, nicht aber moralisch diskutierbaren[14] – Annahme jedoch, dass die Initiative zum sexuellen Kontakt bei den hier interessierenden Konstellationen regelmäßig von den Erwachsenen ausgeht und der Ablauf jener Begegnungen auch von ihnen – und eben *nicht dem Kind* – strategisch gesteuert wird, hätte auch diese Halbierung (die ja unter den geschilderten Vorannahmen zumindest machttheoretisch keine ist!) wesentliche Erkenntnisse erbracht ... nicht zuletzt für die Prävention.

Worauf ich mit all dem hinaus will, ist die These, das ‚Kriminalität selbst' alles andere als langweilig ist[15] – so lange sie nur detailliert genug betrachtet und nicht die Mikrosoziologie des ‚kriminellen' Handelns vorschnell durch eine Makrosoziologie ‚der Kriminalität' ersetzt wird. Zu Letzterer gehört nicht nur die Diskurs-Kriminologie, sondern auch jenes Gebiet, das ich hier einmal als Kriminalstatistik im weitesten Sinne (einschließlich der quantitativen Viktimologie) bezeichnen will. Spätestens an dieser Stelle wird deutlich, dass meine bisherige Argumentation eben *auch* ein Stück weit (strategisch) irreführend war und meine Grundthese einen Zusammenhang verschwiegen hat: Manche Vertreter und Vertreterinnen der Kritischen Kriminologie flüchteten ja nicht aus der Mikrokriminalsoziologie in die Diskursanalyse, sondern sie kamen in der oben beschriebenen Tristesse der Diskurse überhaupt nur an, weil sie eine klassische Kriminologie zu verlassen suchten, in der die soziale Wirklichkeit durch Zahlenwerte vermessen und anhand von Kriminalitätsziffern politisch wie sozialethisch bewertet wird – wo, mit anderen Worten, menschliches Handeln zu statistischen Aggregaten verdichtet wird, in denen sowohl das konkrete Handeln als auch die

---

[14] Als eine fast perfekte Ergänzung zum damaligen Forschungsprojekt kann die erst kürzlich zusammengefasst publizierte Untersuchung von Susan A. Clancy (2009) angesehen werden. Die US-amerikanische Psychologin hatte in ihrem Forschungsprojekt fast 200 Erwachsene interviewt, die in ihrer Kindheit (vor der Pubertät) sexuelle Kontakte zu Erwachsenen hatten. Die Befunde von Clancy können in vielerlei Hinsicht als kongruent zu den Ergebnissen der deutschen Pädophilie-Studie der neunziger Jahre angesehen werden ... insbesondere was die Frage angeht, warum die Betroffenen die – nicht manifest gewaltsamen – Übergriffe jahrzehntelang aus vermeintlich guten Gründen verschwiegen hatten (nicht aber ‚verdrängt', wie es die heute üblichen Traumatheorien suggerieren).
[15] Vgl. hierzu die explizite Positionierung bei Peters 2009: 129 f.

Motive der Handelnden für immer eingeschlossen und damit auch wissenschaftlich wie politisch unsichtbar werden (ein kriminalwissenschaftliches Endlager
sozusagen). Die größte ‚Sünde' der traditionellen, quantitativ arbeitenden und
argumentierenden Kriminologie ist aus Sicht dieser Exilanten jedoch, dass ‚die
Kriminalität' hier immer nur vor dem Hintergrund einer bereits bestehenden normativen Ordnung gemessen und bewertet werden kann: Straftat ist jene Handlung, die gegen eine geltende Strafnorm verstößt. Nicht mehr, aber auch nicht
weniger. In diesem Sinne ist die traditionelle Kriminologie (wenn die Kritik denn
zutreffend ist) per se affirmativ. Die Frage, warum denn bestimmte Handlungen
‚strafbewehrt' sind, andere aber nicht, wie die entsprechenden Normen in die
Welt kommen, und warum sie sich ändern (oder eben auch nicht), muss notwendig
außerhalb des Horizonts jeder Kriminalstatistik bleiben. Wer hier weiterfragt (mit
anderen Worten: die bestehende Kriminalrechtsordnung nicht voraussetzungsfrei
als Ausgangs- und Endpunkt des eigenen Forschens anerkennen will), muss sich
notgedrungen jenen Prozessen widmen, mit und in denen Strafrecht in die Welt
(hier: die Gesellschaft) kommt – und aus individuellem Handeln eine gesellschaftlich relevante ‚Tat' macht.

Kriminalitätskomplexität – kulturelle Diskurse vs. soziales Handeln

Und damit wären wir wieder bei den Diskursen und ihrer – von mir behaupteten –
Tristesse. Bevor ich der Frage nachgehen kann, wie der ‚Teufelskreis der Langeweile' programmatisch und forschungspraktisch überwunden werden kann, muss
ich noch einmal auf die vielleicht provozierende Hauptthese des vorigen Kapitels
zurückkommen: Diskurse sind trivial – soziale Situationen und das Handeln der
Subjekte sind es nicht. Warum scheint mir dies so zu sein?
    Auf den ersten Blick ist nicht ohne Weiteres zu erkennen, wieso diskurs-
analytische Kriminologie forschungspraktisch – und um nichts anderes kann es
hier gehen – ‚langweiliger' sein soll als kriminologische Mikrosoziologie. Zumindest aus wissenssoziologischer Perspektive stellen die Untersuchungsgegen-
stände zwei Seiten eines einzigen Prozesses dar: Die Diskursanalyse untersucht
die Entstehung und Verbreitung sowie das Wirksamwerden kognitiver Schemata – die Mikrosoziologie hingegen rekonstruiert deren Anwendung und das aus
ihnen resultierende Handeln in konkreten Situationen der Alltagswelt. Von daher
wäre zu vermuten, dass die Analyse des einen Aktes mindestens ebenso komplex,
vielfältig und überraschend ist, wie die des anderen. Aber schauen wir etwas
genauer hin: Wenn wir die in Diskursen prozessierten Wissensbestände für unsere Betrachtung einmal exemplarisch auf *soziale Deutungsmuster* reduzieren,
bestünde eine der Hauptaufgaben der Diskursanalyse in der Rekonstruktion der

Struktur eben jener Deutungsmuster. In diesen kondensieren die ontischen Referenzen (also das Thema des Diskurses), das kulturelle Wissensumfeld sowie die Wirklichkeitswahrnehmungen der Akteure. Das Deutungsmuster wiederum erzeugt via Situationsdefinitionen und mehr oder weniger vorgefertigten Handlungsanleitungen individuelles Handeln und damit auch kollektive Praxisformen, die über Institutionalisierungen (und andere Objektivierungen) die sozialen Gegenstände des Diskurses, dessen Wissensumfeld sowie dessen Akteure und Strategien beeinflussen. Mit der Rekonstruktion des Deutungsmusters (und der anderen prozessierten kognitiven Schemata) sind also der Inhalt des Diskurses, mancherlei Voraussetzungen und etliche Folgen bereits bestimmt. (Andere Schritte der Diskursanalyse, ich benenne das hier nur, müssten etwa die Akteure und ihre Interessen und die verwendeten Diskursstrategien auf der einen sowie die aus der Anwendung der Schemata resultierenden Institutionalisierungen und Dispositive auf der anderen Seite untersuchen.) Der Diskurs und seine Wissensbestände sind – verglichen mit den nur das äußerliche Handeln aggregiert abbildenden Statistiken – als durchaus komplex und zusammenhangsreich zu bezeichnen, treten jedoch hinsichtlich ihres Komplexitätsgrades deutlich hinter das zurück, was in den Situationen der Alltagswelt *scheinbar* nur die individuelle Anwendung jener kollektiven Wissensbestände zu sein scheint. Wie ist dies möglich?

Wenn wir der Deutungsmustertheorie von Plaß/Schetsche (2001) folgen[16], stellt sich die Anwendung solcher kognitiven Schemata im Alltag wie folgt dar:

„Deutungsmuster strukturieren das kollektive Alltagshandeln, indem sie Modelle von (ideal-)typischen Situationen bereitstellen, unter die Sachverhalte, Ereignisse und Erfahrungen anhand bestimmter Merkmale subsumiert werden. Durch die damit verbundene Reduktion von Komplexität werden Situationen für die Subjekte kognitiv und praktisch bewältigbar, einzelne Informationen werden mit Sinn erfüllt, bewertet und in vorhandenes Wissen eingebaut. Mit der mustergeleiteten Definition einer Situation sind deren Relevanz, die zu ihr passenden Emotionen und ein Feld möglicher Handlungen bestimmt. Neben dem Wissen über sozial erwartete Reaktionen stellen Deutungsmuster auch Deutungs- und Handlungsanleitungen bereit, mit deren Hilfe das Handeln an die Besonderheiten der jeweiligen Situation und die aktuelle Motivlage des Subjekts angepaßt werden kann. [...] Deutungsmuster *funktionieren* gleichermaßen als kollektive Programme, die Reaktionen von Menschen auf Ereignisse steuern, wie als gemeinsame Protokolle, welche die Interaktionen zwischen den Subjekten regeln." (Plaß/Schetsche 2001: 523 ff.)

---

[16] Ausführliche Vorschläge zur kriminologischen Anwendung finden sich bei Höffling/Plaß/Schetsche 2002.

Daraus könnte – etwas vorschnell – geschlossen werden, das Handeln der Subjekte nach kollektiven Schemata wie eben jenen Deutungsmustern (also die ‚Musteranwendung') wäre ohne Weiteres genauso zu rekonstruieren, wie die Erzeugung und Verbreitung jener Matrizen selbst. Eine solche Annahme übersieht jedoch, dass ein erheblicher Unterschied zwischen der schematischen ‚Anleitung' zum Deuten und Handeln und dem Deuten und Handeln selbst besteht. Dies liegt *zum Ersten* daran, dass wir in der konkreten Alltagssituation nicht die Deutungsmuster selbst, sondern deren individuelle Repräsentationen vorfinden (vgl. Plaß/Schetsche 2001: 524 f.). Diese sind zwar meist untereinander kompatibel[17], müssen dies – namentlich im Bereich der Kriminalität[18] – aber nicht sein, sondern können, neben kleineren individuellen Besonderheiten, auch Abweichungen bis hin zu Inkompatibilitäten aufweisen. *Zum Zweiten* sind soziale Situationen stets komplexer als die Situationsdefinitionen der kognitiven Schemata, mit deren Hilfe sie gedeutet werden (denn das ist ja gerade deren zentrale Funktion: Komplexitätsreduktion – vgl. Plaß/Schetsche 2001: 525); dies bedeutet, dass lebensweltliche Situationen eine Vielzahl von Akteuren, Faktoren und Rahmenbedingungen beinhalten, von denen das zur Situationsdeutung eingesetzte Schema eben gerade nichts enthalten kann, ja um den Preis seines Funktionierens nichts enthalten darf. Solange die Rekonstruktion des Handelns im Einzelfall also nicht lediglich – wie es das Ziel der traditionellen Deutungsmusteranalyse bei Oevermann (2001) war – die Identifizierung des Musters selbst ist, sondern die Rekonstruktion der sozialen Situation, ihres Ausgangspunktes, ihrer Rahmenbedingungen und ihrer Folgen (wie dies analytisch möglich ist, zeigt etwa die oben zitierte Arbeit von Rainer Hoffmann 1996 über pädophile Interaktionen), wird die Komplexität der Rekonstruktion deutlich jene der hier zum Zuge kommenden Deutungsmuster übertreffen. *Zum Dritten* sind reale soziale Situationen (im Gegensatz zu den Situationsdefinitionen der Deutungsmuster) durch eine Vielzahl von Kontingenzen geprägt, die weder von den Beteiligten noch den Beobachtern vorhergesehen, sondern immer erst nachträglich in ihren Auswirkungen und Bedeutungen rekonstruiert werden kön-

---

[17] Aufgrund der individuellen Modifikationen „können soziale Deutungsmuster, wie sie beim Einzelnen als konkrete Wissensbestände vorliegen, nur als mehr oder weniger ähnlich, nicht aber als vollständig identisch angenommen werden. Der durch die einzelfallspezifische Anwendung, aber auch durch lebensgeschichtliche Erfahrungen hervorgerufenen individuellen Varianz sind durch die Funktionalitätsanforderung der verwendeten Deutungen im Alltag jedoch Grenzen gesetzt: Damit unser Handeln für die anderen ebenso verstehbar und damit ‚berechenbar' wird, wie es ihr Handeln für uns ist, müssen die verwendeten Deutungsmuster, wenn auch nicht identisch, so doch kompatibel bleiben." (Plaß/Schetsche 2001: 527)

[18] Als sozial stigmatisierte und strafrechtlich normierte Handlung unterliegt sie einer besonderen, ‚geschützten Kommunikation', die dazu führt, dass ein abstrakter Musterabgleich durch Wissensaustausch nur über ganz besondere Kanäle bzw. in spezifischen Situationen und mit begrenztem Publikum erfolgen kann.

nen: Manches (richtiger wohl: Vieles) läuft in der konkreten Alltagssituation nicht
so, wie es den Schemata nach sollte – Rahmenbedingungen variieren, die Beteiligten sind nicht die erwarteten, manche Sachverhalte sind nicht, was sie scheinen
usw.[19] Und *zum Vierten* schließlich sollten wir davon ausgehen, dass namentlich
bei normverletzenden Handlungen (und ich meine hier nicht nur Rechtsnormen)
Motivationen – im weitesten Sinne des Wortes – im Spiel sein können und vielfach auch sein werden, die sich nicht ohne Weiteres in unseren ‚objektiven Sinndeutungen‘[20] abbilden lassen.

Auf diesen letzten Punkt will ich etwas genauer eingehen, weil genau dies
nach meiner Überzeugung eines der verbreitetsten Missverständnisse bei der Rekonstruktion von strafrechtlich relevantem Handeln ist: *die Illusion des Verstehens*. Zusammen mit der Historikerin Maren Hoffmeister war ich dieser Frage
vor einigen Jahren in einem Aufsatz für das *Kriminologische Journal* (Schetsche/
Hoffmeister 2005) etwas grundsätzlicher nachgegangen. Der Beitrag mit dem
Titel „Mörderische Motive. Kriminalpsychologische Sinnsuche und die soziologischen Grenzen des Verstehens" untersucht, ob sich die Motive von so genannten
‚Triebverbrechern‘ auf Basis bekannter kollektiver Schemata mittels deutendem
und erklärendem Verstehen (im Sinne von Weber und Schütz) nachvollziehbar
rekonstruieren lassen. Wir kamen dabei – ich kann hier nicht dem gesamten Argumentationsgang des Beitrags nachgehen – zu dem Ergebnis, dass die heute
gängige kriminalpsychologische Annahme (typisch etwa Müller 2004), die ‚wahren Motive‘ von Tätern könnten, etwa durch ‚objektive Tatortanalyse‘, zutreffend rekonstruiert werden, auf einer Fiktion basiert. Diese Fiktion ruht auf drei
Axiomen: (1) die Handlungen der Täter seien ‚wahrhaftig‘[21], (2) äußerlich ähnliche Handlungen verwiesen auf übereinstimmende Motive und (3) diese Motive
könnten wechselseitig zunächst von den Tätern und damit dann schließlich auch
vom Kriminalpsychologen verstanden werden. In dem genannten Aufsatz versuchen wir zu zeigen, dass alle drei Grundannahmen zumindest fragwürdig, nach

---

[19] Die besondere Wirkungsmacht von Deutungsmustern zeigt sich gerade darin, dass sie es den Subjekten trotz solcher Kontingenzen erlauben, ein funktionierendes kognitives Modell der Situation zu erstellen und – mal mehr, mal weniger adäquat zu handeln. Letztlich ist dies aber wohl nur möglich, weil die Fähigkeit zum kreativen Umgang mit den Spannungsbögen zwischen abstrakt und konkret, einfach und komplex usw. dem menschlichen Verstand inhärent ist.

[20] Der ‚objektive Sinn‘ (im Verständnis von Schütz) basiert auf der Fiktion, dass mein Gegenüber meine Deutungsschemata teilt; Fremdverstehen ist mithin stets Selbstauslegung des Beobachters. Voraussetzung für die unterstellte Kongruenz von Motiven (an Stelle des Anderen würde ich aus eben denselben Motiven handeln) sind folglich eine angenommene strukturelle Gleichheit von Bewusstseinsverläufen und eine Erlebnisnähe zwischen Alter und Ego. (Vgl. Schütz 1974; insbes. 38, 158 ff., 237 ff.)

[21] Ich referiere hier lediglich eine von verschiedenen kriminalpsychologischen Positionen – die Frage, ob Handlungen tatsächlich das Attribut ‚wahrhaftig‘ zugeschrieben werden kann und sollte, ist in diesem Kontext zweitrangig.

unserer Überzeugung sogar unzutreffend sind. Wir meinten und meinen, dass
(nicht nur diese) Täter erstens performativ ‚lügen', also aus ihrem Handeln eben
nicht auf ihre Motive geschlossen werden kann, zweitens bereits der einzelne
Täter aus dem selben Motiv sehr unterschiedlich zu handeln vermag und drittens
die Annahme der strukturellen Gleichheit von Bewusstseinsverläufen und eine
Erlebnisnähe zwischen zwei Tätern nur höchst zufällig gegeben ist und folglich
auch durch eine gründliche kriminalpsychologische Examination eines Täters
A über die Motive des Täters B gesichert nichts auszusagen ist. In zwei Sätzen:

> „Aus der (durchaus zu bejahenden) Tatsache, dass die Sinn- und Erlebniswelten be-
> stimmter Täter für den Rest der Gesellschaftsmitglieder unzugänglich sind, wird
> [von der von uns kritisierten Kriminalpsychologie; M. Sch.] gefolgert, dass ihre je-
> weiligen Sinnwelten untereinander kompatibel seien, vom jeweils anderen Täter also
> ‚betreten' werden könnten. Ob es die hier unterstellte einheitliche pathologische Sinn-
> welt gibt, die allen diesen Tätern eigen ist, scheint uns mehr als fraglich." (Schetsche/
> Hoffmeister 2005: S. 281)

Verallgemeinert bedeutet unser damaliges Ergebnis, dass die von Weber und
Schütz gelieferten Erklärungen für die Möglichkeit deutenden *und* erklärenden
Verstehens menschlichen Handelns generell zwar alltagstauglich sind, bei manchen Typen von Handlungen (die so genannten ‚sexuell motivierten Tötungen'
stellen hier nur ein extremes Beispiel dar – die Übertragbarkeit auf andere kriminologisch relevante Handlungen wäre jeweils im Einzelfall zu prüfen) jedoch
versagen können, ja versagen müssen. Dies hat bereits Max Weber (1980: 5) ge-
wusst, als er darauf hinwies, dass „rationales Motivationsverstehen" nur bei „rational orientiertem Zweckhandeln" mit einem „Höchstmaß von Evidenz" gelingen
kann. Damit hat er gleichzeitig die *Grenze* für das erklärende Verstehen deutlich
bestimmt:

> „Hingegen manche letzten Zwecke und Werte, an denen das Handeln eines Men-
> schen erfahrungsgemäß orientiert sein kann, vermögen wir sehr oft nicht voll evident
> zu verstehen, sondern unter Umständen zwar intellektuell zu erfassen, dabei aber
> andrerseits, je radikaler sie von unseren eigenen letzten Werten abweichen, desto
> schwieriger uns durch die einfühlende Phantasie nacherlebend verständlich zu ma-
> chen. Je nach Lage des Falles müssen wir dann uns begnügen, sie nur intellektuell zu
> deuten, oder unter Umständen, wenn auch das misslingt, geradezu: sie als Gegeben-
> heiten einfach hinnehmen […]". (ebd.)

Für die Rekonstruktion sozialer Situationen und insbesondere des Handelns der
Beteiligten bedeutet dies, das Forscher und Forscherin zwar probeweise von der

Gleichheit der Bewusstseinsverläufe zwischen Handelndem und Beobachter ausgehen können, jedoch damit rechnen müssen, dass diese Kongruenzannahme
kontrafaktisch sein kann. Dies erzeugt eine Unsicherheit nicht nur hinsichtlich
möglicher und wahrscheinlicher Motive der beobachteten Akteure, sondern eben
auch hinsichtlich ihrer jeweiligen Rahmung der Situation. Weder müssen die Handelnden die Situation untereinander gleich verstehen, noch muss der kriminalsoziologische Beobachter (bzw. die Beobachterin) ohne Weiteres verstehen
können, was hier geschieht. Der Vorteil der wissenschaftlichen Rekonstruktion
(gegenüber der Alltagssituation) besteht dabei allerdings darin, dass – zumindest bei einem entsprechenden empirischen Setting – Beobachter und Beobachterin sich nicht auf die Beobachtung verlassen müssen, sondern die beteiligten
Akteure zumindest nachträglich befragen können, wie sie die Situation jeweils
wahrgenommen und gerahmt, ja aus welchen Gründen sie wie gehandelt haben.
Ob dies tatsächlich zu deutendem oder gar erklärendem Verstehen des Handelns
führt (das Beispiel ‚Lustmord' sollte die hier bestehende Grundproblematik klar-
gemacht haben), kann hier einmal dahingestellt bleiben – Tatsache bleibt, dass
namentlich das Wechselspiel zwischen Beobachtung und Befragung, wo es denn
methodisch und ethisch überhaupt möglich ist, zu einer außerordentlich hohen
Komplexität der Rekonstruktion führen, ja diese geradezu erzwingen wird.

Zusammen mit den oben angeführten ersten drei Punkten bedeutet dies:
Aufgrund der Individualisierung von kognitiven Schemata, der verglichen mit
Letzteren deutlich erhöhten Komplexität realer Situationen, der vielfältigen
möglichen Kontingenzen und sozialen Unschärfen sowie der stets bestehenden
Unsicherheiten[22] bezüglich individueller Motive und der Zulässigkeit objektiver
Sinndeutungen sollte die *Langeweile* bei der mikrosoziologischen Rekonstruktion
des tatsächlichen ‚kriminellen Handelns' deutlich länger auf sich warten lassen,
als bei einer Analyse von Kriminalitätsdiskursen (von kriminalstatistischen Untersuchungen will ich hier erst gar nicht reden).

Kriminalitätswissen – ein *möglicher* Pfad aus der Langeweile

Unter der Voraussetzung, dass in der Kriminologie/Kriminalsoziologie der Vermeidung der ‚Langeweile der Forschenden' die erste Priorität zukommt, sind die
Folgerungen aus den bisherigen Erwägungen schnell gezogen: völliger Verzicht

---

[22] Spannung als Gegensatz zur Langeweile ergibt sich, jedenfalls in den Augen des Autors, eben gerade nicht aus der Vollständigkeit, sondern aus der notwendigen Unvollständigkeit und insbesondere
Unvollkommenheit der wissenschaftlichen Rekonstruktion des Handelns und seiner Motive – aber
dies ist vielleicht auch nur ‚Geschmackssache'.

auf die Beschäftigung mit Kriminalstatistik – die möglichst seltene Durchfüh-
rung von Kriminalitätsdiskursanalysen – weitgehende Konzentration auf mikro-
soziologische Rekonstruktionen jenes Handelns, das in und von der Gesellschaft
als kriminell verstanden wird. Es ist unmittelbar klar, dass diese Konsequenzen
kriminalpolitisch wie wissenschaftsethisch inakzeptabel sind: Sozialforschung,
namentlich die im Bereich der so genannten Kriminalität, wird – zumindest aus
Warte des Wissenschaftssystems und der Gesellschaft generell – gerade nicht betrieben, um den Forschenden einen spannenden Arbeitsalltag zu garantieren. Aber
welche Möglichkeiten gibt es dann, bei Erfüllung der von der Gesellschaft, der
Scientific Community oder von mir aus auch des eigenen Gewissens gestellten
Anforderungen, kriminalsoziologische Forschung zu betreiben und dabei gleichzeitig der Langeweile der Kriminalstatistik und der Tristesse der Diskursanalyse
zu entgehen?

Ich schlage vor, bei der Suche nach Alternativen dem Weg zu folgen, den
Berger und Luckmann für die Analyse von Gesellschaft generell vorgeschlagen
hatten, den Weg der Wissenssoziologie. In ihrem epochalen Werk „Die gesellschaftliche Konstruktion der Wirklichkeit" (engl. 1966) bestimmen die beiden
Autoren die *gesellschaftliche* Wirklichkeit[23] als Ergebnis wissensgeleiteter Kon-
stituierungsprozesse, eine soziale Welt, die durch menschliches Handeln entsteht,
den Menschen aber gleichzeitig als objektive Wirklichkeit entgegentritt und wiederum deren Handeln anleitet und begrenzt. Die für dieses Gesellschafts- und
Wirklichkeitsverständnis zentrale Trias von Externalisierung, Objektivierung und
Internalisierung (vgl. Berger/Luckmann 1991: 139) wird am deutlichsten vielleicht
in der Formulierung von drei einander (scheinbar) widersprechenden Aussagen,
die über eine spezifische (von den beiden Soziologen im genannten Band sys-

---

[23] Alles andere ist und bleibt ein Missverständnis, wie Peter L. Berger es ganz aktuell noch einmal
deutlich zu machen versucht hat (Berger/Zijderveld 2010: 78 f.): „In den Sozialwissenschaften hat
sich für die Kennzeichnung eines postmodernistischen Ansatzes der Begriff ‚Konstruktivismus' ein-
gebürgert: Es gibt keine objektiven Fakten, sondern nur interessengetriebene ‚Konstruktionen'. [...]
Genau wie Marx angeblich gesagt haben soll: ‚Ich bin kein Marxist', haben Berger und Luckmann
wiederholt verkündet: ‚Wir sind keine Konstruktivisten'. [...] Vielleicht war das Wort ‚Konstruktion' für ihr Buch unglücklich gewählt, da es eine Erschaffung aus dem Nichts unterstellt – so als
sage man: ‚Es gibt nichts als unsere Konstruktionen.' Aber das war nicht die Absicht der Autoren;
sie waren viel zu stark von Durkheim beeinflusst, um eine solche Sicht unterschreiben zu können.
Was sie behaupteten, war, dass die gesamte Realität sozial abgeleiteten *Interpretationen* unterliege.
Dagegen wird im Großteil der postmodernistischen Theorien die Meinung vertreten, alle Interpretationen seien gleichermaßen gültig – was natürlich das Ende jedes wissenschaftlichen Ansatzes
zur Erforschung der menschlichen Geschichte und Gesellschaft einläuten würde. Und manche postmodernistischen Theoretiker haben behauptet, nichts existiere außer oder außerhalb dieser Interpretation – was ziemlich nahe an die klinische Definition der Schizophrenie herankommt, also eines
Zustands, in dem man unfähig ist, die Realität von seinen Phantasien unterscheiden zu können.
Einfach gesagt: Es liegen Welten zwischen dem Postmodernismus und jeder Wissenssoziologie, die
sich als empirische Wissenschaft versteht."

tematisch entfaltete) Logik den dialektischen Zusammenhang von subjektiver und objektiver Wirklichkeit zu erklären vermag: „Gesellschaft ist ein menschliches Produkt. Gesellschaft ist eine objektive Wirklichkeit. Der Mensch ist ein gesellschaftliches Produkt." (S. 65; vgl. dazu Knoblauch 2005: 156 ff.) Wenn wir diesen für den Sozialkonstruktivismus zentralen Dreischritt zum Verstehen von Gesellschaft einmal auf die Kriminalität übertragen, würden die entsprechenden Sätze in etwa wohl so lauten: Kriminalität ist ein Produkt menschlichen Handelns – Kriminalität ist eine objektive Wirklichkeit – der Kriminelle (und ggf.[24] auch sein Opfer) sind ein Produkt der Gesellschaft.

Wenn wir einmal von dieser Trias von Externalisierung, Objektivierung und Internalisierung ausgehen, wären aus wissenssoziologischer Sicht von der Kriminologie bzw. Kriminalsoziologie drei Fragen zu beantworten: Wie bringen die Menschen die ‚Kriminalität' genannte Sozialform hervor? Wie wird diese Form zur objektiven Wirklichkeit[25]? Und wie erzeugt diese Wirklichkeit den Kriminellen (und sein Opfer) – die dann wiederum die Kriminalität hervorbringen[26]? Die Antworten darauf würden sich durch die Untersuchung von drei Prozessen (mit den ihnen jeweils unterliegenden, aber gleichzeitig auch von ihnen hervorgebrachten Strukturen) ergeben: Auf der *ersten Ebene* wäre zu analysieren, wie aus zunächst subjektiven Typisierungen des Handelns und der Handelnden intersubjektiv geltende Wissensbestände werden – also etwa: Welches Handeln ist ‚gut', welches ist ‚böse'? Was konstituiert den ‚typischen Verbrecher' oder auch das ‚typische Opfer'? Welche Zuweisungsprozesse sind hierfür in der Alltagswelt nötig? Auf der *zweiten Ebene* ginge es darum, wie menschliches Denken und Deuten im Bereich des ‚unerwünschten' (heute meist ‚abweichend' genannten) Handelns institutionalisiert wird: Wie kommt es zur Entstehung von Strafrecht generell, wie zu konkreten Pönalisierungen? Wie sehen Strafen aus und wie werden sie vollstreckt? Wie entstehen Vollstreckungsstäbe und wie sind diese organisiert? Auf der *dritten Ebene* schließlich wäre zu fragen, wie das bestehende Strafrecht uns als Mitgliedern der Gesellschaft entgegentritt, wie es unser Denken und Handeln beeinflusst: Wo und wie lernen wir, was in der Gesellschaft, in die wir hinein-

---

[24] Ebenso wie es gänzlich opferlose Straftaten gibt, finden wir auch solche, wo von einem individuell-konkreten Opfer nicht gesprochen werden kann.

[25] „Eine institutionale Welt wird also als objektive Wirklichkeit erlebt. Sie hat eine Geschichte vor der Geburt des Individuums, die sich persönlich-biographischer Erinnerungen entzieht […]. Die Institutionen stehen dem Individuum als objektive Faktizitäten unabweisbar gegenüber. Sie sind *da*, außerhalb der Person, und beharren in ihrer Wirklichkeit, ob wir sie leiden mögen oder nicht […]. Wenn der Mensch den Sinn oder die objektive Wirkung nicht begreift, wird ihre objektive Wirklichkeit nicht geringer." (Berger/Luckmann 1991: 64)

[26] „Wissen über die Gesellschaft ist demnach *Verwirklichung* im doppelten Sinne des Wortes: Erfassen der objektivierten, gesellschaftlichen Wirklichkeit und das ständige Produzieren eben dieser Wirklichkeit in einem." (Berger/Luckmann 1991: 71)

geboren werden, erlaubt und was verboten ist? Wie treffen uns Sanktionen und wie internalisieren wir deren Wirkungen? Und: Warum handeln wir oftmals so, wie wir sollen, manchmal aber auch so, wie wir nicht sollen?

Es sollte schnell klar sein, dass ein sich an diesen Fragen orientierendes Programm eben *nicht* eine ‚vollständige Kriminologie' darstellen kann. Nur wenige Epigonen der Wissenssoziologie denken, dass mit dieser gleichsam rückstandslos die gesamte Gesellschaft gedeutet *und* erklärt werden kann – es mithin weiterer Sub-Disziplinen der Soziologie gar nicht erst bedürfe. Ich werde dem nicht folgen... und auch nicht erklären, was es in der Kriminalsoziologie bzw. Kriminologie ‚sonst noch alles' zu tun gäbe. Ich werde mich vielmehr darauf beschränken, die konkreten forschungspraktischen Folgen des skizzierten Programms einer wissenssoziologischen Kriminologie zu benennen. Den drei unterschiedlichen Ebenen würden drei Forschungsstrategien mit den entsprechenden Methoden und Untersuchungsdesigns entsprechen: 1. Rekonstruktion des Wissens, Deutens und Handelns von Alltagssubjekten im Bereich ‚verbotener Handlungen' (Beobachtungen, Befragungen, Rekonstruktion etwa der Deutungsmuster und Rahmungen[27]). 2. Rekonstruktion der Entstehung, Entwicklung und Struktur von Institutionen und Instanzen sozialer Kontrolle – vom Gefahrendiskurs über die Gesetzesnovelle bis hin zum Strafvollzug (Deutungsmuster- und Diskursanalyse, Akteurs- und Organisationsanalyse, Interviews und Beobachtungen). 3. Rekonstruktion der Internalisierung des Wissens über verbotene Handlungen in primärer und sekundärer Sozialisation (Beobachtungen, Interviews mit allen Beteiligten, Analyse von Dokumenten und Medien – vom Schulbuch bis zum Fernsehkrimi).

Diese Vorschläge sind selbstredend alles andere als neu – namentlich die Kritische Kriminologie folgt nach meiner Wahrnehmung schon lange einem ähnlichen Programm (ob es nun immer explizit gemacht wird oder nicht). Die am Beginn des Aufsatzes – und von dieser Anthologie insgesamt – unterstellte *Langeweile* wird sich, so jedenfalls meine feste Überzeugung, insbesondere dann einstellen, wenn für das jeweils konkrete Forschungsprojekt ein zu kleiner Ausschnitt aus dem Gesamtprogramm gewählt, das quasi zu engmaschig ist oder in gleicher Weise ‚ausgestanzt' wird – beispielsweise wenn der Fokus der eigenen Untersuchungen immer wieder auf ‚Ebene 2' gesetzt wird und dabei stets die gleiche Fragestellung auf die identische Methode trifft (also etwa: Diskursanalyse von Strafrechtsdebatten). Zu überlegen wäre stattdessen, ob der thematische Fokus enger gestaltet werden kann, dafür jedoch alle drei genannten Ebenen mit einbezogen werden können – also etwa eine umfassende Rekonstruktion (a) des Wissens, Deutens und Handelns der Subjekte bei Betrugsvergehen im Internet, (b) der

---

[27] Ich hatte dazu exemplarisch die Untersuchung von Rainer Hoffmann angeführt.

Kriminalitätsdiskurse zu diesem Thema und (c) des Wissenserwerbs der Nutzer und Nichtnutzer (sowie selbstredend auch der ‚Betrüger') in diesem Bereich. Dass unter einer solchen ‚dreidimensionalen' Perspektive kriminalsoziologische Langeweile aufkommen sollte, kann ich mir nur schwer vorstellen. Ein solches ‚Langeweilevermeidungsprogramm' – das auch noch die Anforderungen von Wissenschaft und Gesellschaft erfüllen dürfte – setzt allerdings die Bereitschaft der Forschenden voraus, sich vom eigenen, vielleicht liebgewonnenen Forschungsprogramm, den nur zu gut eingespielten Methoden und den immergleichen ‚alten' Fragen zu emanzipieren. Wird das nicht gewünscht, kann durchaus der Verdacht aufkommen, dass die Langeweile ein selbst gewähltes und letztlich auch erwünschtes ‚Schicksal' ist: Die Tristesse eines ewig währenden Strandurlaubs – jede und jeder möge hier für sich entscheiden, ob dies ein Abglanz des Paradieses oder eher der Hölle ist.

Literatur

Albrecht, Günter (1990): Theorie sozialer Probleme im Widerstreit zwischen ‚objektivistischen' und ‚rekonstruktionistischen' Ansätzen, in: Soziale Probleme 1, 5–20.
Berger, Peter L.; Luckmann, Thomas (1991): Die gesellschaftliche Konstruktion der Wirklichkeit. Eine Theorie der Wissensoziologie, Frankfurt am Main (engl. Original 1966).
Berger, Peter L.; Zijderveld, Anton (2010): Lob des Zweifels. Was ein überzeugender Glaube braucht, Freiburg im Breisgau.
Clancy, Susan A. (2009): The Trauma Myth. The Truth About the Sexual Abuse of Children – and Its Aftermath, New York.
Cremer-Schäfer, Helga; Stehr, Johannes (1990): Das Moralisieren und das Skandalisieren von Problemen, in: Kriminalsoziologische Bibliographie 17, 21–42.
Finkelhor, David; Meyer Williams, Linda; Burns, Nanci (1988): Nursery Crimes – Sexual Abuse in Day Care, Newbury Park.
Höffling, Christian (2002): Korruption als soziale Beziehung, Opladen.
Höffling, Christian; Plaß, Christine; Schetsche, Michael (2002): Deutungsmusteranalyse in der kriminologischen Forschung, in: Forum: Qualitative Social Research [Online-Journal], 3(1), ‹http://www.qualitative-research.net/index.php/fqs/article/viewArticle/878› [Stand 2010-07-07].
Hoffmann, Rainer (1996): Die Lebenswelt der Pädophilen. Rahmen, Rituale und Dramaturgie der pädophilen Begegnung, Opladen.
Kavemann, Barbara; Lohstöter, Ingrid (1984): Väter als Täter. Sexuelle Gewalt gegen Mädchen, Reinbek bei Hamburg.
Knoblauch, Hubert (2005): Wissenssoziologie, Konstanz.
Müller, Thomas (2004³): Bestie Mensch. Tarnung – Lüge – Strategie, Salzburg.
Oevermann, Ulrich (2001): Die Struktur sozialer Deutungsmuster – Versuch einer Aktualisierung, in: Sozialer Sinn. Zeitschrift für hermeneutische Sozialforschung 1, 35–81.

Plaß, Christine; Schetsche, Michael (2000): Vom Zuschauer zum Betroffenen. Mediale Opferkarrieren, in: Telepolis (Netzmagazin), ‹http://www.heise.de/tp/deutsch/special/auf/8765/1.html› [Stand 2010-07-07].

Plaß, Christine; Schetsche, Michael (2001): Grundzüge einer wissenssoziologischen Theorie sozialer Deutungsmuster, in: Sozialer Sinn. Zeitschrift für hermeneutische Sozialforschung 1, 511–536.

Schetsche, Michael (1990): „…blühender Jugend frühes Grab…" – Sexualstrafrecht zwischen Ideologie und Funktionalität, in: Zeitschrift für Rechtssoziologie, 11, 234–253.

Schetsche, Michael (1993): Das ‚sexuell gefährdete Kind'. Kontinuität und Wandel eines sozialen Problems, Pfaffenweiler (Dissertation).

Schetsche, Michael (1996): Die Karriere sozialer Probleme. Soziologische Einführung, München.

Schetsche, Michael (2000): Wissenssoziologie sozialer Probleme. Grundlegung einer relativistischen Problemtheorie, Opladen.

Schetsche, Michael (2004a): Der Wille, der Trieb und das Deutungsmuster vom Lustmord, in: Robertz, Frank J. und Alexandra Thomas (Hg): Serienmord. Kriminologische und kulturwissenschaftliche Skizzierungen eines ungeheuerlichen Phänomens, München, 346–364.

Schetsche, Michael (2004b): Internetkriminalität: Daten und Diskurse, Strukturen und Konsequenzen, in: Stehr, Johannes und Gabi Löschper (Hg): Zwischen Anomie und Inszenierung, Baden-Baden, 307–329.

Schetsche, Michael (2008): Empirische Analyse sozialer Probleme. Das wissenssoziologische Programm, Wiesbaden.

Schetsche Michael; Hoffmeister, Maren (2005): Mörderische Motive. Kriminalpsychologische Sinnsuche und die soziologischen Grenzen des Verstehens, in: Kriminologisches Journal 37, 268–284.

Schetsche, Michael; Schmidt, Renate-Berenike (2010): Gefühlte Gefahren. Sexuelle Verwahrlosung zur Einführung, in: Dies. (Hg): Sexuelle Verwahrlosung. Empirische Befunde – Gesellschaftliche Diskurse – Sozialethische Reflexionen, Wiesbaden, 7–24.

Schmied-Knittel, Ina; Schetsche, Michael (2011): Zwischen Erinnern und Vergessen. Ritueller Missbrauch, Recovery-Paradigma und die Konstruktion von Wirklichkeit, in: Dimbath, Oliver und Peter Wehling (Hg.): Soziologie des Vergessens. Theoretische Zugänge und empirische Forschungsfelder, Konstanz, 339–359.

Schütz, Alfred (1971): Das Wählen zwischen Handlungsentwürfen, in: Gesammelte Aufsätze, Band 1, Das Problem der sozialen Wirklichkeit, Den Haag, 77–110.

Weber, Max (1980): Wirtschaft und Gesellschaft. Grundriß der verstehenden Soziologie, fünfte revidierte Auflage, Studienausgabe, Tübingen.

Woolgar, Steve; Pawluch, Dorothy (1985): Ontological Gerrymandering: The Anatomy of Social Problems Explanations, in: Social Problems 32, 214–227.

5. Zum Schluss

Langeweile mit der Eindeutigkeit

Michael Dellwing

Anscheinend halten die KriminologInnen, die zu diesem Band beigetragen haben, Kriminalität nicht für langweilig. Sie legen großenteils besonderes Augenmerk auf die soziale Zuschreibung von Kriminalität – und nicht etwa die soziale Zuschreibung von Elite, Autorität, Dummheit, Inkontinenz oder den unzählbaren anderen Bedeutungen, die im Alltag aufkommen und ausgehandelt werden. Sie haben daher diesem Thema und keinem anderen ein großes Kontingent an Zeit und Aufwand und einen Großteil ihrer Karriere gewidmet. Großenteils sind die Beitragenden jedoch – einige mehr, andere weniger – gelangweilt von einer Art der Beschäftigung mit der Kriminalität, die in weiten Teilen der Sozialwissenschaft und in fast der kompletten öffentlichen Diskussion aufzufinden ist: Sie sind gelangweilt von der Form des klaren, eindeutigen Ursachenforschungsduktus der Regressionsanalysen, der tausendsten Wiederholung sozialstruktureller Einflussfaktoren (vgl. zur Kritik: von Trotha 1995) und den allgegenwärtigen Psychoanalytisierungen des „Täters". Da sie die Bedeutungszuschreibungen in sozialen Räumen nachzeichnen wollen, „müssen sie die Suche nach den Ursachen uninteressant finden" (Peters in diesem Band, S. 19). Sie – wieder einige mehr, einige weniger, andere gar nicht wirklich – sind auch gelangweilt von der Frage nach der „tatsächlichen Prävalenz" von „Kriminalität", eine Frage, die für „ein wenig naiv" befunden wird (Menzel/Peters 2003: 16).

Diese Forschung, die einfache und eindeutige Fragen nach Verursachung, Prävalenz und der möglichen Vermeidung dieser für eindeutig gehaltenen „Taten" in den Vordergrund stellt, baut auf der unhinterfragten Prämisse auf, es sei klar (oder zumindest anhand normativer Vorgaben klar zu machen), was „Kriminalität" ist. Gegen diese unhinterfragte Prämisse rebellieren die „gelangweilten" KriminologInnen. Sie rebellieren gegen einen Duktus der Gewissheit der Kategorien. Es handelt sich in erster Linie um eine Langeweile mit einer letztlich oberflächlichen Eindeutigkeit. Folgt man dagegen der Perspektive der interaktionistischen Soziologie, auf deren Basis die gelangweilten KriminologInnen argumentieren, sind Kriminalitätszuschreibungen nicht abstrakt richtig oder falsch, sondern soziale Leistungen in „dicht besiedelten" Situationen (Strauss 1993: 25). Damit stellt sich die viel spannendere Frage, wie eine Handlung in einem sozialen Prozess als „kriminell" definiert wird und wie Personen die Rollen von „Tätern" und „Opfern" zugewiesen werden. Von der klassischen Forschung gelangweilte KriminologInnen betonen dabei, wie kontextual, kontingent, unordentlich und situational offen diese Definitionen sein können. Langweilig sind dagegen eine kategorielle Eindeutigkeit und ihre Produkte. Das Alltagsreden reproduziert dagegen diese Eindeutigkeiten und stärkt sie, anstelle dass sie ihre Naturgeschichte nachzeichnet und erhellt, wie soziale Organisation mit ihnen *passiert*.

Die interaktionistische Perspektive hat sich daher der ethnographischen Erfassung des breiten Sets von *pluralen* Bedeutungszuschreibungen in offenen Situationen verschrieben. Sie scheut die Darstellungen von Eindeutigkeit der klassischen Kriminologie und den Glauben, es seien auf diesem (oder irgendeinem anderen) Feld Abstrakta definierbar, mit denen Kausal- oder Prävalenzstudien „generalisierbar" bestritten werden könnten: Die Langeweile der Interaktionisten ist daher eine Langeweile mit der Beschäftigung mit Abstrakta.

Langeweile mit dem Warum (und anderen alten Fragen)

KriminologInnen, die der „Umgang" mehr interessiert als eine (ominöse) „Kriminalität selbst", durchdringt eine Langeweile bei der Erörterung der alten Fragen, die die Kriminologie immer wieder aufkocht. Allen voran stehen hier die Fragen nach der „wahren Prävalenz" einer bestimmten Form der Abweichung und damit verbunden die Folgefrage nach dem „Warum", d. h. Taxonomie und Ätiologie. Howard Becker disqualifizierte die ätiologische Frage nach den Ursachen für abweichendes Verhalten bekanntlich als „Laienfrage" (1963), Sack hofft auf eine Kriminalsoziologie „ohne ätiologischen und Warum-Rest" (1998: 54), und Menzel und Peters halten die Frage nach der „wirklichen Verbreitung" von sexueller Gewalt für „ein wenig naiv" (2003: 16). Diese Abkehr von diesen klassischen Fragen verfolgt zum einen das Ziel, absurde Verallgemeinerungen hinter sich zu lassen. Eine unsterbliche Frage (vor allem allerdings in studentischen Arbeiten und in der politischen Diskussion) ist die generalisierte Frage nach den „Ursachen von Kriminalität", die mit großer Selbstverständlichkeit so unterschiedliche Zuschreibungsleistungen wie „Ladendiebe, Bilanzfälscher, Serienmörder und Angriffs-Krieger unter ein und dasselbe crimen-Konzept zu bringen" (Quensel 2006: 37) versucht. In dieser absurden Breite ist das ein nonsensisches Ansinnen, zu dem Quensel vorschlägt, „Lassen wir das" (ebd.). Zum anderen, jenseits dieser absurden Magnum-Kategorie von *allem, was uns aufregt (und deshalb gemeinsame Gründe haben muss)*, bleiben die alten Fragen der Taxonomen und Ätiologen jedoch auch dann noch langweilig, wenn die Kategorien präzise und dünn filetiert und operationalisiert werden.

Die Einschätzung der Fragen nach *Warum* und *Wie oft* als „ein wenig naiv" steht gegen eine übliche Inthronisierung dieser Fragen als Kernfragen der Wissenschaft. Das lässt die Abkehr zunächst absurd erscheinen, bis man sich den alltagspraktischen Leistungen dieser Fragen und, noch mehr, der Antworten auf sie gewahr wird. „Warum"-Fragen haben als Antworten in der Regel Motive der „Täter", sozialstrukturelle- und Umwelteinflüsse, Zwänge oder „Krankheiten". All diese Antworten sind einerseits mit unlösbaren Problemen behaftet, andererseits sind sie soziale Leistungen, die als Werkzeuge in Sozialsituationen zielsicher *eingesetzt* werden und daher von diesen Situationen her gedacht werden müssen.

Fragen nach Motivationen und Trieben setzen unhinterfragte Innerlichkeitsvokabularien voraus, die von Interaktionisten zurückgewiesen werden (Mills 1940, Albas/Albas 2003). Motive sind, wie „Abweichung", keine zu findenden Gegebenheiten, sondern zugeschriebene Qualitäten einer Handlung, die mit dem Ziel erlernt werden Handlungen sozial erklären zu können. „A motive does not exist prior to an act and produce it. It is an act *plus* a judgment upon some element of it, the judgment being made in light of the consequences of the act" (Dewey 1922: 120). Sie fügen den Konsequenzen von Handlungen Bedeutungen hinzu. Mills folgt Dewey und hält Motive für „typical vocabularies having ascertainable functions in delimited societal situations … Rather than fixed elements ‚in' an individual, motives are the terms with which interpretation of conduct by social actors proceeds" (1940: 904). Motive sind geteilte Definitionen der Situation, in der nicht nur die Eigenschaften der Situation gemeinsam definiert werden, sondern auch die Ketten, die zu ihnen führen. Motive müssen angeboten und akzeptiert werden, die dann aber auch als Motive des eigenen Handelns geglaubt werden; „A stable motive is an ultimate in justificatory conversation" (907). Das gilt nicht nur im Fall, in dem sie nachträglich erzählt werden sondern – wenn sie als „eigene Eigenschaften" angenommen hat – auch als mögliche eigene Bedeutungszuschreibungen späterer Handlungen und Rahmen der Wahrnehmung späterer Situationen. „Acts often will be abandoned if no reason can be found that others will accept" (907). „Krankheiten", in der Regel „psychische Krankheiten" als Gründe werden genau dann als Erklärungsmuster gewählt, wenn die Suche nach den Motiven *keine* sozial akzeptablen Narrative hervorbringt (Dellwing 2008a, 2010a) und ein unerklärter, aber empörender Bruch im Alltag mit einer sozialen Bedeutung versehen werden muss, damit der Alltag weitergehen kann. Fragen nach strukturellen- oder Umweltgründen erbringen dieselbe Leistung, tun dies jedoch, indem sie den Menschen zur Marionette, zum „Reaktionsdeppen" (von Trotha 1978) reduzieren.

Solche Ätiologien und Taxonomien, mit wissenschaftlicher Autorität ausgestattet, stellen wissenschaftliche Versuche der Flucht in die Gewissheit (Dewey 2001) dar. „Die Suche nach Gesetzmäßigkeiten eskamotiert das Zufällige und

Unbestimmbare an den Abläufen" (Neidhardt 1981: 247, vgl. auch Schetsche in diesem Band). Damit verengt sie diesen untersuchten Alltag zur „biederen Faktorensoziologie" (von Trotha 1997: 18), die zum tausendsten Male die Ursachen der Gewalt sucht und Allgemeinplätze über familiäre Verwerfungen, sozialstrukturelle und stadtsoziologische Hintergründe u. Ä. wiederkäut, dabei aber vergisst, den unebenen und vielschichtigen Alltag zu betrachten. Insofern betreibt sie, so von Trotha, in ihrem Versuch, die Ursachen der Gewalt zu erforschen, gar keine genuine Soziologie der Gewalt (19 f.) und vergißt vor allem, dass des einen Gewalt des anderen Spiel sein kann (Inhetveen 1997), wie des einen Kriminalität des anderen Selbstverständlichkeit, Alltagsstreit oder Gerechtigkeit gewesen sein kann (– nicht aber muss). Für diese kausalerklärenden Handlungen der Soziologie hat Neidhardt jedoch Nützlichkeiten festgestellt, da „[u]nter Handlungsdruck […] sich Ursache-Wirkungs-Modelle […] nicht nur als besonders handlich, sondern auch als praktisch hilfreich [erweisen, M. D.]. Sie sichern hohe und schnelle Handlungsfähigkeit, indem sie von irritierender Komplexität entlasten, und sie verweisen auf Verantwortlichkeiten, an die man sich halten kann: Sie liefern Instanzen, die sich fordern, und Schuldige, die sich brandmarken lassen" (1981: 244).

Hieraus wird deutlich, dass die Antwort auf eine „Warum"-Frage und der Versuch, eine Prävalenz zu identifizieren, Teile des sozialen Prozesses darstellen, Unerwartetes, Schockierendes und Verstörendes in eine Erzählung der Ordnung und Kontrollierbarkeit zurückzuführen. Wenn man identifiziert hat, dass „Kriminalität" – wie generalisiert auch immer – ein Problem der sozialstrukturellen Gruppen sei, in denen die Gesellschaft ihre Versprechen nicht erfülle, dass Gewalttäter „psychisch gestört" seien (und damit „gesunde" Menschen „so etwas nicht tun"), dass die Schuld in Erziehung, Umfeld, biotischer Verfassung oder sozialen Druck zu suchen sei, ist das Unerwartete wieder ins Feld des Erwarteten gezogen und damit gezähmt. Antworten auf „Warum"-Fragen sind „accounts" (Lyman/Scott 1989), Handlungen zur Wiederherstellung gebrochener Sozialität (Stokes/Hewitt 1976). Die klassischen Fragen stehen also auf Basis der unhinterfragten Zustimmung dazu, dass das Vorgefallene empörend, „normbrüchig" oder sonst verstörend *war* und arbeitet so sozialen accounts und sozialem *Storying* zu: Sie liefert öffentlich rechtfertigbare soziale Narrative, die Brüche zu kitten in der Lage sind. Sie sind damit selbst Teil des Prozesses, den sie als Wissenschaft *von* der Gesellschaft analysieren sollte. Die Allianz aus Taxonomie und Ätiologie „hindert kriminologisches Fragen nach den Vorgängen, die ‚Entdecken' oder ‚Herausfinden' genannt werden" (Peters 1999: 197). Die Langeweile mit dem „Warum" kommt daher nicht aus einer Langeweile mit der *Kriminalität*, sondern aus einer Langeweile damit, gesellschaftliche Bedeutungszuschreibungen von scheinbaren Eindeutigkeiten (einer Perspektive) mit den eigenen Forschungen noch zu verstärken. „Warum" setzt nicht nur voraus, dass eine Störung der sozialen Interaktion vorliegt, sondern auch, dass diese Störung „richtig" ist, *weil* deren Ursachen gesucht werden *müssen*, weil es eine Störung war, die empörend genug ist, um Ressourcen für eine „Warum-Frage" aufzuwenden. Sie verdunkelt die soziale Leistung, die vorgegangen war. Daher ist mit den Fragen nach den Ursachen das Feld bereits fixiert, das eigentlich spannende Erkenntnisse liefern könnte, ließe man es offen: Man hat mitkonstruiert, was man untersuchen wollte.

Klassische Kausalitätsfragen nach Ursache-Wirkungs-Zusammenhängen werden daher von gelangweilten KriminologInnen nicht nur als unterkomplex (z. B. Neidhardt 1981: 244), sondern auch als uneingestandene Parteinahme erkannt. Wer naiv nach den „Ursachen von Gewalt" fragt und sich für den Täter und seine Tat interessiert, sichert einen in aller Regel zu diesem Zeitpunkt bereits (immer tentativ) erfolgten Definitionssieg (alle Definitionssiege sind tentativ) – und das, ohne es zu bemerken, denn diese Eindeutigkeitssoziologen „sometimes appear not to understand that they are participants in a play at all" (Rock 1979: 55). Die klassische Perspektive „läßt befürchten, daß die Kriminologie selbst zum Definierer von Kriminalität wird" (Peters 1999: 197). Die Vermeidung dieser Fragen fällt der der Soziologie jedoch schwer: „Dies umso mehr, je weniger sie sich selber vom Alltagskontext sozialen Handelns distanziert hat" (244).

Eine Soziologie, die die Warum-Fragen aus Politik, Presse und Vorgartentratsch aufnimmt und Antworten liefert, analysiert daher die sozialen Situationen, in denen diese Brüche aufkommen, gar nicht, sondern beteiligt sich am sozialen Prozess der Kittung dieser Brüche, der Glättung sozialer Wogen. Hierin liegt der kritische Grund der Auseinandersetzung mit der „klassischen" Kriminologie: Sie analysiert nicht die Gesellschaft und ihre Strukturierungsprozesse, sondern verteidigt die „gute Ordnung der Gesellschaft" (Stehr 2009: 112) und schafft diese selbst mit. Diese Forschungen führen dazu, Selbst- und Fremddefinitionen komplett mit Motiv- und Strukturaccounts im Alltag zu verstärken, indem „Szenarien" in ihnen angeboten und verbreitet werden (vgl. Dotter in diesem Band). In dem Maße, in dem der Interaktionismus die Welt als weder von Strukturen gelenkte noch von Individuen innerlich-willentlich gemachte Welt ansieht, *werden* die so produzierten Ursachen- und Motivkorrelationen wahr, sie werden „veri-fiziert" (James 1995 [1907]), wenn sie als Modelltypen vorliegen und damit auch in die Interpretationen und damit Handlungen der Beteiligten Personen eingehen – Sozialarbeiter, Psychiater, Polizisten, Gerichte und jene, denen eine Identität als „Täter" zugeschrieben werden wird, von außen wie von ihnen selbst. „Amokläufe" in Schulen können nicht *abstrakt* mit Kausalvariablen erklärt werden, aber die Erklärungen von „Amokläufen" als Kausalvariablen produziert eine besondere Rolle des „Amokläufers" sozial. Tradierte Kausalerklärungen zu diesem Bruch formulieren diese Rolle aus und dehnen sie nach hinten und vorne aus, indem sie Motive, Umfelder und ganze Lebensläufe als Teil des Szenarios produzieren.

Daniel Dotter verbindet die „Kreation" von Devianz im öffentlichen Raum mit der
Produktion von Rollenvorgaben in Medien, mit „Szenarien" (2004 und in diesem
Band), z. B. in „stigma movies". Dabei ist die Frage, die von klassischen Krimi-
nologien gestellt wird, ununterscheidbar von den Fragen, die der „Stigmafilm"
stellt: „Media-generated and other public representations of stigmatization – the
interrelationship of acts, actors, rules, audiences, and social reactions – often
confuse the layered interactive process for a more rational, causal one" (2004: 10).
Das ist natürlich kein Zufall, handelt es sich doch um eine gemeinsame Welt von
Bedeutungszuschreibungen, in denen jene der Alltagswelt in Filmen und jene aus
Filmen in der Alltagswelt ein und aus gehen. So kommt es, dass „Media constructions of crime and deviance, whether aimed at informing or entertaining audiences, largely reinforce commonsense notions about offenders, their motivations,
and their actions" (2004: 36). Diese stehen nun zur Interpretation von Schülern
durch z. B. Sozialarbeiter, Lehrer und Medien und auch zur Selbstinterpretation
von Schülern zur Verfügung. Diese gemachten *commonsense notions* sind daher
so wenig abstrakt *falsch*, wie sie abstrakt richtig sind: Wenn man die interaktionistische Perspektive und ihre Betonung der sozialen Emergenz von Bedeutungen
ernst nimmt, werden diese *commonsense notions* nicht (nur) nachträglich zugeschrieben, sondern können (auch) im Moment der Handlung bereits als Selbstinterpretation verwendet werden. Sie werden zu einer Art, wie das Selbst zum
Objekt für einen selbst wird (Mead 1988). Das ist der eigentliche Kern der hier
vertretenen interaktionistischen Betrachtung: Die sozial ausgehandelten Definitionen der Situation, die als Kausalerklärungen in Problemsituationen aufkommen
und die verstanden werden müssen, damit das Problem (in der sozialen Interaktion als) überwunden (definiert) werden kann, bleiben in der Welt. Sie sind nun
als Bedeutungen abrufbar und fließen in zukünftige Deutungen, auch zukünftige
Selbst-Deutungen von Personen ein.[1] Sie werden zur Aushandlungsgrundlage bei
der nächsten Konversation über Handlungsgründe des Selbst und Anderer und
werden Teil des Motivations-Rechtfertigungs-Redens.

Damit wird die Frage nach Ursachen und Motiven keine Frage nach einem
Objekt, sondern nach einem Definitionsprozess, der praktische Auswirkungen
hat, wenn er erfolgreich ist: Sie werden Elemente im „Rationalisierungsbetrieb

---

[1] Ganz besonders deutlich wird das in Studien mit Personen, die lange Zeit in psychotherapeutischer
Behandlung waren. Man kann die Dauer der Behandlung am Reden der Interviewpartner erkennen: Während zu Beginn ein Therapiediskurs sich mit einem vortherapeutischen Alltagsdiskurs
vermischt, übernimmt der Therapiediskurs mit den Jahren immer größere Teile des Redens der
Personen, bis er zur unhinterfragten Master-Selbstdeutung wird, an der dann nicht lediglich die
eigene Identität, sondern auch die eigenen Handlungen ausgerichtet werden. Zugeschriebene Motive
werden geglaubte Motive und damit Grundlage des Handelns; zugeschriebene Ursachen werden
eigene Handlungsgründe (Dellwing, unveröffentlichte Studie).

der Konfliktparteien" (Neidhardt 1981: 147), was allerdings den negativen Beigeschmack von „Rationalisierung" als Fassadenerklärung, die anderer, „echtere"
Gründe übertüncht, verlieren muss, um interaktionistisch viabel zu sein. Diese
Zuschreibungen existieren als Deutungsmuster-Repertoire, das es erlaubt, Handlungen zu rechtfertigen, vor sich selbst sinnhaft zu gestalten und somit mit Handlungen fortzuschreiten, die ohne diese Modelle nicht aufgekommen wären. Das
als „Neutralisierungstechniken" zu fassen, wie Gresham M. Sykes und David
Matza (1957) das bekanntermaßen taten, erfasst nur eine Seite der Gleichung,
denn das geht schon davon aus, dass es hier etwas zu neutralisieren *gibt*. Das
kann der Fall sein, wenn zwei sozial erlernte Kausal- und Motivzuschreibungen
im Wettstreit liegen, in der Selbstzuschreibung gar die Kriminalitätszuschreibung
die Überhand hat und „bezwungen" werden soll. Das muss aber, je nach Kontext
und Situation, nicht der Fall sein; dann wären „Neutralisierungstechniken", die
auch aus überkommenen Kausalerzählungen entstehen können (z. B. häufig aus
sozialstrukturellen Erklärungsmodellen für abweichendes Verhalten allgemein
oder wieder psychoanalytische Ansätze, die beide ein nimmerendendes Selbst-
zuschreibungsvokabular für eine nimmerende Reihe von Situationen bieten),
einfach gefestigte Selbsterzählungen.

Die Eindeutigkeit der Soziologie untermauert also keine „Eindeutigkeit" der
Akteure, die in pluralen Situationen immer in multiplen Kontexten stehen und
keinesfalls nur die „Kriminalitätsskripte" zur Verfügung haben. Nicht nur die
Kriminalitätsskripte sind uneindeutig und uneinheitlich, die Zuschreibungen der
Instanzen, die „stigma movie"-Rollen und die Alltagsvokabularien bleiben plural,
und die Situation kann in viele verschiedene Situationen aufgelöst werden, auch
ohne Kriminalitätsskripte für diese Auflösung zu verwenden. Diese Offenheit
möchte eine ethnografisch orientierte Interaktionssoziologie erhalten, betrachten
und wiedergeben, ohne sich einer festen, kontext- und situationslosen Definition
zu ergeben und diese der Welt aufzudrängen. Ein solches Aufdrängen ist nicht
einmal Aufgabe der Justiz, die sich in multiplen Aushandlungsprozessen mit den
Beteiligten befindet und deren Definitionen Beachtung schenken *muss* (Dellwing
2010b); die klassische Kriminologie hat hier teilweise Befindlichkeiten, strikter,
eindeutiger und rechthaberischer zu sein als die häufig viel offenere Justiz.

Die (untrennbar verwobenen) Fragen nach Ursache und wahrer Verbreitung
bleiben, schreiben Wilfried Ferchhoff und Friedhelm Peters, einer definitionstheoretischen Betrachtung daher „fremd" (1981: 21), da beide die Frage, was als
kriminell gelten soll, als *entschieden* fingieren. Die daraus resultierende Umorientierung ist jedoch keine Erfindung von KriminologInnen: In der Abkehr von Fragen dieser Art verfolgt die interaktionistische Devianzsoziologie ein Ziel, das im
Rahmen phänomenologischer, ethnomethodologischer und interaktionistischer
Thematisierungen häufig formuliert wurde (und, wie Ken Plummer in diesem

Band bemerkt, auch ohne das Label des „Labeling Approach" tief in die Devianzsoziologie eingeschrieben sind). Diese geben als Richtung vor, statt der „warum"-Frage die „wie"- und „was"-Frage zu stellen, um soziale Abläufe in „dichter Beschreibung" analysieren zu können. Kausalketten verlinken operationalisierte Kategorien, oft ohne Kontakt zu den Bedeutungszuschreibungen der Welt. Sie reproduzieren in ihren nötigen Vorentscheidungen, welche Kategorien wie nebeneinander gestellt werden, häufig „Paratheorien" (Prus/Lorentz/Shaffir 1996: 196), die in der Regel aus eigenen, feldfremden Situationsdefinitionen bestehen. Für eine gesellschaftswissenschaftliche Betrachtung, die ihr Objekt ernst nimmt, ist es jedoch naiv und absurd, für Situationen, in denen man sich gar nicht befindet, Definitionen vorauszusetzen, ohne zu überblicken, welche Definitionen im Feld *konkret* und konfliktisch aufkommen. Als Definitionen ohne Situationen und ohne Handlungen sind das künstliche, tote Operationalisierungs-Frankensteins. Die interaktionistische Devianzsoziologie stellt gegen diese Operationalisierung von Paratheorien, in denen soziale Kittvokabularien produziert und reproduziert werden, die Untersuchung und Analyse der *Prozesse* des Aufkommens und Kittens dieser Brüche und den Prozess der *Verwendung* dieser Vokabularien in den Vordergrund. Dazu muss sie sich davon entfernen, mitzudefinieren, ob das Vorgefallene „kriminell" war oder nicht: Im Versuch, *Prozesse* zu verstehen, vermeidet diese Soziologie, „sich [...] mit dem ‚kriminellen Täter' ihren Gegenstandsbereich unreflektiert ‚außerwissenschaftlich' [...] vorschreiben [zu] lassen". (Ferchhoff/Peters 1981: 51) und vermeidet es auch, *selbst* dem Feld bereits vorzuschreiben, wer seine Verbrecher sind. Das beinhaltet die Vermeidung, mit den Empörten gemeinsam „warum" zu fragen und stattdessen zu bemerken, dass die Bedeutung, was hier jemanden zur „warum"-Frage irritiert hat, zunächst einmal eine soziale Leistung darstellt. Diese Leistungen sind offen, und die Frage ist vielmehr, *wer* sie zuschreibt und *wie* sie zugeschrieben werden. „Rather, our main issue is how to study how specific institutions, organizations, social worlds, and other collectivities answer such key questions" (Strauss 1993: 259). Und hier findet eine Gesellschaftsanalyse viele Antworten, die jedoch nur sichtbar werden, wenn die Scheuklappen vorgegebener Kriminalitätsdefinitionen und die engen Limitationen der „warum"-Frage, die ohne solche Vordefinitionen nicht mehr funktioniert, abgelegt werden. „Interactionists encourage individuals to show their many faces and selves" (Shalin 1986: 20), und erlauben es auch, diese zu zeigen, um dann zu fragen: „[W]ie gelingt es den Akteuren vor Ort, die Diagnose des [...] Zusammenbruchs[2] als gemeinsam geteilte Einschätzung hervorzubringen und ihre soziale

---

[2] Kreissl meinte einen dramatischeren „sozialen Zusammenbruch", aber für Situationsanalysen reicht der ganz banale und alltägliche Zusammenbruch gemeinsamer Bezugspunkte und gemeinsamen *Storyings*.

Faktizität zu verleihen, gibt es andere Deutungen und warum setzt sich eine durch, was geschieht im Fall konfligierender Deutungen?" (Kreissl 2000: 27)

Langeweile mit Ziel

Das Ziel des interaktionistischen Denkens ist nicht Umkehr, sondern Pluralisierung: Es will das geschlossene „block universe" (James) der Ätiologen und Taxonomen wieder öffnen, um die multiplen Fixierungen von Objektivität in ihrem Spiel mit-, gegen- und hintereinander zu untersuchen. In Handlungen werden unvermeidlich Zuschreibungen gemacht, Bedeutungen tradiert, und uneindeutige, indeterminierte Welten im Prozess einer Erklärung situational gefestigt. Solche Festigungen sind nötig, um handeln und Aussagen machen zu können. Das heißt aber auch, dass immer auch andere Zuschreibungen möglich sind, die andere Fixierungen und andere Handlungen mit sich bringen. An die Stelle der eindeutigen setzen Interaktionisten und Pragmatismus eine offene, instabile, immer erst praktisch und situational geschlossene Welt, deren Indeterminiertheit nie zu einem Ende und zur festen Gewissheit geführt werden kann (Shalin 1986: 10). Bedeutungszuschreibungen sind immer nur zeit- und kontextbegrenzte Schließungen und damit situationale Leistungen, Definitionen *der* Situation *in der* Situation, die dann jedoch wieder geöffnet werden können und auch werden, wenn der Kontext und die Situation sich ändern. Diese Situationsbetonung führt dazu, dass ein Objekt in schneller Abfolge und teils sogar gleichzeitig viele verschiedene Dinge mit Gewissheit sein kann, je nachdem, in welchem Kontext und in welcher Rolle es sich befindet und aus welcher Perspektive es konstituiert wird. Jede Gewissheit ist damit eine „partielle" und immer an konkrete Situationen gebundene emergierende Gewissheit (10). „Before the definition sets in, ‚the situation is quite undetermined" (12), aber Handeln determiniert sie momentär. „As the definition unfolds, ‚the situation becomes definite'" (S. 12 f., Zitat aus Thomas 1966: 240, 23 f.). Die Gewissheit, mit der diesen Objektivationen einhergeht, soll im Interaktionismus nicht zerstört, sondern nur problematisiert werden.

Die hier vertretene Perspektive, nach der Kriminalität „langweilig" ist, ist daher nicht die einfache Radikalität der Umkehr, die ihre Kritiker ihr andichten. Trutz von Trotha bemängelte, Jahrzehnte vor seinem eigenen scharfen Angriff auf die Ätiologie in der Gewaltforschung, dass die „Ausschaltung der ‚Warum?'-Frage die Gefahr [in sich berge], sich entweder in immer minutiöseren Beschreibungen zu verlieren oder inhaltsleere Abstraktionen, d.h. empirisch wenig gehaltvolle Aussagen hervorzubringen" (1978: 111) und damit eine „sinnlose Welt" zurückzulassen (113), in der die Akteure (auch, wieder) zu „Reaktionsdeppen" würden. Das stehe derweil den Anliegen der Alltagssoziologie, auf die man sich berufen hatte,[3] entgegen. Auch Hess und Scheerer kritisieren, dass eine Kriminologie „ohne ätiologischen Rest" denjenigen, die stigmatisiert werden, den Akteursstatus abspreche (1999: 55) – wie die klassische Ätiologie mit ihren biederen Faktoren dies auch tut, wogegen man sich gerade aufgelehnt hatte. Es ist eine alte Kritik, die sich schon bei Akers (1967) findet. Sie zielt am Ende nicht darauf, die Analysen von Zuschreibungen der „neuen Devianzsoziologie" (Gibbs 1966 – nicht mehr so neu!) zu skandalisieren, sondern einen „Exzess der Umkehr" anzuprangern, eine „Verbalradikalität des Verzichts auf eine Vorstellung von objektiven sozialen Wirklichkeit" (Hess/Scheerer 1999: 55), in dem nun, so heißt es zumindest, den Vertretern vorgeworfen wurde, eine objektivistische Radikalität durch eine andere zu ersetzen. Das war ein Vorwurf, der schon immer die ungünstigsten Stellen der Definitionstheoretiker gegen sie verwandt hatte. Einige Formulierungen der Perspektive haben Formulierungen hervorgebracht, aus denen zu lesen ist, dass es nun *eigentlich* um die Zuschreibungshandlungen der „anderen Seite" gehe – „der Richter ist der Täter", wie Peters schreibt (1997: 270), was Hess und Scheerer (1999: 55) ihm prompt vorwerfen. Das Zitat ist jedoch erst völlig wiedergegeben, wenn der vorhergehende Satz mitzitiert wird. Bei Peters heißt es: „*Wenn man so will:* Der Richter ist der Täter" (Hervorhebung von mir), was eine Perspektivität betont, die in der Kritik dann ignoriert wird.

Die gelangweilten KriminologInnen erforschen, *was zugeschrieben wird* und zollen diesen Zuschreibungen ihren analytischen Respekt. Man untersucht, welche Definitionen siegen und was mit diesen Definitionen in ihren konkreten Situationen handlungspraktisch geschieht. Die Definitionsperspektive wollte damit in der Tat von der Idee einer „objektiven sozialen Wirklichkeit" *jenseits* dieser pluralen Definitionen in konkreten Situationen nichts wissen, betont aber zugleich die „hartnäckige Realität" (Blumer 1996) von Situationen, die Personen fixiert haben. Daher geht die Kritik deutlich zu weit: Sie wirft den „gelangweilten" KriminologInnen vor, sich trotzig in die Ecke des „ist doch nur Zuschreibung" zurückzuziehen und möchte die „hartnäckigen" Fixierungen wieder in der Rhetorik der „objektiven Realität" untersuchen (Best 1993, Hess/Scheerer in diesem Band). Damit macht sie wieder mit bei dem, was die gelangweilten KriminologInnen aber untersuchen wollen. Das ist ein Ziel, das seinerseits einen Nutzen hat, verbaut aber, wie wir finden, spannendere Analysewege.

---

[3] Ich folge hier dem Versuch von Patricia und Peter Adler sowie Andrea Fontana, „Alltagssoziologie" als Ansatz zu definieren, der die soziale Aushandlung von Bedeutungen in alltäglicher Interaktion betont.

Langeweile mit Abstraktionen

Jede Handlung benötigt definitorische Fixierungen, und wer eine Form von Fixierung ablehnt, betreibt dafür immer eine andere. Unterschiedliche Fixierungen erbringen situational unterschiedliche Leistungen. Die klassische Perspektive fungiert als wissenschaftlicher Verstärker gesellschaftlicher Urteile. Das macht sie nützlich in deren Kontext. Definitionstheoretische Perspektiven leisten dagegen eine Analyse, die uns erlaubt, zu bemerken, wie diese Normalitäten produziert werden. Manche dieser Analysen erlauben es, an diesen Normalitäten Kritik zu üben (wie Bernd Belina, Birgit Menzel, Bettina Paul, Moritz Rinn und Jan Wehrheim in diesem Band). Sie erlauben uns auch, als Wissenschaft von der Gesellschaft eine analytische Distanz zu gewinnen und nicht als Handlanger des Forschungsobjekts aufzutreten: Es sichert der Soziologie, der Gesellschaft interessante Dinge über sich erzählen zu können, die die Vertreter ihrer offiziellen Institutionen nicht in Auftrag gegeben haben, wie die versteckten Rollenaushandlungen, die in Zuschreibung und Annahme, Ablehnung oder Erzwingung von Abweichlerrollen liegen. Dazu halten definitionstheoretische Soziologen andere Gewissheiten fest, um das Aufkommen der zugeschriebenen Kriminalitätsbedeutungen analysieren zu können, wenn auch nur die für die Perspektive unvermeidliche Gewissheit, dass Bedeutungen sozialen Definitionsprozessen unterliegen (wie der vorliegende Beitrag voraussetzt). Das wurde als „ontological gerrymandering" (Woolgar/Pawluch 1985) bemängelt, als Selbstwiderspruch einer Theorie, die die Definition einer Handlung als „kriminell" „nur" für eine Zuschreibung hält, dafür aber an anderen Gewissheiten sicher festhält. Die von der „Langeweile"-Position geforderte Distanz sei daher, so ihre Kritiker, widersprüchlich und abstrakt unmöglich.

Diese Kritiker könnten natürlich *abstrakt* recht haben, wenn die Welt nur abstrakt wäre. Die ganze Pointe der Alltagssoziologie ist jedoch, dass sie *das nicht ist* – sie ist nicht in Strukturen und Abstraktionen, in der Reinheit theoretischer Konzeptionen, in Kausalverbindungen oder sonstigen metaphysischen Einheiten vor, hinter, unter oder außerhalb des Alltags geordnet, sondern sie ist *konkret* und befindet sich immer *im Prozess*. Man kann nicht *abstrakt* an Bedeutungen zweifeln. „Whatever doubts the knower has about the nature of things, he alleviates practically, by manipulating his objects, putting them to different uses, literally forcing these objects to conform to his notion of them, and in the process of doing so establishing – in situ – whether a thing in question is what it is thought to be" (Shalin 1986: 11). Wie jede Definition ist auch jeder Zweifel, jede Skepsis intentional, hat Gründe (in einem aufgekommenen „Problem", das überwunden werden muss) und Ziele. Er muss, um möglich zu sein, an fast allen bestehenden Überzeugungen festhalten, um eine (oder wenige) anzuzweifeln zu können. Be-

schreibungen entscheiden sich nicht an „theoretischer Konsistenz": Auch diese
wäre eine Definition der Situation, die jemand erst einmal leisten muss, die in
Kontexten und mit Zielen aufkommt und plural erfolgen kann, was dann wieder
Definitionskonflikte zur Folge haben kann.[4] Die Frage ist nicht, ob man sich mit
der Definitionsperspektive in einen „theoretical armchair" zurückzieht, also zum
Sesseltheoretiker wird (Best 1993: 138). Um solche Abstraktionen geht es gar
nicht, sondern vielmehr darum, was man mit seiner lokalen Fixierung tut, was
mit der anderen Fixierung nicht funktioniert hat. Langeweile kann man daher mit
konkreten Bedeutungen (d. h. konkreten Aktivitäten der Bedeutungsproduktion)
haben, dann aber nur im Wissen, dass diese konkreten Bedeutungen in anderen
Kontexten, zu anderen Zielen durchaus ihre Nutzen haben können. Wie Skepsis
ist daher auch Langeweile eine intentionale Aktivität. Wir sind gelangweilt von
einer Form von Fragestellungen zur Kriminalität, weil wir eine *andere* für ertrag-
und einsichtsreicher halten.

Damit ist die Frage, die über die Diskussion verschiedener Forschungen zur
Kriminalität immer wieder gestellt werden muss: Was passiert, wenn sie verfolgt
werden? Die klassische Kriminologie mit ihren Prävalenz- und Warum-Fragen
bietet Züge in einem Definitionsspiel (Dellwing 2010c), das sie „in staatsbürger-
licher Absicht" spielt, indem sie den Kontrollorganen zuarbeitet und diese definieren hilft – sowohl in der Bedeutung, dass sie mit ihnen gemeinsam in eine
Definitionskoalition eintritt (Dellwing 2010b) als auch, dass diese Forschung die
Identität dieser Kontrollorgane mitdefiniert. Die Frage nach der „Wahrheit" der
Motivation oder der Kausalketten ist, wenn die Thematik auf diese Weise problematisiert wird, letztlich in die eine wie in die andere Richtung sinnlos. Das
macht das gesamte Problem der Ätiologie wesentlich komplexer als eine einfache
Auseinandersetzung zwischen „verkürzenden" oder gar „fiktionalen" Ätiologien
gegenüber einer Perspektive, die diese „nur" als Zuschreibungen sieht. Die Zuschreibungen *sind*, wenn sie erfolgreich sind, alles, was als „objektive Erklärung"
im sozialen Raum erhältlich ist. Die „Warum"-Frage lässt eine Antwort emergieren, die in der Folge dann – in einer Situation, in einer Perspektive – auch
folgenreich die innerweltliche Antwort *ist*. Für die Taxonomie gilt dasselbe: In
dem Maße, in dem Objekte nicht bereits in vorgefertigten Kategorien kommen,
ist die Frage nach der „wahren" Prävalenz selbstverständlich naiv. Gleichzeitig
jedoch ist das Spiel der Frage nach der Taxonomie und ihre Beantwortung jenes,
das diese Taxonomie folgenschwer produziert. Dekonstruiert werden diese Taxo-

---

[4] Möglichkeiten und Unmöglichkeiten einer Analyse sind Zuschreibungserfolge, und alles, was
etwas „unmöglich" macht ist der erfolgreiche Widerstand einer breiten Masse von peers, die den
Analytiker dazu nötigen, seine Analyse aufzugeben: Ein Ansatz ist gescheitert, sagt uns Helge Peters,
wenn die, die das Sagen haben, dies erfolgreich zuschreiben (1996).

nomien dann, wenn man sie in Frage stellen möchte – was Interaktionisten und kritische Kriminologen ausgiebig getan haben –, weil die eigene wissenschaftliche Handlung andere Objektivierungen emergieren lässt, um eigene Ziele zu verfolgen. Dieses Ziel ist die Dekonstruktion der alltäglichen Eindeutigkeit, die eine Zuschreibung zur notwendigen Basis allen Redens über die so mit Gewissheit fixierten Situationen zu machen versucht.

Reinhard Kreissl spekuliert, dass die interaktionistisch-pragmatistische Orientierung dazu führen könnte, „daß irgendwann Fragen des Typs: Wie entsteht Kriminalität, was ist wirklich abweichend oder gibt es letzte Ursachen für abweichendes Verhalten (im Individuum oder in der ökonomischen Struktur einer Gesellschaft) einfach nicht mehr gestellt werden würden. Sie würden verschwinden, wie Fragen nach der Unsterblichkeit der Seele mit dem Verschwinden der Religion aus der öffentlichen Diskussion verschwunden und zu Problemen der Privatsphäre geworden sind" (1996: 35 f.). Das ist die Hoffnung, dass die Eindeutigkeit im Reden des Alltags verschwindet, dass Menschen solche werden „who had a sense of the contingency of their language of moral deliberation, and thus of their consciences, and thus of their community. They would be liberal ironists [...] people who combined commitment with a sense of the contingency of their own commitment" (Rorty 1989: 61). Gleichzeitig weist Rorty uns jedoch darauf hin, dass die Fixierung im Alltag unhintergehbar ist und auch Ironiker letztlich unverbrüchlich an ihrem eigenen abschließenden Vokabular festhalten müssen – schon allein, um Handeln zu können (und dies in jedem Handeln automatisch tun). Die Frage nach dem „Warum" würde also weiterhin gestellt werden, jedesmal, wenn etwas fixiert wird. Kreissl bestreitet das, denke ich, nicht; das ist die Funktion der Worte „wirklich" und „letzte Ursachen" im Zitat.

Die Warum-Frage wird uns weiter begleiten. Das ist zunächst einmal eine Übung im Pluralismus. Es ist auch kein Problem, solange die Öffnung der Uneindeutigkeit erhalten bleibt. Die KriminologInnen, die Kriminalität langweilig finden, versuchen sicherzustellen, dass dies geschieht und es der Soziologie bewusst wird und bleibt, dass das eben nicht die einzige mögliche Frage ist: Das Objekt, nach dessen Ursache gefragt wird, hätte immer auch anders fixiert werden können, was die konkrete Warum-Frage nicht hätte aufkommen lassen, was jedoch dafür eine andere Warum-Frage mitbringt (z. B., warum Richter so handeln, wie sie handeln, was Vertreter von Definitionsperspektiven oft interessanter finden). Die Langeweile mit den klassischen „Warum"-Fragen der Kriminologie wird daher von den hier vertretenen KriminologInnen so lange aufrechterhalten werden, wie die klassische Kriminologie an ihren Eindeutigkeitsprämissen zugunsten einer biederen Faktorensoziologie festhält. Es ist zu erwarten, dass für SoziologInnen, die Verbrechen langweilig finden, hier noch lange Arbeit zu erledigen sein wird.

Literatur

Adler, Patricia, Peter Adler und Andrea Fontana (1987): Everyday Life Sociology, in: Annual Review of Sociology 13, 217–235.

Albas, Cheryl und Daniel Albas (2003): Motives. S. 349–366 in Larry T. Reynolds und Nancy J. Herman-Kinney (Hrsg.). Handbook of Symbolic Interacionism, Walnut Creek.

Becker, Howard (1963): Outsiders: Studies in the Sociology of Deviance, Glencoe.

Best, Joel (1993): But Seriously, Folks: The Limitations of the Strict Constructionist Interpretation of Social Problems. S. 129–149 in: James A. Holstein und Gale Miller (Hrsg.) Reconsidering Social Constructionism, New York.

Blumer, Herbert (1986): Symbolic Interactionism: Perspective and Method, Berkeley.

Dellwing, Michael (2008a): ‚Geisteskrankheit' als hartnäckige Aushandlungsniederlage, in: Soziale Probleme 19, 150–171.

Dellwing, Michael (2010a): Wie wäre es, an psychische Krankheiten zu glauben?, in: Österreichische Zeitschrift für Soziologie 35, 40–58.

Dellwing, Michael (2010b): Looking-Glass Crime, in: Zeitschrift für Rechtssoziologie 31, 209–229.

Dellwing, Michael (2010c): Dunkelfeldforschung als Definitionsaktivität, in: MSchrKrim 93, 180–197.

Dewey, John (2007 [1922]): Human Nature and Conduct, New York.

Dewey, John (2008 [1929]): The Quest for Certainty. The Later Works of John Dewey, Volume 4, Edwardsville.

Dotter, Daniel (2004): Creating Deviance, Walnut Creek.

Ferchhoff, Wilfried und Friedhelm Peters (1981): Die Produktion abweichenden Verhaltens. Zur Rekonstruktion und Kritik des Labeling Approach, Bielefeld.

Gibbs, Jack (1966): Conceptions of Deviant Behavior: The Old and the New, in: Pacific Sociological Review 9, 9–14.

Hess, Henner und Sebastian Scheerer (1997): Was ist Kriminalität? Skizze einer konstruktivistischen Kriminalitätstheorie, in: Kriminologisches Journal 29, 83–155

Inhetveen, Katharina (1997): Gesellige Gewalt. S. 235–262 in: Trutz von Trotha (Hrsg.). Soziologie der Gewalt, Opladen.

James, William (1995 [1907]): Pragmatism, New York.

Kreissl, Reinhard (2000): Soziale Kontrolle, Kriminalität und abweichendes Verhalten in zeitgenössischen Gesellschaften. Einige Überlegungen in gesellschaftstheoretischer Absicht. S. 19 in: Helge Peters (Hg.) Soziale Kontrolle. Zum Problem der Nonkonformität in der Gesellschaft, Opladen 2000.

Lyman, Stanford M. und Marvin B. Scott (1989): A Sociology of the Absurd, Dix Hills.

Mead, George Herbert (1974): Mind, Self and Society, Chicago.

Menzel, Birgit und Helge Peters (2003): Sexuelle Gewalt, Konstanz.

Mills, C. Wright (1940): Situated Action and Vocabularies of Motive, in: American Sociological Review 5, 904–913.

Neidhardt, Friedhelm (1981): Über Zufall, Eigendynamik und Institutionalisierbarkeit absurder Prozesse. Notizen am Beispiel einer terroristischen Gruppe. S. 243–257 in: Heine von Alemann und Hans Peter Thurn (Hrsg.), Soziologie in weltbürgerlicher Absicht. Festschrift für René König zum 75. Geburtstag, Opladen.

Peters, Helge (1997): Distanzierung von der Praxis in deren Namen. Empfehlung, an einer definitionstheoretisch orientierten Kriminalsoziologie festzuhalten, in: Kriminologisches Journal 29, 267–274.

Peters, Helge (1999): Die Soziologie und die Versuche, die Krise der Kriminologie zu überwinden. In: KrimJ 31, 167–202.

Prus, Robert, Mary Lorentz und William Shaffir (1997): Doing Ethnographic Research: Fieldwork as Practical Accomplishment. Kapitel 8 in: Robert Prus. Subcultural Mosaics and Intersubjective Realities, Albany.

Quensel, Stephan (2006): Das Labeling-Paradigma – Ein Konstrukt? Oder: Wie wir Theorien lieben. S. 17 in: Birgit Mensel und Kerstin Ratzke (Hg.). Grenzenlose Konstruktivität? Standortbestimmung und Zukunftsperspektiven konstruktivistischer Theorien abweichenden Verhaltens, Opladen.

Rock, Paul. (1979): The Sociology of Crime, Symbolic Interactionism and Qualities of Radical Criminology. S. 52–84 in: Downes, David und Paul Rock (Hrsg.). Deviant Interpretations, Oxford.

Rorty, Richard (1989): Contingency, irony and Solidarity, Cambridge.

Sack, Fritz (1998): Vom Wandel in der Kriminologie – und Anderes, in: KrimJ 30, 47–64.

Stehr, Johannes (2009): Jugendgewalt – Skandalisierungskonzept und ideologische Kategorie, S. 107–124 in Otger Autrata und Bringfriede Scheu (Hrsg.), Jugendgewalt – Skandalisierungskonzept und ideologische Kategorie, Wiesbaden.

Stokes, Randall und John P. Hewitt (1976): Aligning Actions. In: American Sociological Review 41, 838–849.

Strauss, Anselm (1993): Continual Permutations of Action, New York .

Sykes, Gresham und David Matza (1957): Techniques of Neutralization, in: American Sociological Review 22, 664–670.

Thomas, William Isaac (1966): The Polish Peasant in Europe and America, Chicago.

Trotha, Trutz von (1978): Ethnomethodologie und abweichendes Verhalten. Anmerkungen zum Konzept des ‚Reaktionsdeppen‘, in: KrimJ 9, 98–115.

Trotha, Trutz von (1997): Zur Soziologie der Gewalt. S. 9–58 in: Ders. (Hrsg.), Gewaltsoziologie. Sonderheft der Kölner Zeitschrift für Soziologie und Sozialpsychologie, Opladen.

Woolgar, Steve and Dorothy Pawluch (1985): Ontological Gerrymandering: The Anatomy of Social Problems Explanations, in: Social Problems 32, 214–227.

AutorInnen

Bernd Belina, 1972, Dr. rer. pol., Juniorprofessor am Institut für Humangeographie der Universität Frankfurt, Studium der Geographie; Forschungsschwerpunkte: historisch-geographischer Materialismus, Kriminalpolitik und Stadtgeographie; wichtigste Veröffentlichungen: *Raum, Überwachung, Kontrolle*. Münster 2006, 2. Aufl. 2011; *Raumproduktionen* (Hrsg. mit B. Michel) Münster 2007, 3. Aufl. 2010; war Redakteur des *KrimJ*, ist Vorstandsmitglied der *GiwK* und Mitherausgeber der Buchreihe „Raumproduktionen"; belina@uni-frankfurt.de

Michael Dellwing, 1977, Dr. rer. pol., wissenschaftlicher Assistent am Lehrstuhl für Makrosoziologie an der Universität Kassel. Forschungsschwerpunkte: Devianz- und Rechtssoziologie, Interaktionismus, Alltagssoziologie. Veröffentlichungen: Reste: Die Befreiung des Labeling Approach von der Befreiung. Kriminologisches Journal 40 (2008); Das interaktionistische Dreieck, Monatsschrift für Kriminologie und Strafrechtsreform 92 (2009); Rituelle Spiele mit Beziehungen, Berliner Journal für Soziologie 20 (2010); dellwing@uni-kassel.de

Daniel Dotter, 1952, Ph.D., Professor für Criminal Justice, Grambling State University, Lousiana, USA. Lehr- und Forschungsschwerpunkte in Kriminologie, abweichendes Verhalten Medien und Kriminalität, kulturelle Kriminologie. Veröffentlichungen: Creating Deviance: An Interactionist Approach (AltaMira Press, USA). Gegenwärtig in Arbeit: Whispers in the Dark: Conspiracy Culture as Extreme Deviance; dldotter@att.net

Henner Hess, 1940, Prof., Dr., Studium der Soziologie in Heidelberg, Lexington und Paris; Promotion und Habilitation an der Universität Heidelberg; Professor i. R. an der Universität Frankfurt, Direktor des Centre for Drug Research, Forschungsschwerpunkte: Kriminologische Theorie, Drogenproblematik, Terrorismus; Veröffentlichungen: Mafia. Zentrale Herrschaft und lokale Gegenmacht (1970, seither 12 Auflagen in 4 Sprachen); Ghetto ohne Mauern. Ein Bericht aus der Unterschicht (1973); Rauchen. Geschichte, Geschäfte, Gefahren (1987); La rivolta ambigua. Storia sociale del terrorismo italiano (1991), Was ist Kriminalität? Skizze einer konstruktivistischen Kriminalitätstheorie (mit S. Scheerer, in Kriminologisches Journal 2/1997, 83–155), Literaturpreise (beide für „Mafia"): Premio Nazionale Iglesias 1973, Premio Nazionale Empodocle 1982; hennerhess@t-online.de

Reinhard Kreissl, 1952, PD Dr. phil. Dipl. Soz., Studium der Soziologie; Institut für Rechts- u. Kriminalsoziologie Wien; Arbeitsschwerpunkte: Rechtssoziologie, Sicherheitsforschung, Sozialwissenschaftliche Aspekte der Neurowissenschaft. Letzte Veröffentlichung: Privatisierung von Sicherheit, in: Zoche P. et al. (Hg.) Zivile Sicherheit. Gesellschaftliche Dimensionen gegenwärtiger Sicherheitspolitiken. Bielefeld, 2011, S. 267–277; reinhard.kreissl@irks.at

Birgit Menzel, Dr. rer. pol., Professorin für Sozialwissenschaften an der Hochschule für angewandte Wissenschaften Hamburg; Arbeitsgebiete: Soziologie sozialer Kontrolle, Personal- und Organisationssoziologie; aktuelle Veröffentlichungen: Soziologie sozialer Kontrolle (2010, zusammen mit Jan Wehrheim), in: Kneer, Georg/Schroer, Markus (Hg.): Handbuch Spezielle Soziologien, Wiesbaden; Verwahrlosung und die Legitimation sozialer Ungleichheit (2010), in: Schetsche, Michael/Schmidt, Renate-Berenike (Hg.): Sexuelle Verwahrlosung. Empirische Befunde – gesellschaftliche Diskurse – sozialethische Reflexionen, Wiesbaden; Prinzipien und Fallstricke der grafischen Darstellung von Daten (2008, zusammen mit Reimer Eggers), Frankfurt/M.; birgit.menzel@haw-hamburg.de

Bettina Paul, 1969, Dr. phil., Studium der Kriminologie (Dipl.), Studium der Sozialpädagogik (Dipl.), wissenschaftliche Mitarbeiterin am Institut für Kriminologische Sozialforschung der Universität Hamburg; Arbeitsschwerpunkte: Schnittstelle Gesundheit und Kriminologie, Drogenkontrolle (insbesondere Drogentests) und Hafensicherheit; letzte Publik.: Risiko Gesundheit. Über Risiken und Nebenwirkungen der Gesundheitsgesellschaft, Wiesbaden (Hg. zus. mit Schmidt-Semisch, H.) 2010; „Pinkeln unter Aufsicht". Zur gesundheitlichen Problematik von Drogen- und Dopingtests, in: Risiko Gesundheit. Über Risiken und Nebenwirkungen der Gesundheitsgesellschaft (Hg. zus. mit Schmidt-Semisch, H.), Wiesbaden 2010, 163–185; bettina.paul@uni-hamburg.de

Helge Peters, 1937, Prof. Dr., Dipl.-Soz., Studium der Soziologie an den Universitäten Hamburg, Kiel und Münster, em. Professor für Soziologie mit dem Schwerpunkt Soziologie abweichenden Verhaltens und sozialer Kontrolle an der Universität Oldenburg; Veröffentlichungen: siehe Orbis Katalog der Uni-Bibliothek Oldenburg; helge.peters@uni-oldenburg.de

Ken Plummer, 1946, Ph.D., Professur für Soziologie (emeritiert) an der University of Essex. Veröffentlichungen: *Sexual Stigma* (1975), neu erschienen: *Sociology: The Basics* (2010). Dazwischen Veröffentlichung von mehr als hundert Artikeln und fünfzehn Büchern zu Lebensgeschichtsforschung, gay and lesbian life, AIDS, sexuelles Storytelling, labeling-Theorie, symbolischer Interaktionismus, queer-

Theorie, sexuelle Rechte und kritischer Humanismus. Nach eigener Krankheit und einem Organtransplantat nun neueste Arbeiten zur Soziologie von Gesundheit und Krankheit. Gründungsherausgeber des Journals *Sexualities*, 1996; plumk@ essex.ac.uk

Moritz Rinn,1982, M. A., Studium der Politikwissenschaft, gegenwärtig: Promotionsstudium an der Universität Hamburg, Mitglied der Promovendengruppe „Soziale Exklusion und politische Demokratie in Europa" am Hamburger Institut für Sozialforschung; gegenwärtiger Forschungsschwerpunkt: Politische Konflikte um städtischen Raum in Hamburg; moritz.rinn@his-online.de

Scheerer, Sebastian, 1950, Dr., Professor für Kriminologie an der Universität Hamburg. Thematische Schwerpunkte: Geschichte der Kriminologie, Soziologie der Kriminalität, des Strafrechts, der Strafe und der sozialen Kontrolle, Drogen und Drogenpolitik, Terrorismus, Polizei in Lateinamerika; sebastian.scheerer@ uni-hamburg.de

Michael Schetsche, Dr., Politologe und Soziologe, Privatdozent am Institut für Soziologie der Universität Freiburg und Abteilungsleiter am Institut für Grenzgebiete der Psychologie und Psychohygiene Freiburg; derzeitige Forschungsschwerpunkte: Wissens- und Mediensoziologie, Soziologie sozialer Probleme, qualitative Prognostik; aktuelle Veröffentlichungen: Michael Schetsche(2008): Empirische Analyse sozialer Probleme. Wiesbaden; Michael Schetsche, Renate-Berenike Schmidt (Hg.) (2010): Sexuelle Verwahrlosung. Empirische Befunde – Gesellschaftliche Diskurse – Sozialethische Reflexionen. Wiesbaden; schetsche@ igpp.de

Wehrheim, Jan, 1967, PD Dr., Studium der Sozialwissenschaften an der Universität Göttingen und der Entwicklungspolitik an der Universität Bremen, wissenschaftlicher Angestellter am Institut für Kriminologische Sozialforschung der Universität Hamburg und Privatdozent an der Carl von Ossietzky Universität Oldenburg, Arbeitsschwerpunkte: Stadtsoziologie, Soziologie abweichenden Verhaltens und sozialer Kontrolle, neue Kontrolltechnologien, Monographien: Der Fremde und die Ordnung der Räume (2009), Die überwachte Stadt (2. Aufl. 2006); jan.wehrheim@uni-hamburg.de